公路工程标准规范解读系列丛书

《公路钢结构桥梁制造和安装施工规范》实施手册

田克平 主编

人民交通出版社股份有限公司
北京

内 容 提 要

本手册为《公路钢结构桥梁制造和安装施工规范》(JTG/T 3651—2022)的配套图书,由规范主要起草人编写。本手册介绍了规范修订的背景情况、条文规定的原因或理由、执行条文时需注意的事项,以及调研收集的资料和为方便使用规范而补充的有关技术资料。

本手册可供公路钢结构桥梁制造和安装施工技术人员、管理人员、监理人员等使用。

图书在版编目(CIP)数据

《公路钢结构桥梁制造和安装施工规范》实施手册 / 田克平主编. — 北京:人民交通出版社股份有限公司, 2022.5

ISBN 978-7-114-17917-4

Ⅰ.①公… Ⅱ.①田… Ⅲ.①公路桥—钢结构—桥梁施工—技术规范—中国—手册 Ⅳ.①U448.145-65

中国版本图书馆 CIP 数据核字(2022)第 061248 号

公路工程标准规范解读系列丛书
Gonglu Gangjiegou Qiaoliang Zhizao he Anzhuang Shigong Guifan Shishi Shouce

书　名:	《公路钢结构桥梁制造和安装施工规范》实施手册
著 作 者:	田克平
责任编辑:	李　沛
责任校对:	刘　芹
责任印制:	刘高彤
出版发行:	人民交通出版社股份有限公司
地　　址:	(100011)北京市朝阳区安定门外外馆斜街 3 号
网　　址:	http://www.ccpcl.com.cn
销售电话:	(010)59757973
总 经 销:	人民交通出版社股份有限公司发行部
经　　销:	各地新华书店
印　　刷:	北京市密东印刷有限公司
开　　本:	880×1230　1/16
印　　张:	15
字　　数:	450 千
版　　次:	2022 年 6 月　第 1 版
印　　次:	2022 年 6 月　第 1 次印刷
书　　号:	ISBN 978-7-114-17917-4
定　　价:	100.00 元

(有印刷、装订质量问题的图书,由本公司负责调换)

前 言

《公路钢结构桥梁制造和安装施工规范》(JTG/T 3651—2022)经交通运输部批准颁布后,自2022年8月1日起施行。为配合规范的实施,由规范的主编单位中交一公局集团有限公司主持编写了本手册。

编写本手册的目的是:为规范的使用者补充提供更多的条文释义,期望对行业内外众多的从业者有所帮助,使其能更加准确地理解和执行规范条文中的各项规定。

本手册的主要内容有:规范修订的背景情况、条文规定的原因或理由、执行条文时需注意的事项,以及调研收集的资料和为方便使用规范而补充的有关技术资料。

本手册编写单位的分工如下:

第1、3、14章由中交一公局集团有限公司负责编写;

第4章由中交公路规划设计院有限公司负责编写;

第5、6、8、9章由上海振华重工(集团)股份有限公司及中铁宝桥集团有限公司负责编写;

第7章由上海振华重工(集团)股份有限公司及中铁山桥集团有限公司、中铁宝桥集团有限公司负责编写;

第10、11章由上海振华重工(集团)股份有限公司负责编写;

第12章由中交一公局集团有限公司、中交第二航务工程局有限公司、保利长大工程有限公司负责编写;

第13章和附录H由中交世通(重庆)重工有限公司负责编写;

附录A、附录B、附录C由上海振华重工(集团)股份有限公司负责编写;

附录J由中铁山桥集团有限公司负责编写。

各章节编写人员的具体分工见"本手册编写人员分工"表。

全书由田克平负责统稿。

本手册在编写过程中引用了若干公开发表的文献资料及一些内部资料,在此,对这些文献资料的作者和内部资料的提供者表示衷心感谢。

特别提示:本实施手册完全按规范的章、节、条、款、项顺序编写。规范的条文序号不变,用楷体字示出;手册的内容列于规范条文之后,用宋体字示出。

限于编者的技术水平和学识水平,如有不当或错误之处,恳请广大读者批评指正。

编 者
2022年3月 北京

本手册编写人员分工

章号	章(节)名		编写单位	编写人
1	总则		中交一公局集团有限公司	田克平
3	基本规定			
4	材料		中交公路规划设计院有限公司	黄李骥 么超逸
5	下料与加工		上海振华重工(集团)股份有限公司	孙艳萍 周维
		其中5.4.2条、5.5.3条	中铁宝桥集团有限公司	刘治国 朱新华 余超
6	组装		上海振华重工(集团)股份有限公司	马立芬
		其中6.2.12条	中铁宝桥集团有限公司	刘治国 李军平
7	焊接、焊接检验及矫正		上海振华重工(集团)股份有限公司	庞延波 袁亮 郭强 毛强
		7.3 焊接检验	中铁山桥集团有限公司	付常谊 畅三军
		其中7.4.7条	中铁宝桥集团有限公司	刘治国
8	试拼装、预拼装		上海振华重工(集团)股份有限公司	马立芬
		8.4 钢塔预拼装	中铁宝桥集团有限公司	刘治国 李军平
9	成品尺寸检验与验收		上海振华重工(集团)股份有限公司	孔晨
		其中9.2.7条	中铁宝桥集团有限公司	刘治国
10	涂装		上海振华重工(集团)股份有限公司	罗海生
11	包装、存放与运输		上海振华重工(集团)股份有限公司	孙艳萍 周维
12	安装	12.1 一般规定	中交一公局集团有限公司	张志新
		12.2 施工准备		
		12.3 支架上安装	中交一公局集团有限公司	刘大成 綦举胜 刘晓星 王志强
		12.4 悬臂拼装	中交第二航务工程局有限公司	田唯 刘丹
		12.5 提升安装	保利长大工程有限公司	荣国成 刘程洪 蔡俊华
		12.6 顶推施工	中交第二航务工程局有限公司	田唯
		12.7 整孔与大节段安装	保利长大工程有限公司	荣国成 刘程洪 蔡俊华
		12.8 转体施工	中交一公局集团有限公司	刘大成 高志玉 杨圣峰

章号	章(节)名	编写单位	编写人
13	工地连接	中交世通(重庆)重工有限公司	张丽惠 才宝山 陈柯
14	安装施工质量控制	中交一公局集团有限公司	张志新 彭龙辉
附录A	原材料复验规程	中交公路规划设计院有限公司	马立芬
附录B	钢板、加工及焊缝外观缺陷的修补		孙艳萍
附录C	钢材焊接工艺评定		罗海生 郭强
附录H	高强度螺栓安装施拧工艺规程	中交世通(重庆)重工有限公司	张丽惠 郑永
附录J	高强度环槽铆钉安装铆接工艺规程	中铁山桥集团有限公司	付常谊 石立鹏 戴润达

目 录 MULU

1 总则 ··· 1
3 基本规定 ··· 9
4 材料 ·· 14
    4.1 一般规定 ·· 14
    4.2 钢材 ··· 14
    4.3 焊接材料 ·· 17
    4.4 圆柱头焊钉 ··· 19
    4.5 高强度螺栓连接副 ·· 19
    4.6 高强度环槽铆钉连接副 ·· 19
    4.7 涂装材料 ·· 20
    4.8 密封材料 ·· 20
5 下料与加工 ··· 21
    5.1 一般规定 ·· 21
    5.2 下料 ··· 22
    5.3 零件矫正与弯曲 ·· 23
    5.4 机加工 ·· 24
    5.5 零件尺寸 ·· 27
    5.6 制孔 ··· 33
    5.7 检验 ··· 34
6 组装 ·· 36
    6.1 一般规定 ·· 36
    6.2 组装 ··· 38
    6.3 检验 ··· 51
7 焊接、焊接检验及矫正 ·· 52
    7.1 一般规定 ·· 52
    7.2 焊接 ··· 53
    7.3 焊接检验 ·· 59
    7.4 矫正 ··· 73
    7.5 检验 ··· 77
8 试拼装、预拼装 ··· 78
    8.1 一般规定 ·· 78
    8.2 试拼装 ·· 79
    8.3 预拼装 ·· 81
    8.4 钢塔预拼装 ··· 86
    8.5 检验 ··· 90
9 成品尺寸检验与验收 ·· 105
    9.1 一般规定 ·· 105
    9.2 成品尺寸 ·· 108

9.3 检验	117
10 涂装	**123**
10.1 一般规定	123
10.2 表面处理	124
10.3 工厂涂装	125
10.4 工地现场涂装	127
10.5 摩擦面处理	128
10.6 检验	128
11 包装、存放与运输	**131**
11.1 一般规定	131
11.2 包装与标识	132
11.3 存放	135
11.4 厂内转运	136
11.5 装卸	137
11.6 运输	137
12 安装	**143**
12.1 一般规定	143
12.2 施工准备	147
12.3 支架上安装	148
12.4 悬臂拼装	152
12.5 提升安装	155
12.6 顶推施工	180
12.7 整孔与大节段安装	182
12.8 转体施工	202
13 工地连接	**205**
13.1 一般规定	205
13.2 焊接连接	205
13.3 栓接连接	206
13.4 铆接连接	208
附录A 原材料复验规程	209
附录B 钢板、加工及焊缝外观缺陷的修补	212
附录C 钢材焊接工艺评定	214
附录H 高强度螺栓安装施拧工艺规程	218
附录J 高强度环槽铆钉安装铆接工艺规程	226

1 总则

1.0.1 为适应公路钢结构桥梁建设的需要,统一技术准则,保证工程质量和施工安全,制定本规范。

2016年初,国务院印发《关于钢铁行业化解过剩产能实现脱困发展的意见》(国发〔2016〕6号),要求钢铁行业积极采取措施,化解过剩产能,实现转型升级;同时要求相关行业结合本行业特点,予以支持。2016年7月,交通运输部印发《关于推进公路钢结构桥梁建设的指导意见》(交公路发〔2016〕115号),决定推进钢箱梁、钢桁梁、钢混组合梁等公路钢结构桥梁建设,以提升公路桥梁品质和耐久性,降低全寿命周期成本,发挥钢结构桥梁性能优势,助推公路建设转型升级、提质增效。

我国公路桥梁主要包括混凝土结构桥梁、钢结构桥梁和圬工结构桥梁等。截至2015年底,我国已建成桥梁75.75万座,452.2万延米,其中钢结构桥梁1 877座、34.56万延米,分别占桥梁总数的0.25%和0.76%;其余桥梁基本为混凝土结构,圬工结构桥梁占比极少。长期以来,受经济社会发展水平的制约,在有限的财力、物力下,我国的公路桥梁主要采用混凝土结构,虽然有效地发挥了其能就地取材、原材料价格较低、对施工设备要求不高等优势,较好地满足了不同时期公路建设发展阶段的需要,但与此同时,混凝土结构桥梁自重大、使用寿命相对较短、部分性能退化机理不明确,以及拆除后建筑垃圾难以处理等固有问题则一直未能得到妥善解决。相对于混凝土结构桥梁,钢结构桥梁具有自重轻、跨越能力大、质量可靠度高、耐久性好、易于工厂化自动化生产、安装施工速度快、建造周期短、抗震性能好、节能环保、可循环利用等优点,在良好的使用和养护条件下,其使用寿命可以达到百年以上。从桥梁建设品质、结构耐久性、资源节约和全寿命周期成本等方面综合分析,钢结构桥梁较混凝土结构桥梁有着明显的比较优势。

当前,国际上钢结构桥梁已成为桥梁建设的主流发展方向,发达国家已逐步发展到了以钢结构桥梁为主的阶段,截至2015年底的调研情况表明,法国的钢结构桥梁比例已达到85%、日本达41%、美国达35%;而在我国,钢结构桥梁的应用比例尚不到1%,且主要应用在特大跨径或大跨径桥梁上,中小跨径桥梁应用钢结构的比例相对较少。"十二五"末期,我国钢铁产能的利用率不足70%,而近年来我国每年新增加桥梁约2.8万座,因此,大力推广应用钢结构桥梁既是我国在不同发展阶段经济形势的现实需要,也是按照国家供给侧结构性改革要求加快推进钢结构桥梁建设的重要发展机遇,符合公路行业发展趋势,对我国桥梁建设和相关产业的发展具有重要意义。

《公路钢结构桥梁设计规范》(JTG D64—2015)已颁布实施,而目前我国公路行业尚无有关钢结构桥梁制造和安装施工的专用技术标准,虽然现行《公路桥涵施工技术规范》(JTG/T 3650)中有部分相关规定,但其内容和要求已不能满足公路钢结构桥梁数量日益增长、建设速度加快、工程难度不断提升的需要。

因此,在这种背景下,为贯彻执行国家的产业政策和行业的相关技术政策,适应公路钢结构桥梁建设的需要,更好地指导钢结构桥梁的制造和安装施工,保证钢结构桥梁制造和安装施工的工程品质,按照交通运输部《关于推进公路钢结构桥梁建设的指导意见》的具体要求,制定了本规范。

"统一技术准则"的含义为:多年来公路行业一直缺少专门的公路钢结构桥梁制造和安装施工规范。在工程实施过程中,多数是执行《公路桥涵施工技术规范》(JTG/T 3650)中的相关规定,但在该规范中,钢结构桥梁仅有一章,内容偏少;也有的工程是参照执行现行《铁路钢桥制造规范》(Q/CR 9211)的规定,但该规范主要对钢板梁和钢桁梁的制造进行规定,而对钢箱梁、钢管拱、钢箱拱、钢塔、钢锚梁和钢锚箱等并不涉及;在缺乏适宜标准的情况下,有些特大型和特大跨径钢结构桥梁只能自行制定适用于本工程的制造安装规则。因此对于钢结构桥梁,特别是对制造方面的规定,就非常有必要统一技术准则,以避免无章可循或标准不统一的现象,也能更有效地保证钢结构桥梁工程的质量。

1.0.2 本规范适用于公路钢结构桥梁的制造和安装施工。

条文中的"钢结构"一般指采用钢材通过制作加工而成并用于桥梁中承受荷载的主体结构,主要包括梁(钢板梁、钢箱梁、钢桁梁)、拱(钢管拱、钢箱拱、钢桁拱)、墩(钢箱或钢管结构)、塔、钢锚梁、钢锚箱,以及钢混组合结构中的钢梁或钢管等;不包括桥梁所用的预应力锚具、预应力筋、支座、伸缩装置、阻尼器,以及缆索结构桥梁中的索鞍、主缆、索夹、吊索(杆)、斜拉索等专用钢制产品,因其均已有相应的国家或行业产品标准。本规范未对附属结构的制造作专门规定,需要时可以参照主体结构的要求进行。

"钢结构桥梁"习惯上也简称为"钢桥"。

制造的通用含义是"将原材料加工成适用的产品",本条中"制造"的含义是指"将设计文件的要求转化为加工图、原材料采购、下料、加工、组装、焊接、拼装、涂装"等一系列过程。

1.0.3 当采用本规范未涉及的新材料、新结构、新技术和新工艺时,应补充技术条款指导制造和安装施工。

1.0.4 公路钢结构桥梁的制造宜积极推广应用数字化、自动化和信息化的先进技术、工艺和设备。

随着技术的发展,特别是信息技术的日新月异,各种数字化、自动化和信息化的手段不断增多,BIM技术、三维建模、数控设备以及工业机器人已在制造业和工程建设领域中越来越多地得到应用,本规范鼓励和提倡在公路钢结构桥梁的制造中积极推广应用这些先进的技术、工艺和设备,以提高效率、保证制造精度和工程质量。

智能制造是制造业和工程建设领域不断发展的一种趋势,以下对此做简要介绍:

一、智能制造的概念和应用

智能制造(Intelligent Manufacturing)是一种由智能机器和人类专家共同组成的人机一体化智能系统,它在制造过程中能进行智能活动,诸如分析、推理、判断、构思和决策等。通过人与智能机器的合作共事,去扩大、延伸和部分地取代人类专家在制造过程中的脑力劳动。它将制造自动化的概念更新,扩展到柔性化、智能化和高度集成化。

2016年的达沃斯世界经济论坛,将主题锁定在"第四次工业革命"。全球范围内,第一次工业革命是"蒸汽革命",第二次是"电气革命",第三次是"信息革命",第四次工业革命,是由大数据、云计算、智能机器人和3D打印技术等掀起的新一波汹涌澎湃的创新浪潮,也就是通常所说的工业4.0。

"第四次工业革命"的序幕早已拉开,以"工业4.0"为标志的新一轮产业革命已经到来,智能制造将成为国家经济竞争力的关键所在。智能制造技术包括自动化、信息化、互联网和制造成型四个层次,产业链涵盖机器人及系统集成(工业机器人、服务机器人、机器人零部件其他自动化装备)、高端数控机床、工业互联网[工业视觉、智能传感器、射频识别(RFID)、工业以太网]、工业软件及数据处理系统(ERP/MES/DCS等)、增材制造装备(3D打印)等。我国的智能制造产业在政策扶持、技术进步、产业升级等多重利好因素的有力推动下,将迎来历史性发展机遇。

二、国内外智能制造的应用现状

(一)国外智能制造现状

1992年美国实行新技术政策,大力支持关键重大技术(Critical Technology),包括信息技术和新的制造工艺,智能制造技术亦在其中,美国政府希望借此改造传统工业并启动新产业。

加拿大制定的1994—1998年发展战略计划,认为未来知识密集型产业是驱动全球经济和加拿大经济发展的基础,认为发展和应用智能系统至关重要,并将具体研究项目选择为智能计算机、人机界面、机械传感器、机器人控制、新装置、动态环境下系统集成。

日本1989年提出智能制造系统,且于1994年启动了先进制造国际合作研究项目,包括了公司集成和全球制造、制造知识体系、分布智能系统控制、快速产品实现的分布智能系统技术等。

欧洲联盟的信息技术相关研究有ESPRIT项目,该项目大力资助有市场潜力的信息技术。1994年又启动了新的R&D项目,选择了39项核心技术,其中3项(信息技术、分子生物学和先进制造技术)中均突出了智能制造的位置。

(二)国内智能制造现状

中国的智能制造尚处于初级发展阶段,大部分处于研发阶段。中投顾问在《2016—2020年中国智能制造行业深度调研及投资前景预测报告》中指出,国内仅16%的企业进入智能制造应用阶段;从智能制造的经济效益来看,52%的企业其智能制造收入贡献率低于10%,60%的企业其智能制造利润贡献率低于10%。

面对智能制造发展的迫切需求及市场空间,国内各行业纷纷进军系统解决方案领域。国内智能制造改造需求迫切,系统解决方案市场需求广阔。一是随着国内劳动力人口逐渐减少以及劳动力成本的逐渐上升,企业迫切需要实施机器换人战略,就工业机器人来看,2014年国内工业机器人销售同比增长了56%;二是互联网时代,用户需求日趋多样化、定制化,企业订单呈现出小型化、碎片化的发展趋势,引进与应用智能制造系统解决方案已经成为企业满足新时代发展需要的重要着力点。

为了推动制造业的发展,我国出台了《中国制造2025》规划,提出创新驱动、智能转型、绿色发展等关键环节,其中智能制造是我国制造升级的主攻方向,包括三个方面:智能化产品的研发、生产和管理过程的智能化、建立工业互联网或物联网。

三、智能制造在公路钢结构桥梁制造方面的应用

随着我国社会经济的持续高速增长和城市化步伐的加快,近年来,基建行业和城际交通工程快速发展,传统的钢结构桥梁制造技术水平和产能已不能适应目前的社会需求。

在钢结构桥梁制造过程中,行业内诸多企业基于智能制造技术,通过进一步对制造技术的深入研究和应用,建立了一套公路钢结构桥梁智能制造系统,实现制造技术的数字化、集成化,提升制造技术水平,降低生产成本,提高制造质量。

(一)物料管理技术

在手机端App中选择物料工序状态后扫描物料条形码,通过移动网络将物料的状态实时反馈到后台服务器中,实现了物料状态信息的实时更新与传递。

物料管理系统的应用,改变了人工表格记录后输入系统的传统物料管理方式,通过扫码,可以轻松获得包括物料编号、品名、材质、标准、规格、所处工序等各种信息并将最新的工序状态录入系统,同时支持移动端检索物料库存信息,实时了解物料状态。

(二)三维加工一体化技术

在三维信息模型的基础上进行二次开发,利用建模软件导出的构件信息,经过工艺余量添加系统对各类钢板进行余量添加,并通过与高性能优化套料软件的集成应用,进行优化套料排版,将模型数据的套料结果,用于驱动工厂数控设备进行生产。

三维加工一体化技术的应用改变了传统的详图设计、拆图、加放工艺余量、排版的模式,取消了拆图过程,将工艺余量添加的工作在三维建模阶段进行,缩短技术准备时间,减少人力资源投入,摆脱限定钢板规格的束缚,根据排版套料结果制定钢板采购清单,达到提高材料利用率和减少库存积压的目的。

(三)焊缝信息管理技术

通过BIM信息模型实现焊缝信息的可视化管理,解决传统手工统计和管理焊缝信息的弊端,通过对三维建模软件Tekla的二次开发,在模型中实现对焊缝的快速编号和属性定义,同时实现对焊缝的坡口类型、长度、焊材用量、焊接工时等信息的统计,生成焊缝地图,将焊缝信息在三维建模、生产准备、焊材采购、车间焊接、质量控制等环节进行有效整合,实现完整的数据链,从而在项目整个过程中实现焊缝精细化管理,提高企业的生产力。

焊缝信息管理系统能完善对焊缝信息的管理机制,改变以往粗放型的模式,将精细化管理理念引入项目的资源管理中,促进项目管理水平的提高,降低资源消耗,提高企业效益。在钢桥制造行业中引入焊缝信息在三维模型中集成的方法,进一步提高桥梁制造行业的信息化、数字化水平,为进一步实现钢桥数字化制造奠定基础。该技术实现了焊缝设计、施焊和检测信息在三维模型中的集成,做到全面焊缝信息的管理和追踪;通过对焊材采购量、焊接工作量、探伤工作量的精确统计,改变以往根据经验估算的方式,实现了焊缝成本的精细化管理;该技术同时改变了以往手工绘制焊缝地图、人工统计焊缝信息的方式,实现了程序化管理,提高了焊缝信息的数字化和信息化管理水平。

(四)虚拟预拼装技术

基于数字化模型的虚拟预拼装技术研究,根据已建的三维模型,通过高精度的摄影测量系统测量实际构件的控制点,测量数据与实体理论模型在局部坐标系下对比,检查制造精度并修整,将合格构件的实测数据进行模拟预拼装;检查相邻构件之间按照设计要求拼装时的接口偏差,按照分析报告对接口偏差进行修正,保证实际架设安装时的端口匹配要求,通过分析发现制作过程中的工艺问题,不断改进和完善工艺,建立企业内部的精度管理体系。该技术改变了以往粗放型几何尺寸精度管理模式,采用数字化精度测量技术实现几何尺度精度的精细化管理。通过对测量设备和分析软件的研究应用建立一套从测量到数据分析的新型精度控制方法。

该技术应用虚拟预拼装技术实现节段间的匹配组装分析,可以预先分析在安装中所遇到的问题,从而指导工厂及时整修问题构件,避免待实体组装时才发现而无法安装的情况,达到减轻工厂工人的劳动强度、提高生产效率、使生产向自动化方向迈进的目的。

虚拟预拼装技术将数字化精确测量与预拼装技术集成运用于钢桥的制造中,解决了钢桥节段控制点的精确测量与虚拟预拼装问题。随着技术的成熟与工程经验的累积,此技术将会逐步代替钢桥梁节段实体预拼装过程。

(五)生产物联管理技术

产品追踪及进度管理是生产管理的一项重要内容,大多数生产管理系统都会涉及。传统生产追踪方法不够便捷、易混淆,以图或表的形式显示,不够直观,可阅性及可视化程度较低;特别是在大型桥梁工程上,涉及的工程量大,需要追踪的信息量大,图表众多,以上问题更加明显。

开展物联网技术的研究与应用,是为改变传统生产进度及产品跟踪的滞后性和不直观性。通过二维码作为信息载体,智能手机+专用App的方式收集产品进度及状态数据,通过无线网络实时反馈信息,将其进度信息通过不同颜色显示于三维数字模型中。同时信息上传到BIM信息平台,便于决策者及时掌握生产动态,全方位掌控生产进度,动态调配生产资料,使项目在合理的工期和成本范围内有效运行。

四、智能制造在公路钢结构桥梁安装施工方面的应用

(一)钢箱梁安装施工技术

钢箱梁安装施工技术集成主要分为索塔区节段安装技术、标准节段安装技术和合龙施工技术。索塔区节段施工主要需解决如何因地制宜地制定安装方案,并实现方案的经济性最优和工效最高。钢箱梁标准节段的主要施工方法是悬臂拼装法,随着超长、超宽、超重钢箱梁的应用,吊装系统、梁段吊装匹配和连接工艺方面成为悬臂拼装的核心问题。合龙施工技术主要有顶推合龙和温度合龙,对多塔斜拉桥而言,合龙顺序成为关键技术。

(1)索塔区节段安装技术

钢箱梁斜拉桥索塔区主梁节段的安装主要包括塔旁托架结合固定式桥面吊机拼装方法、起重船安装方法和变幅式桥面吊机安装方法。

(2)标准节段安装技术

钢箱梁斜拉桥标准梁段的安装方法包括支架法、顶推法和悬臂拼装法,悬臂拼装法是大跨径斜拉桥的主要施工方法。标准梁段悬臂拼装技术是钢箱梁斜拉桥施工技术的重要组成部分,它包括标准梁段悬臂拼装吊装系统、梁段吊装匹配和连接工艺等方面的内容。

1 总则

(3) 宽幅钢箱梁双桥面吊机安装技术

国内外已建钢箱梁斜拉桥通常采用单桥面吊机吊装标准梁段,如多多罗大桥、诺曼底大桥、南京三桥等都采用了这种桥面吊机布置方式。

苏通大桥主梁宽41m、单节段重450t,如果采用传统单桥面吊机系统,吊机支点反力巨大,可能导致钢箱梁局部强度和稳定性问题。另外,由于支撑条件不一致,已安梁段与吊装梁段间局部变形较大,不仅匹配困难,还可能产生残余变形和次应力,影响构件的无应力线形,对保证匹配质量和成桥线形不利。经过系统全面的研究,创新研制了多功能分离式双桥面吊机系统:桥面吊机采用四支点布置,双吊机结构可以有效减小梁段横向变形,前支点布置在斜拉索锚固横隔板断面,可以有效减小梁段纵向变形,有利于保证匹配质量;桥面吊机与长索牵引角度调整装置一体化,可以减少设备自重、充分利用悬臂前端狭小的施工空间,能保证长梁端牵引入索套管角度和张拉杆不受弯折,可操作性强。

(4) 宽幅分离式钢箱梁安装技术

为克服宽幅钢箱梁的横向变形问题,出现了分离式钢箱梁,如香港昂船洲大桥、上海长江大桥和嘉绍大桥等,其桥面宽度分别达到53.2m、51.5m和55.6m。分离式钢箱梁采用分离双箱结构,横向采用箱形或工字形横梁联结。

宽幅分离式钢箱梁安装技术可分为整体安装和现场组拼两种。香港昂船洲大桥和上海长江大桥采用了整体安装方法,嘉绍大桥则采用了现场组拼安装方法。

(5) 大节段钢箱梁整体架设技术

国内已有多座桥的钢箱梁采用大节段整体制造起吊安装的方法。与小节段制造不同的是,需在工厂内完成多个小节段的连接而形成大节段,拼装在曲面胎架上完成。连接过程中需保证钢箱梁自由搁置,同时要满足高精度的线形要求,因此,胎架沉降控制、多点支撑反力控制、焊接顺序优化以及焊缝收缩控制等是其中的关键技术。

钢箱梁节段接缝设置在约1/4跨的反弯点位置,通过临时牛腿连接和接缝状态调整。与工厂内小节段之间采用全焊接缝不同,大节段之间的接缝采用栓焊组合方式。

(二) 钢桁梁施工技术

钢桁梁施工技术集成主要分为杆件散拼技术、桁片拼装技术和整节段架设技术。杆件散拼技术主要考虑如何充分利用桥面吊机的工作性能进行不同长度、不同重量和不同形式的杆件拼装;桁片拼装技术和整节段架设技术的关键是吊装过程的安全控制以及节段间的调位、匹配和连接。

(1) 杆件散拼技术

散拼法即所有杆件和桥面系都是独立依次拼装。安装设备一般有塔吊、龙门吊、桅杆吊和桥面吊机等。散拼法对设备要求较低,但拼装速度较慢。

(2) 桁片拼装技术

桁片拼装法结合了散件拼装法和整节段吊装法的优点,既降低了对吊装设备和安装控制的要求,又保证了施工工效,是近年来兴起的施工新工艺。

(3) 整节段架设技术

随着桥梁施工装备的进步,出现了大型专用桥面吊机,这是钢桁梁采用整节段架设的基础。现场安装采用专用桥面吊机进行节段整体吊装,关键技术包括:首先从选择与超重、超高、超宽桥面钢桁架节段相应的运输工具和方式着手,通过确定合理的装卸方案,控制运输过程中梁段的稳定和变形;其次是适应桁架梁大吨位、自行走的桥面吊机的设计,吊机要尽量减轻其自重,还要满足不同节段桥面的吊装要求,同时确定合理的吊装工艺;最后是钢桁架梁现场定位、对接、精调、焊接顺序及焊接变形的控制。

(三) 大型海上起重设备研发

海上桥梁大型构件制作与安装技术的核心是装备。研发机电一体化的制造和架设装备,实现大型构件制造和安装的自动化,远期目标是实现装备的智能化,可以减少人为因素导致的制造安装误差,是工艺、控制水平的集中体现。

国外桥梁设备在朝着系列化、特大型化方向发展之后,近年来已进入多用途、微型化发展阶段。推动这一发展的因素,首先源于液压技术大发展,通过对液压技术的合理设计,使工作装置具有能够完成多种作业的功能;其次快速可更换连接装置的诞生,安装在工作装置上的液压快速可更换连接器,能在作业现场完成各种附属作业装置的快速装卸及液压软管的自动连接,使更换附属作业装置的工作在司机室通过操作手柄即可快速完成。

近年来,国外在桥梁施工装备方面取得的成果有:JACK-UP BARGES海上施工平台、"海翔号" 4 100t吊船(日本国内最大浮吊)、新型履带式起重机CC8800-1 TWIN(目前世界上最先进起重设备之一,额定最大起重量3 200t,主臂长156m,最大起重高度228m)。意大利Saipem7000公司的半潜式起重船起重量达到14 200t,荷兰Heerema公司的Thialf起重船起重量也达到14 200t。

随着桥梁工程规模的日益扩大,国内桥梁设备正向大吨位、大型化的方向发展。近年来,国内有实力的生产企业开始加大科研与技术开发投入,我国在已有的常规设备基础上,依托大型工程研发了更多、更大规模和更大吊装能力的桥梁工程装备。国内已投入使用的起重量在1 500t至3 000t的大型起重船有:四航局的2 600t"奋进号"、大桥局的2 500t"小天鹅号"、三航局的2 400t"风范号"、振华重工的2 200t"振浮5"和1 600t"振浮6"等。3 000t以上目前国内已投入使用的大型起重船有:中海油的7 500t "蓝鲸号"和3 800t"蓝疆号"、广州打捞局的4 000t"华天龙号"、振华重工的4 000t"振浮7"、大桥局的3 000t"天一号"等。目前,振华重工已生产出12 000t级的全回转起重船。

1.0.5 公路钢结构桥梁的制造和安装施工,应建立健全质量管理体系和安全生产管理体系,并应实施全过程管理。

1.0.6 公路钢结构桥梁的制造和安装施工除应符合本规范的规定外,尚应符合国家和行业现行有关标准的规定。

附:交通运输部关于推进公路钢结构桥梁建设的指导意见

为推进公路建设转型升级,提升公路桥梁品质,充分发挥钢结构桥梁性能优势,交通运输部研究决定推进公路钢结构桥梁(包括钢箱梁、钢桁梁、钢混组合梁等桥梁,下同)建设。现提出如下意见:

一、总体要求

(一)指导思想。

深入贯彻落实党的十八大和十八届三中、四中、五中全会精神,牢固树立创新、协调、绿色、开放、共享的发展理念,落实现代工程管理人本化、专业化、标准化、信息化、精细化的"五化"要求,提升公路桥梁品质和耐久性,降低全寿命周期成本,推进钢结构桥梁建设,促进公路建设转型升级、提质增效。

(二)基本原则。

——政策引导、市场为主。充分发挥政府引导作用,通过完善相关政策和技术标准,发挥市场配置资源的决定性作用,营造有利于钢结构桥梁应用的政策环境和市场环境。

——因地制宜,有序推进。结合经济社会发展水平、资源禀赋、自然条件和工程特点,确定本地区钢结构桥梁推广应用技术发展路线,因地制宜,有序推进钢结构桥梁建设。

——重点示范,标准先行。根据实际选择合适的项目,组织开展钢结构桥梁建设应用示范,注重管理创新和技术创新,通过示范引领,总结经验,不断完善技术标准和规范。

——建养并重,质量可控。完善钢结构桥梁建设、养护管理制度,配备专业的建设、管理、养护、检测人员和设备,保证钢结构桥梁建设质量和运行安全。

(三)主要目标。

到"十三五"时期末,公路行业钢结构桥梁设计、制造、施工、养护技术成熟,技术标准体系完备,专业化队伍和技术装备满足钢结构桥梁建设养护需要。新建大跨、特大跨径桥梁以钢结构为主,新改建其他桥梁钢结构比例明显提高。

二、主要措施

(一)加强方案比选,鼓励选用钢结构桥梁。公路桥梁方案应从工程可行性研究阶段开始,综合考虑桥梁建设成本、安全耐久、管理养护等方面的因素,加强对混凝土桥梁和钢结构桥梁方案的比选论证,鼓励择优选用钢结构桥梁。特大跨径桥梁、地震烈度7度及以上地区的高墩大跨径桥梁、弯坡斜等特殊形状桥梁,优先选用钢结构桥梁;新改建其他桥梁以及危桥改造工程,桥梁方案比选应遵循因地制宜原则,重点考虑施工组织、工程安全度和全寿命周期成本等因素,择优选用。

(二)合理选型,更好地发挥钢结构桥梁的优势。桥梁结构选型应根据桥梁使用功能和所处区域环境综合确定。特大跨径桥梁推荐选择钢桁梁、钢箱梁等构件受力明确、节点工作状态清晰、便于维修更换的结构;大跨径桥梁应着重对工程造价、施工装配、安全控制、养护便利等进行综合比选,择优选择适宜的钢结构;中等跨径桥梁推荐选用标准化程度高、桥面耐久性好的钢混组合结构。

(三)重视钢结构桥梁的构造设计。钢结构桥梁构造设计对桥梁安全和耐久性影响显著,应重视钢结构纵、横向受力的连续性和均衡性,细化截面过渡和连接设计,有效避免应力集中引起的疲劳损伤;加强排水系统的可靠性设计,防止渗漏引发结构腐蚀破坏;完善防火构造措施,提高应对火灾能力;环境条件适合的项目推广使用耐候钢,提高结构抵抗自然环境腐蚀能力,降低养护成本。

(四)全面提高结构可维护性。钢结构桥梁设计应充分考虑后期管理养护的功能性需要,完善检修构造措施,做到可达、可检、可修、可换,提高日常检测维修工作便利性、安全性。检修构造应与主体结构同步设计。

(五)推进钢结构桥梁工业化、标准化、智能化建造。应大力推进钢结构桥梁建设标准化设计、工业化生产、装配化施工,提升桥梁工程的质量品质。桥梁构件应采用工厂制造为主,结合装配、运输、场地条件等,合理确定桥梁结构现场拼装界面,尽量减少钢结构现场焊接和防腐涂装工作,提高质量保证率;推广应用建筑信息模型(BIM)技术,推动钢结构桥梁设计、制造、安装和管养各类信息的共享利用;积极应用自动化、智能化的制造、焊接、涂装和质量检测技术,提高钢结构建造质量。

(六)尽快完善相关标准定额。相关单位要认真总结现有钢结构桥梁技术标准执行情况和建设、管理、养护经验,针对钢结构桥梁推广使用过程中的问题,及时修订完善相关标准规范。鼓励公路相关单位结合应用和实践,编制钢结构桥梁专用施工和养护定额,报省级交通运输主管部门批准后使用。交通运输部将支持或组织有能力的单位编制钢结构桥梁设计通用图。

(七)加强专业人才培养。鼓励高校、科研、设计、制造、安装、管养等单位加强钢结构专业人才的引进和培养。各地应积极开展《公路钢结构桥梁设计规范》《公路钢混组合桥梁设计与施工规范》等相关标准规范和知识技能的专项培训,提高钢结构从业人员的技术素质和专业水平。

三、组织保障

(一)加强组织领导。省级交通运输主管部门要加强组织领导,建立完善钢结构桥梁推广应用工作机制,积极组织开展钢结构桥梁示范工程建设,总结经验,推广先进技术,提高钢结构桥梁应用水平。

(二)加强科研和技术推广。公路建设单位应结合具体项目,组织开展提升钢结构桥梁品质、保证结构安全耐久、推进标准化建造等方面的专题研究,推广科技成果,夯实技术基础,推动钢结构桥梁整体技术水平的提高。

(三)推动设计施工总承包和养护专业化发包。鼓励公路建设单位采用设计、施工(含制造、安装)总承包等方式发包桥梁上部建造任务,通过设计、施工和钢结构制造企业深度融合,提高钢结构桥梁建设专业化水平。鼓励桥梁管养单位开展钢结构桥梁专业化养护发包,提高钢结构桥梁养护质量,降低全寿命周期成本。

(四)完善信用评价体系。省级交通运输主管部门应研究建立钢结构制造单位的信用评价制度,交通运输部将适时把钢结构制造单位纳入公路建设行业信用评价体系中,充分发挥市场信用的引导作用,确保钢结构桥梁的制造、安装质量。

（五）充分发挥专家作用。在钢结构桥梁推进过程中，有关单位要根据工作需要，充分利用专家智慧和社会力量，开展相关科研、通用图编制、标准规范修编等工作，为推进钢结构桥梁建设提供技术支持和保障。

3 基本规定

3.0.1 钢结构桥梁在制造前,制造厂应对设计文件进行工艺性审核,并应按设计规定绘制加工图、编制制造工艺文件。当需要对设计图纸进行调整和变更时,应取得原设计单位的同意,并应履行相关的设计变更程序。

制造前对设计文件进行工艺性审核,然后再将其转化为加工图,将结构构件分解为板单元和零件,主要是便于制造厂生产加工。对设计文件进行工艺性审核时,通常需要考虑以下内容:

(1)设计图的节段划分是否符合制造、运输和架设安装的条件;
(2)构件是否标准化、通用化,是否可以减少工装的制造量;
(3)制造厂现有的设备和条件是否满足制造的要求;
(4)焊缝布置、焊缝形式及操作空间是否合理及焊接变形对质量的影响;
(5)选用钢材的品种规格是否与可能供应的材料相符;
(6)制造数量、质量要求和运输方式等是否明确。

加工图可以在三维模型的基础上自动生成,以提高绘制的效率,减少差错。加工图一般包括零件图、板单元组装图、构件组装图、总装图、场内试装简图、工地拼装简图、构件汇总表等;对空间几何形状复杂的构件或采用平面图难以确定其几何尺寸的构件,则可以绘制三维图,或采用 BIM 建模。绘制加工图时,需要考虑桥梁的平面线形、纵断线形、横坡、预拱度,以及切割余量、边缘加工余量、焊接变形、制造温度和施工方法等的影响;在对单元节段和板件进行划分时,焊缝须避开结构重要受力位置和车轮经常直接作用的位置。

编制制造工艺文件时,首先需要根据施工的总体方案,确定钢结构桥梁工厂制造的流程、工艺、工装和设备等,然后需根据构件运输和安装的条件,合理划分构件制造单元、运输单元、工地组拼和安装单元;要明确材料的进场复验、钢材预处理、零件加工工艺与装备、板单元加工工艺与装备、构件组装工艺与装备、焊接与栓接施工工艺、变形矫正、构件与焊缝的返修、试拼装或预拼装、涂装工艺,以及各道工序的质量检测方法和质量验收要求。

"施工应符合设计文件的规定",这在《公路桥涵施工技术规范》(JTG/T 3650—2020)第1.0.4条中已有明确规定,也是工程施工时需要遵守的基本准则,但设计图及相应的设计要求中有可能会存在实际制造时无法制作或制作非常困难的情况,例如构造上过于复杂,有限的操作空间导致难以保证焊接的质量。因此,在对设计文件进行工艺性审核时,如果发现有类似情况,就需要及时与设计单位协商、沟通,对设计图纸进行必要的调整或修改,而且需要取得原设计单位的同意,并履行相关的设计变更程序。

3.0.2 钢结构桥梁的制造应按加工图、技术标准和制造工艺进行。

加工图、技术标准和制造工艺是钢结构桥梁制造的主要依据,需要得到严格执行,而且在制造过程中不能随意更改。

3.0.3 钢结构桥梁的制造应建立完善的质量检验制度。在制造过程中,各工序应按技术标准进行质量控制;每道工序完成后,应进行检查,并形成记录;工序间应进行交接检验,未经检验或检验不合格的不得进行下道工序生产。

建立完善的质量检验制度,是保证制造质量的重要前提。

质量控制是为了保证能达到合同、技术规范所规定的质量标准而采取的一系列检测监控的措施、手段和方法,是从工序质量到分项工程质量、分部工程质量、单位工程质量的系统控制过程;换言之,是一个从投入原材料的质量控制开始,直到完成工程质量检验为止的全过程。因此,工序是在制造过程中需要进行质量控制的根本,如果某一道工序的质量不合格而进入下道工序,则会存在质量隐患,可能会对工程最终的质量产生重大影响。

3.0.4 钢结构桥梁制造和安装的检验应使用经检定合格的计量器具,并应按有关规定进行操作。

计量器具是指能用以直接或间接测出被测对象量值的装置、仪器仪表、量具和用于统一量值的标准物质。

1.按结构特点不同,计量器具可以分为三类:量具、计量仪器(仪表)和计量装置。

量具是以固定形式复现量值的计量器具,如量块、砝码、直尺等。

计量仪器(仪表)是能将被测量值转换为可直接观测的指示值或等效信息的计量器具,包括指示式仪表、记录式仪表和比较式仪表等,如压力表、流量计、温度计、电流表等;由独立完备组件构成的传感器以及能产生附加或附属功能的部件也属于计量仪器。

计量装置是确定被测量值所需的计量器具和辅助设备的总体组合。

2.按用途不同,计量器具可以分为计量基准器具、计量标准器具和普通计量器具三类。普通计量器具即为一般日常工作中所用的计量器具,它可以获得某给定量的计量结果。

3.按等级不同,计量器具可以分为 A、B、C 三类。

1)A 类计量器具的范围

(1)公司最高计量标准和计量标准器具;

(2)列入强制检定工作范围的计量器具;

(3)生产工艺过程中和质量检测中关键参数用的计量器具;

(4)进出厂物料核算用计量器具;

(5)精密测试中准确度高或使用频繁而量值可靠性差的计量器具。

A 类计量器具包括:一级平晶、零级刀口尺、水平仪检具、直角尺检具、百分尺检具、百分表检具、千分表检具、自准直仪、立式光学计等。

2)B 类计量器具的范围

(1)未列入强制检定工作范围的计量器具;

(2)生产工艺过程中非关键参数用的计量器具;

(3)产品质量的一般参数检测用计量器具;

(4)二、三级能源计量用计量器具;

(5)企业内部物料管理用计量器具。

B 类计量器具包括:卡尺、千分尺、百分尺、千分表、水平仪、直角尺、塞尺、水准仪、经纬仪、焊接检验尺、超声波测厚仪、超声波探伤仪、5m 以上的钢卷尺、压力表、测力表、衡器、硬度计、天平等。

3)C 类计量器具的范围

(1)低值易耗的、非强制检定的计量器具;

(2)公司生活区内部能源分配用计量器具、辅助生产用计量器具;

(3)在使用过程中对计量数据无精确要求的计量器具;

(4)国家计量行政部门明令允许一次性检定的计量器具。

C 类计量器具包括:钢直尺、弯尺、5m 以下的钢卷尺等。

计量检定是对计量器具的计量特性进行全面的评定,检定要依据相关规程对计量器具做出合格与否的结论,并核发检定证书、加盖检定印记或不合格通知书。

企业需要建立各项计量管理制度并严格执行,计量管理制度通常包括:

(1)入库、流转、降级、报废制度;

（2）使用、维护、保养制度；
（3）周期检定制度；
（4）在用计量器具、检验设备现场抽检制度；
（5）计量人员培训、考核、任用、奖惩制度。

计量器具的使用人员需要经过培训并具有相应的资格，熟悉并掌握计量检测设备的性能、结构，以及相应的操作规程、使用要求和操作方法。使用前要核对检定标识与设备是否相符，是否在有效期内，是否处于合格状态；使用时要按规定进行操作，做好记录。

企业需要凭数据指挥生产、监控工艺、检验成品，质量才能真正得到保证。

3.0.5 从事钢结构桥梁焊接和焊接无损检测的人员均应具有国家法定机构颁发的资格证书，并应仅从事资格证书规定范围内的工作。

与焊接相关的人员，主要包括焊接技术人员、焊接检验人员、无损检测人员、焊工、焊接热处理人员等，他们是焊接工作的直接或间接参与者，也是焊接质量控制环节中非常重要的组成部分，其专业素质是保证焊接质量的关键因素。

在《钢结构焊接规范》(GB 50661—2011)第3.0.4条中，明确规定了钢结构焊接相关人员需具备的资格及相应要求：

（1）焊接技术人员应具有中级以上技术职称，并接受过专门的焊接技术培训，且有一年以上焊接生产或施工实践经验；
（2）焊接检验人员应接受过专门的技术培训，有一定的焊接实践经验和技术水平，并具有检验人员上岗资格证；
（3）无损检测人员必须由专业机构考核合格，其资格证书应在有效期内，并按考核合格项目及权限从事无损检测和审核工作；
（4）焊工应考试合格，并取得资格证书，其施焊范围不得超越资格证书的规定；
（5）焊接热处理人员应具备相应的专业技术。用电加热设备加热时，其操作人员应经过专业培训。

因此，在执行本条时，可以按照上述规定来要求焊接从业人员需要具备的资格。

3.0.6 在钢结构桥梁制造前，焊工应通过制造厂组织的培训考核，经监理工程师批准并备案后方可上岗作业；当焊工的停焊时间超过6个月时，应重新对其培训考核并经批准备案。

焊工属于特殊工种，其操作技能和资格对工程质量具有重要的保证作用；焊工考试是为了考核焊工在采用适合的焊接工艺参数条件下施焊出合格焊缝的能力。《钢结构焊接规范》(GB 50661—2011)规定：凡从事钢结构制作和安装施工的焊工和机械操作工，均应进行理论知识考试和操作技能考试，评定合格者，方可从事与评定资格相符的焊接操作。同时规定了施工企业焊工技术考试委员会的组成、职责，以及对焊工考试的组织和管理要求。对焊工需要考试的内容、分类也有较为详细的要求，其中要求的操作技能分为手工操作技能和机械操作技能，手工操作技能包括：手工电弧焊、熔化极气体保护焊（包括实心焊丝及药芯焊丝）、药芯焊丝自保护焊、非熔化极气体保护焊；机械操作技能包括：埋弧焊、熔化极气体保护焊、电渣焊（包括丝极、板极和熔嘴电渣焊）、气电立焊、栓钉焊。

3.0.7 钢结构桥梁的制造和安装应及时建立施工监控体系，并应在制造前具有构件的制造线形。

钢结构桥梁施工时，需要对构件安装的过程进行监测和控制，以使最终的成桥线形达到设计所要求的期望值。由于构件的制造线形会对安装过程的施工监控产生较大的影响，因此就需要尽早建立施工监控体系，并根据安装施工的总体技术方案，对结构的内力和变形进行必要的分析计算，确定构件的制造线形，在制造前提供给制造厂，以保证施工的顺利进行。

3.0.8 钢结构桥梁的构件在制造完成后，制造厂应对其质量进行检验验收。设计相同的构件在制造精度上宜达到互换要求。

3.0.9 钢结构桥梁的安装施工应编制专项施工方案，并应对施工中存在的风险进行管理和控制。

危险性较大的分部分项工程（简称"危大工程"），是指工程在施工过程中，容易导致人员群死群伤或将造成重大经济损失的分部分项工程。由于通常需要在水上或高空进行起重吊装作业，因此钢结构桥梁的安装施工基本上都属于危险性较大的分部分项工程，按照《公路工程施工安全技术规范》（JTG F90—2015）的规定，需要制定专项施工方案，并需依据方案的要求对施工中存在的各种风险进行管理和控制，以保证施工的安全。

3.0.10 主要材料、制造和安装施工的质量检验记录和质量证明文件等资料应齐全完整、真实有效，并应具有可追溯性。

质量活动是通过质量信息的流动来实现的，质量信息则来自经过整理后的质量记录。质量记录是反映质量体系运行过程及产品生产过程的原始资料，是为已完成的活动或达到的结果提供客观证据的文件。质量记录通常由质量体系记录和产品质量记录组成，质量体系记录是质量体系要素运行状态和运行结果的证据，例如员工培训记录、员工素质记录、质量体系审核记录等；产品质量记录则是对产品质量形成过程状态和结果的记录，例如工序检验记录、首批样件检验报告等。而且，产品在制造加工过程中的质量问题往往不只是技术方面的原因，人为的因素也占有很大的比重，技术不稳定或者人为因素导致的生产过程失控，会使某些重要质量特性的缺陷潜伏下来，从而在使用中出现重大事故并造成严重损失。由于质量记录包含了产品的全部信息，根据这些信息可以追溯产品质量的历史，找到有问题的产品，查出不合格品生产时的工艺状态和责任者，分析现存质量问题和潜在质量问题的原因，跟踪后继的活动并采取纠正措施。因此，这就要求原材料、制造和安装施工的质量检验记录和质量证明文件等资料要齐全完整、真实有效，并具有可追溯性。

关于可追溯性，《质量管理体系 基础和术语》（GB/T 19000—2016/ISO 9000—2015）的定义为：追溯客体的历史、应用情况或所处位置的能力。所谓"客体"，是指"可感知或可想象到的任何事物"，例如产品、服务、过程、组织、体系、资源等。就产品而言，可追溯性通常包括：原材料和零部件的来源、产品的加工历史、产品出厂后的分布和所处位置。通俗地说，"可追溯性"就是为了明确"相应产品在何时、何地、由何人生产"，将从原材料采购到制造加工直至交付、使用为止的全过程呈现为可追踪状态，以满足产品品质提升的需求，保证交付合格产品。

可追溯性可以分为供应链可追溯性和内部可追溯性两种形式。

供应链可追溯性是指可以追踪（溯及）从原材料的采购，到制造加工、交付、使用历史记录的状态，掌握产品在多个工序（厂商之间）中的动向。制造者可以知道自己制造的产品"去往哪里（可追踪）"，下游工序的使用者可以知道自己接收的产品"来自哪里（可溯及）"。因此，对于制造者来说，在产品发生质量问题时，可追溯性具备有利于调查原因和返修的优点；对于使用者来说，可追溯性则可以作为高信赖度产品的选择指标，并消除对于产品质量存在缺陷等的担忧。

内部可追溯性是指在整体供应链中的一个企业或工厂中，在限定的特定范围内掌握原材料、零件和产品动向的可追溯性。例如，在钢结构制造工厂中，从供应商处购入钢材等原材料，按照加工图、技术标准和制造工艺的要求，通过下料、加工、组装、焊接、拼装、涂装等一系列制造过程，最终形成产品，管理、使用这些产品的制造历史记录和检查结果的信息即可以称为内部可追溯性。具体而言，从原材料进厂到产品出厂的过程中，收集、管理制造工序的作业信息，即为制造工序的可追溯性；在制造工序的可追溯性中，对产品或批次加上识别标记，关联各工序的作业内容、检查结果、尺寸信息等，并用于后期工序的装配作业，将这些信息应用到制造过程中，将有利于提高生产及作业效率，提升品质。

实施可追溯制度的一个重要前提是需要在产品实现的全过程使用适宜的方法对产品进行标识，以便于识别产品的状态,防止产品的误用和非预期使用不合格产品,并根据产品的标识可以在需要追溯的场合实现可追溯的目的。

由于在实现过程中存在不同的产品,而各类产品在监视和测量过程中存在不同的状态,当产品需要对其形成的历史、使用情况等进行追溯时,就要在产品实现过程中使用标识加以区分。

标识通常分为三种形式:产品标识、状态标识、唯一性标识。

产品标识的作用是防止同特性产品的混淆,例如产品的不同规格、型号、名称、类别、进货时间或地点、位置、方向等。产品标识可以用标签、标牌、色标等方式进行标注,例如对规格不同、材质不同、进货时间不同的原材料可以使用标牌进行标注;对不同材质的金属材料可以用不同颜色的标记进行标注。

状态标识的作用是防止不同状态的产品发生混淆,例如产品的检验和试验状态(已检、待检、合格、不合格、待处理等)、加工状态(在制造、待加工等)。状态标识一般可以采用标牌、标签、标记、划分区域、印章、记录(如工艺流程卡)等形式。

唯一性标识是在有追溯要求的场合所使用的标识,其作用是为了实现产品的可追溯性。唯一性标识通常可以采用标记、记录等方式。有可追溯性要求时,需在贯穿产品实现过程中控制、记录产品的唯一性标识并保持记录,例如记录标识的时间、产品名称、编号、批号、加工者姓名、检验人员姓名等。

但需注意的是,并非所有情况下都需要产品标识,而是要根据产品实现过程的实际需要,采用适宜的方法来识别产品,只有当没有标识就容易造成产品混淆时才需要使用产品标识,同时要针对产品监视和测量要求识别产品及其状态的标识需求,规定并实施产品和状态标识的方法、场合、时机等。

4 材料

4.1 一般规定

4.1.1 公路钢结构桥梁制造所用的材料应符合设计文件和相关标准的规定,进厂材料除应有质量证明文件外,制造厂尚应按相关标准和本规范附录 A 的规定进行抽样检验,检验合格后方可使用。

钢结构桥梁制造所用的材料一般在设计文件引用有关标准,辅以附加要求和说明以进行明确规定。当设计文件中未对材料进行规定、所选的材料不符合国家强制性标准或需要进行材料替换时,需发函请设计单位明确或修改,并可以根据实际情况提出建议及依据。

质量证明文件一般由材料生产厂提供,包括产品合格证、生产许可证、出厂检验单、技术质量监督机构出具的文件等。以钢板为例,须符合《钢板和钢带包装、标志及质量证明书的一般规定》(GB/T 247—2008)中的规定,质量证明书上须注明:供方名称、需方名称、合同号、品种名称、标准号、规格、级别(如有必要)、牌号及能够追踪从钢材到冶炼的识别号码、交货状态(如有必要)、重量、件数、规定的各项试验结果、供方有关部门的印记或有关部门签字、发货日期或生产日期、相关标准规定的认证标记(如有必要)。

材料的抽样检验是钢结构桥梁制造过程质量控制的重要环节,需要重视,尤其是对于不同材料的不同类别重要指标,以及合同或设计文件规定的一些附加要求,在抽样检验时更要重视。抽样检验的时间和地点可以与建设单位、监理单位和供应单位约定后确定。

4.1.2 对各种材料的存放、使用和回收均应制定相应的管理制度,并应保证其性能稳定、可靠。

材料管理制度要根据不同种类或不同性质,按照相关标准或规定来制定,例如规定材料管理流程、人员职责、场所要求和环境要求等,以达到保证质量、提高工效和降低消耗的目标。材料要避免混放,有特殊要求的材料则需要进行特殊规定。

4.2 钢材

4.2.1 钢材的性能和质量应符合设计文件和现行《低合金高强度结构钢》(GB/T 1591)、《桥梁用结构钢》(GB/T 714)、《耐候结构钢》(GB/T 4171)和《碳素结构钢》(GB/T 700)的规定。钢材应具有合理的交货状态、化学成分、力学性能、工艺性能及焊接性能。

公路钢结构桥梁常用的钢材有低合金结构钢、桥梁用结构钢、耐候结构钢和碳素结构钢等,其中主体结构一般采用低合金结构钢、桥梁用结构钢或耐候结构钢,常用交货状态为正火或热机械轧制(TMCP);次要结构或附属结构一般采用碳素结构钢,常用钢材如表 4-1 所列。

表 4-1 常用钢材

序号	钢号	现行标准	说明
1	Q355N、Q390N、Q420N、Q460N	《低合金高强度结构钢》(GB/T 1591—2018)	一般用于主体结构,交货状态为正火或正火轧制
2	Q355M、Q390M、Q420M、Q460M	《低合金高强度结构钢》(GB/T 1591—2018)	一般用于主体结构,交货状态为热机械轧制(TMCP)
3	Q355、Q390、Q420、Q460	《低合金高强度结构钢》(GB/T 1591—2018)	一般用于主体结构,交货状态为热轧
4	Q345q、Q370q、Q420q、Q460q、Q500q	《桥梁用结构钢》(GB/T 714—2015)	一般用于主体结构

续上表

序号	钢号	现行标准	说明
5	Q345qNH、Q370qNH、Q420qNH、Q460qNH、Q500qNH	《桥梁用结构钢》（GB/T 714—2015）	耐候钢，一般用于主体结构
6	Q235、Q275	《碳素结构钢》（GB/T 700—2006）	一般用于次要结构或附属结构
7	Q235NH、Q295NH、Q355NH、Q415NH、Q460NH、Q500NH	《耐候结构钢》（GB/T 4171—2008）	耐候钢

公路钢结构桥梁的主要钢材以屈服强度345MPa级别为主，且多采用现行《低合金高强度结构钢》（GB/T 1591）和《桥梁用结构钢》（GB/T 714）两种标准，在工程中的应用比较广泛。Q420钢已经在大型钢桥工程中批量应用，Q500钢和Q690钢也已在个别项目中开展应用，调研和试验结果表明，其整体质量和应用水平还有待提高，在工程应用中需加强监测。

现行《低合金高强度结构钢》（GB/T 1591）和《桥梁用结构钢》（GB/T 714）是钢材的两个主要标准，两者的主要钢材牌号化学成分和力学性能指标接近，都有大量工程应用。《低合金高强度结构钢》（GB/T 1591—2018）相比于2008版，修改了牌号表示方法，在牌号中增加了交货状态代号，强度等级规定由材料的下屈服强度改为上屈服强度数值，原Q345级别改为Q355级别，按照不同交货状态规定了各牌号的化学成分和力学性能。

《桥梁用结构钢》（GB/T 714—2015）相比于2008版，按照不同交货状态规定了各牌号的化学成分，取消了Q235q钢，加严了化学成分中P、S和N元素含量控制、增加H元素要求；增加了Q420q及以上牌号钢的质量等级F级的技术要求；仍然使用Q345级钢。新近发布的铁道行业标准《铁路桥梁用结构钢》（TB/T 3556—2020）在《桥梁用结构钢》（GB/T 714—2015）的基础上，进一步加严了各牌号的化学成分规定和力学指标规定。

本规范所指的耐候钢是耐大气腐蚀钢。我国耐候钢桥的应用总体上还较少，在钢桥中的占比也很低，标准以《桥梁用结构钢》（GB/T 714—2015）和《耐候结构钢》（GB/T 4171—2008）为主。耐候钢的使用与当地的宏观气候环境、局部气候环境密切相关，也有工程案例在上述两个标准的基础上进一步细化要求化学成分、力学性能和耐候指标。耐候桥梁钢须以热机械轧制（TMCP）、热机械轧制+回火（TMCP+T）状态交货。

对于钢材，需根据结构形式、受力状态、连接方法、制造工艺及所处的环境条件等，合理地进行选用。制造单位需要在设计文件和合同规定的基础上，进一步细化交货状态、化学成分、力学性能、尺寸、检验等方面的要求，为采购、制造和安装打下良好基础。

4.2.2 有Z向性能要求的钢板，应符合设计文件和现行《厚度方向性能钢板》（GB/T 5313）的规定。

由于结构构造、钢材材质、焊接工艺等原因，当构件沿厚度方向产生较大应变时，厚板容易出现层状撕裂。对于此类复杂构造区域所用的钢材，设计可能会采用有Z向性能要求的钢板。而在选用这种钢板时，亦需要综合构造、选材和工艺措施等方面的因素进行选择。

4.2.3 钢板的尺寸、外形、重量等应符合设计文件和现行《热轧钢板和钢带的尺寸、外形、重量及允许偏差》（GB/T 709）的规定。

当前钢材市场的产品大多数都能符合现行《热轧钢板和钢带的尺寸、外形、重量及允许偏差》（GB/T 709）的规定，但在未指定情形下的默认厚度负偏差现象普遍。本规范在前期调研时，发现在厚度小于16mm时尤其严重，对结构安全存在潜在不可控风险，需要予以关注。有些项目在重要构件和重要板件上要求非负厚度偏差或负偏差不超过0.3mm。

4.2.4 钢板的表面质量应符合现行《热轧钢板表面质量的一般要求》(GB/T 14977)的规定。在加工过程中发现的缺陷需要修补时,应符合本规范附录B的规定。

钢板的表面通常存在各种程度不同的质量缺陷,表4-2列出了一些常见的质量问题,供参考。

表4-2 钢板表面常见质量问题

序号	质量问题	定义与特征	产生原因
1	纵裂	钢板表面沿轧制方向产生的裂纹	板坯原有的纵向裂纹轧制后未焊合残留在钢板表面形成
2	横裂	钢板表面沿横向产生的裂纹	(1)铸坯原始横裂纹遗传至钢板; (2)轧件受力不均匀,轧后在钢板表面形成裂纹
3	皱裂	钢板表面的细小裂纹,一般产生于整个钢板板面	(1)钢坯表面原有裂纹或发纹轧制后残留在钢板表面造成; (2)火焰清理沟痕过陡或轧后钢材冷却不当造成
4	气泡和气孔	坯料近表面存在细小的气体夹杂,这些细小气体夹杂在轧制过程中被拉长并露出表面,分布无规律,有闭口气泡和开口气泡或针孔形状出现	在浇铸与凝固过程中因高气体含量而形成。 (1)有时,气孔可被氧化并充满氧化铁皮,此时根据不同钢种,在坯料加热时可能引起一定程度的脱碳; (2)板坯由于大量气体在凝固过程中不能溢出,被封闭在钢板内部形成气体夹杂; (3)轧制后高气体压力使产品表面或边部出现圆状凸起
5	分层	钢板内部有金属离层,在剪切断面上呈现未焊合的缝隙。有时在缝隙内有肉眼可见的夹杂物,严重的分层会使钢板局部劈裂	(1)板坯内有缩孔、中心裂纹等缺陷,在轧制中不能焊合; (2)板坯内局部聚集有多气体或非金属夹杂物,在钢板的轧制过程中不能焊合; (3)化学成分偏析严重,也能形成分层
6	结疤(重皮)	钢板表面呈现舌状、块状、片状的金属薄片或凹坑。有的与钢板本体相连接,有的不连接,与本体不相连者,轧制过程中脱落后在板面上形成凹坑	(1)板坯表面原有的结疤,轧制后残留在钢板表面; (2)板坯经火焰清理后留有残渣,轧制后压入钢板表面
7	夹杂	钢板表面有肉眼可见的斑状或带状非金属物质,呈棕红色或灰白色,严重者板面出现裂口	板坯皮下夹杂在轧制后暴露,或板坯原有的表面夹杂在轧制后残留在钢板表面;严重的表面夹杂,在轧制中易转变成裂口
8	过烧	钢板表面有鸡爪形龟裂,在局部边角处裂口内呈现肉眼可见的粗糙纤维状,显微镜下可看到晶界被氧化	(1)坯料加热温度过高或在高温区保温时间过长; (2)坯料装炉位置不当,有偏烧现象; (3)钢材含硫量较高时容易产生过烧
9	氧化铁皮压入	钢板表面压入的氧化铁皮可以分为一次氧化铁皮和二次氧化铁皮。一次氧化铁皮一般为黑灰色或灰褐色,呈片状、条状或树叶状;二次氧化铁皮一般为红棕色	(1)板坯加热时间过长、温度过高、炉内氧化性气氛过强、因再加热等,氧化铁皮不易清除; (2)轧制温度高,形成再生氧化铁皮; (3)除鳞设备效率低或发生故障,氧化铁皮未清除干净
10	麻点	钢板表面形呈成片的粗糙面,有局部或连续的凹坑	加热时氧化严重,氧化铁皮在轧制过程中脱落后压入钢板表面,轧制后氧化铁皮冷却收缩,振动脱落形成深浅不同的小凹坑
11	压痕	钢板表面有不同形状的大小凹坑	(1)异物掉落在钢板表面,轧制后脱落,板面上出现凹坑; (2)钢板在吊运、堆垛过程中与外物碰压造成压坑
12	折叠	钢板表面有局部折合的双层金属,外形与裂纹相似,从折叠的横界面观察,金属折合的缝隙与钢板表面一般形成一个很小的锐角	(1)板坯缺陷处理的深宽比过大; (2)轧制中的钢板形成大波浪后被压合; (3)轧件严重刮伤,再次轧制时被轧折; (4)在推送式加热炉中造成的板坯底面擦伤
13	浪形	钢板沿轧制方向呈高低起伏的波浪弯曲。按分布的部位不同,有中间浪、单边浪、双边浪三种形态	(1)辊型曲线不正常形成波浪,凸型辊在中间,凹型辊在两侧; (2)生产计划与换辊周期不合理; (3)辊缝调整不当、送钢不正等形成单边浪; (4)钢坯加热不均,或出炉后因故两侧冷却速度不一致
14	瓢曲	钢板在纵横方向同时出现同一方向的弯曲,严重者呈船形或锅底形	(1)板坯加热温度不均、终轧温度过低、钢板两面冷却条件不一致、局部急冷等; (2)最后一道次的压下量过小; (3)钢板两侧有浪,经矫直后易产生瓢曲; (4)矫直不当或在辊道上长时间放置

续上表

序号	质量问题	定义与特征	产生原因
15	镰刀弯	钢板两侧边不平直,钢板向一侧弯曲	轧制过程中钢板两侧受力不同,钢板两边薄厚不均匀,从而导致延伸不同形成镰刀弯
16	辊印	在钢板上等间距地出现凹坑、凸块或麻面	轧辊、矫直辊或工作辊道上掉肉、粘有异物或划伤,造成钢板表面呈现周期性缺陷
17	划痕	钢板表面有低于轧制面的沟痕,连续或断续地分布于钢板的全长或局部;高温下形成的划痕有薄层氧化铁皮,常温时形成的划痕则呈现金属光泽或灰白色	(1)纵向划痕主要在轧制中产生,多因工作辊道等有尖角;(2)横向划痕主要是由于钢板在冷床上横移或在翻板等精整工序中操作不当及设备有缺陷等原因产生
18	破边	钢板局部侧边出现的卷边或破口	(1)钢板垛放不齐,吊运时被夹具或钢绳勒伤;(2)翻板检查过程中,边部与滑道挡桩相碰形成折边
19	剪切不良	钢板剪切断面不规则或附有金属毛刺,严重时呈现锯齿状	剪刃磨损严重,剪切机剪刃间隙调整不当

4.2.5 钢材的存放应符合下列规定:
1 应远离酸、碱、盐等侵蚀性介质。
2 不同品种和规格的钢材应分别存放,防止混淆。
3 宜存放在仓库内,且应设置垫木或其他适宜的支垫物,安放平直,防止其弯曲变形。
4 露天存放时,场地应有完善的排水设施;型钢的开口侧不得向上,避免积水。

4.3 焊接材料

4.3.1 焊接材料应根据焊接工艺评定试验确定。

钢结构施工详图要对设计施工图中所有焊接技术要求进行详细标注,明确焊接部位、焊接方法、焊缝长度、焊缝剖口形式、焊脚尺寸、焊透深度、焊前预热、焊后热处理要求等。

施工单位首次采用的钢材、焊接材料、焊接方法、接头形式、焊接位置、焊后热处理参数以及焊接工艺参数、预热和后热措施等各种参数的组合条件,均需要在钢结构构件制作及安装施工之前进行焊接工艺评定。

4.3.2 焊条应符合现行《热强钢焊条》(GB/T 5118)、《非合金钢及细晶粒钢焊条》(GB/T 5117)的规定。

4.3.3 气体保护焊用焊丝应符合现行《熔化焊用钢丝》(GB/T 14957)、《熔化极气体保护电弧焊用非合金钢及细晶粒钢实心焊丝》(GB/T 8110)、《热强钢药芯焊丝》(GB/T 17493)和《非合金钢及细晶粒钢药芯焊丝》(GB/T 10045)的规定。

4.3.4 埋弧焊所使用的焊丝和焊剂应符合现行《埋弧焊用热强钢实心焊丝、药芯焊丝和焊丝-焊剂组合分类要求》(GB/T 12470)、《埋弧焊用非合金钢及细晶粒钢实心焊丝、药芯焊丝和焊丝-焊剂组合分类要求》(GB/T 5293)的规定。

焊接材料主要有焊条、焊丝和焊剂等,其种类较多,表4-3所列是常用的与钢材相对应的焊接材料。由于耐候钢的焊接材料尚无国家或行业标准,通常需要根据焊接工艺试验来确定相匹配的焊接材料。

表4-3 常用钢材与焊接材料的匹配

钢材		焊接材料			
《碳素结构钢》（GB/T 700—2006）《低合金高强度结构钢》（GB/T 1591—2018）	《桥梁用结构钢》（GB/T 714—2015）	焊条电弧焊 SMAW	实心焊丝气体保护焊 GMAW	药芯焊丝气体保护焊 FCAW	埋弧焊 SAW
Q235 Q275	—	GB/T 5117：E43XX E50XX GB/T 5118：E50XX-X	GB/T 8110：ER49-X ER50-X	GB/T 10045：E43XTX-X E50XTX-X GB/T 17493：E43XTX-X E49XTX-X	GB/T 5293：F4XX-H08A GB/T 12470：F48XX-H08MnA
Q355 Q390	Q345q Q370q	GB/T 5117：E50XX GB/T 5118：E5015、16-X E5515、16-X	GB/T 8110：ER50-X ER55-X	GB/T 10045：E50XTX-X GB/T 17493：E50XTX-X	GB/T 5293：F5XX-H08MnA F5XX-H10Mn2 GB/T 12470：F48XX-H08MnA F48XX-H10Mn2 F48XX-H10Mn2A
Q420	Q420q	GB/T 5118：E5515、16-X E6015、16-X	GB/T 8110：ER55-X ER62-X	GB/T 17493：E55XTX-X	GB/T 12470：F55XX-H10Mn2A F55XX-H08MnMoA
Q460 Q500	Q460q Q500q	GB/T 5118：E5515、16-X E6015、16-X	GB/T 8110：ER55-X	GB/T 17493：E55XTX-X E60XTX-X	GB/T 12470：F55XX-H08MnMoA F55XX-H08Mn2MoVA

现行主要焊接材料的国家标准有以下几类：

（1）焊条电弧焊

《热强钢焊条》（GB/T 5118—2012）；

《非合金钢及细晶粒钢焊条》（GB/T 5117—2012）。

（2）实心焊丝气体保护焊

《熔化极气体保护电弧焊用非合金钢及细晶粒钢实心焊丝》（GB/T 8110—2020）；

《熔化焊用钢丝》（GB/T 14957—1994）。

（3）药芯焊丝气体护焊

《热强钢药芯焊丝》（GB/T 17493—2018）；

《非合金钢及细晶粒钢药芯焊丝》（GB/T 10045—2018）。

（4）埋弧焊

《埋弧焊用热强钢实心焊丝、药芯焊丝和焊丝-焊剂组合分类要求》（GB/T 12470—2018）；

《埋弧焊用非合金钢及细晶粒钢实心焊丝、药芯焊丝和焊丝-焊剂组合分类要求》（GB/T 5293—2018）。

钢结构焊接工程选用的钢材需要具备完善的焊接性资料、指导性焊接工艺、热加工和热处理工艺参数、相应钢材的焊接接头性能数据等资料；新材料则需通过专家论证、评审和焊接工艺评定合格后，方能在工程中采用。

在采购、使用焊接材料时，需要注意下列事项：

（1）焊接材料须符合设计文件的要求，并要有焊接材料厂出具的产品质量证明书或检验报告，其化学成分、力学性能和其他质量要求须符合国家现行有关标准的规定。

（2）焊接材料的化学成分、力学性能复验须符合国家现行有关工程质量验收标准的规定。

(3)焊接材料须由生产厂提供熔敷金属化学成分、性能鉴定资料及指导性焊接工艺参数。

4.4 圆柱头焊钉

4.4.1 圆柱头焊钉和焊接瓷环的质量及检验应符合现行《电弧螺柱焊用圆柱头焊钉》(GB/T 10433)的规定。

圆柱头焊钉一般采用 ML15 或 ML15Al 钢制作。

4.4.2 圆柱头焊钉和焊接瓷环应按种类、牌号、规格和批号分类保管存放,存放场所应干燥、通风良好。

圆柱头焊钉的端面须无油污、锈蚀,焊接瓷环在保存时要有防潮措施,受潮的瓷环在使用前需在 120~150℃ 范围内烘焙 1~2h。

4.5 高强度螺栓连接副

4.5.1 高强度螺栓连接副的质量及检验应符合现行《钢结构用高强度大六角头螺栓》(GB/T 1228)、《钢结构用高强度大六角螺母》(GB/T 1229)、《钢结构用高强度垫圈》(GB/T 1230)和《钢结构用高强度大六角头螺栓、大六角螺母、垫圈技术条件》(GB/T 1231)的规定。

高强度大六角头螺栓连接副须由生产厂家提供质量保证文件,包括扭矩系数检验报告,材料进场后需按国家现行标准的规定抽取试件分别进行扭矩系数和紧固轴力检验,检验结果须符合国家标准的规定。高强度大六角头螺栓的常用等级有 8.8S 和 10.9S,公路钢结构桥梁多以 10.9S 为主。目前虽有工程应用 12.9S 等级的高强度螺栓,但其质量和应用效果尚有待监测和评估。

4.5.2 高强度螺栓连接副在运输、存放保管过程中应防雨防潮,并应轻装、轻卸,不得损坏密封包装及损伤螺纹。

4.6 高强度环槽铆钉连接副

4.6.1 高强度环槽铆钉连接副的质量及检验应符合现行《环槽铆钉连接副 技术条件》(GB/T 36993)的规定。

4.6.2 高强度环槽铆钉连接副在运输、存放保管过程中应防雨防潮,并应轻装、轻卸,不得损坏密封包装及损伤环槽。

早期钢结构桥梁构件的连接采用热铆铆接,但由于热铆铆接的工艺较为复杂,在现场进行铆接作业时的环境条件亦很难满足要求,随着高强度螺栓的问世和发展,热铆铆接的方式被逐渐淘汰。

拉铆连接技术于 20 世纪 40 年代在美国发明。高强度环槽铆钉连接副由一根铆钉和一个套环配套组成,环槽铆钉是指"杆部具有一系列同轴环槽的铆钉",套环是指"与环槽铆钉配套使用、对被紧固构件施加轴向荷载并锁紧的零件"。

环槽铆钉所采用的拉铆连接技术有别于早期的热铆铆接和传统螺纹连接的扭矩旋转安装方式。拉铆连接是采用专用的液压铆接工具和设备,在对铆钉轴向拉伸施加预拉力、对被连接构件施加预压力的同时,径向挤压套环,从而使套环内壁金属被挤入到铆钉槽环的环状凹槽内,形成永久的金属塑性变形而完成连接。

对于公路钢结构桥梁,高强度环槽铆钉连接是一种新型的连接方式。国外已有应用实例,国内在一些桥梁工程中也已开展推广应用,但由于应用不是很多,其效果如何尚有待验证,因此还需要在今后的工程实践中进一步积累经验。

4.7 涂装材料

4.7.1 涂装材料应符合设计文件和现行《公路桥梁钢结构防腐涂装技术条件》(JT/T 722)的规定。

4.7.2 涂装材料应存放在专用库房内,涂装时不得使用超出质保期的涂料。

涂装体系通常根据设计文件要求、结构部位、桥址环境条件等选定,以保证预期的涂装效果。常见体系有环氧富锌、无机富锌、环氧云铁、丙烯酸聚氨酯、氟碳、金属喷涂等。过期产品、不合格产品和未经试验的替用产品均不能使用。为保证防腐材料的质量和防腐效果,考虑到不同生产厂涂料配方差异及施工工艺的兼容性,同一桥梁构件涂装的底中面防护涂料供应商须为同一生产厂。涂装材料的品种、规格、技术性能指标需符合设计文件和技术规范的要求,具有完整的出厂质量合格证明书。涂料供应商需提供涂装施工全过程的技术服务。涂装新材料除满足各项指标要求外,应用前还需进行涂层相容性、环境适应性等相关试验,并组织专家论证后方能应用。

4.8 密封材料

4.8.1 密封材料应符合设计文件和相关产品标准的规定。

密封材料的选用可以参考现行《悬索桥主缆系统防腐涂装技术条件》(JT/T 694)的规定,可以选用非硫化型橡胶密封腻子、硫化型橡胶密封剂等进行结构缝内外的密封。

4.8.2 密封材料应存放在专用库房内,超出质保期时不得使用。

5 下料与加工

5.1 一般规定

5.1.1 钢板在下料前应按下列规定进行预处理：

1 预处理宜包括辊平、抛丸除锈、除尘及涂防锈底漆等工序。

2 对构件在车间内加工制作且在非梅雨季节使用的钢材，当确认其不会产生锈蚀时，可不喷涂防锈底漆；设计对车间防锈底漆有要求时，应从其规定。

3 预处理完成后，应及时将钢板原有的牌号、规格、炉批号等信息移植到经处理后的钢板上。

下料前对钢板进行预处理的主要目的是：消除钢板轧制过程中在其表面留存的残余应力；调整提高钢板表面的平整度，防止进厂的钢板因弯曲、翘曲等因素影响切割质量；防止钢板在构件的制造过程中产生锈蚀；自动喷码可以减少手工移植编码的工作量，降低人为错误等。

1 对钢板进行辊平处理时，制造厂的设备能力一般对较薄的板效果较好，而对厚钢板，特别是厚度大于32mm的钢板，辊平效果则较差，较难达到调整提高钢板表面平整度的目的，因此在采购厚钢板时可能需要对钢厂提出有关平整度的要求。对耐候钢和需要镀锌以及卷管的钢板，其预处理通常仅包括辊平、抛丸除锈等工序。

2 普通钢板在储存和制造期间由于空气、湿度等环境条件的原因很容易产生锈蚀，如果不提前对其进行防锈蚀处理，组拼焊接完成后的构件由于空间和条件均会受到限制，此时再对其进行喷砂除锈涂装，施工操作上较为困难，难以达到钢板表面处理质量的要求，因此，一般情况下均要求钢板在下料加工前进行临时防锈处理。条文对有些特殊情况作出了较为灵活的规定，但不喷涂防锈底漆的前提条件是：构件在车间内加工制作、加工制作的时间不超过6个月、在非梅雨季节使用的钢材，最重要的是经确认其不会在加工制作期间产生锈蚀，在执行条文时需要予以重视，只有符合这些条件才能不喷涂防锈底漆。

3 要求及时将钢板原有的牌号、规格、炉批号等信息移植到经处理后的钢板上，其目的是使材料和零件易于识别且具有可追溯性。

为提高自动化程度，保证效率，减少误差，钢板的预处理下料可以在自动化生产线进行，因为各类数控切割机均具备自动编程、自动切割、自动喷码等功能，如图5-1所示。

a) b)

图5-1 钢板预处理下料自动化生产线

5.1.2 钢材的下料与加工应按加工图和工艺文件进行。在下料前应对钢材的牌号、规格、外观质量和质检资料等进行核对,确认无误后方可下料。

钢材在下料和加工前,除要对加工图和工艺文件进行审查外,还需要认真核对钢材的牌号、规格、外观质量,以及材料生产厂提供的质量证明书、质量检验试验资料等,并进行确认,以保证下料的准确。如果不履行必要的审查、确认、核对程序就贸然下料,一旦某个环节存在错误而未被及时发现,就可能会造成较大的损失。因此,从管理的角度出发,对下料前的审查、确认和核对等工作,需要制定完善的管理制度,明确程序、步骤、方法及相应的要求,使钢材的下料与加工能严格按照加工图和工艺文件的规定进行。

5.1.3 钢材在起吊、搬移和存放过程中,应防止其产生永久变形。钢板的起吊和搬移宜采用磁力吊,严禁使用易损伤钢板的钢丝钳等夹持式工具。

用于结构构件制造的钢板一般要求无残损、油污和塑性变形等情况,以保证构件的制造质量。钢板在起吊、搬移和存放时,如果操作不当,容易使其产生污染、损伤和不可恢复的永久塑性变形,从而影响使用效果,因此需要采取必要的措施,防止这些情况的发生。

5.2 下料

5.2.1 切割的准备工作应符合下列规定:
1 切割工艺应根据切割工艺试验的结果进行编制。
2 下料尺寸应按要求预留足够的加工余量。
3 主要零件下料时,应使钢材的轧制方向与其主要应力方向一致。

1 切割工艺试验的内容通常包括粗糙度、硬度和微裂纹等。
2 零件采用计算机放样后,一般采用数控切割设备进行下料切割,而钢板的下料尺寸需要根据加工设备的情况预留出切割余量和焊接收缩量,以满足加工的工艺要求。加工余量通常包括焊接变形、切割余量、机加工余量和二次切割量等。
3 通常情况下需要符合本款的规定,但对某些特殊情况,一般可以不受本款的限制。例如连接板,因为存在连接板宽度(或高度)大于钢板订货宽度的实际情况,如果要求受力方向与钢材轧制方向一致,则需要接宽钢板,这会在孔群中增加接缝,使得接缝与相邻孔群的间距偏小,反而会降低连接板的强度。当钢板的纵向、横向力学性能相近,并满足设计要求时,也可以不受此限。

5.2.2 切割时钢板应放平、垫稳,切割缝的底面应留有空隙。切割表面不应有裂纹,切割产生的挂渣应清除。
切割下料用的胎架或平台需要具有足够的强度、刚度和稳定性,以保证下料的准确性和精度。

5.2.3 零件宜采用数控、自动或半自动等方式精密切割下料。切割后其边缘不进行机加工的零件应符合下列规定:
1 切割面的质量应符合表5.2.3的规定。
2 尺寸允许偏差应符合本规范第5.5节的规定。
3 钢材强度级别不小于420MPa时,切割面的硬度应不超过380HV10;其他钢材切割面的硬度应不超过350HV10。

表5.2.3 切割面质量

序号	名 称	主要零件	次要零件	备 注
1	表面粗糙度	25μm	50μm	按 GB/T 10610 用样块检测
2	崩坑	不允许	1 000mm 长度内允许有 1 处 1mm	
3	塌角	圆角半径≤1mm		
4	切割面垂直度	≤0.05t(t 为板厚),且≤2mm		

3 工程实例和试验表明,精密切割的质量达到要求、硬度不超过本款规定时,钢材(热轧或正火状态)的疲劳强度和其他力学性能不会低于加工时的水平。

5.2.4 相贯连接的钢管应采用相贯线切割机进行切割。

相贯线切割机是一种可以自动完成对金属圆管、方管或异型管的相贯线端头、相贯线孔类进行切割加工的设备,适用于钢管的相贯线切割,其生产效率高,切割稳定,精度好。

5.2.5 剪切仅可用于次要零件或剪切后仍需要加工的零件。采用剪切工艺时,钢板厚度宜不大于12mm,剪切边缘应平整,无毛刺、反口、缺肉等缺陷。剪切的尺寸允许偏差应为±2mm,边缘缺棱应不大于1mm,型钢端部垂直度应不大于2mm。

5.2.6 手工焰切仅可用于工艺特定或焰切后仍需再加工的零件,其尺寸允许偏差应为±2mm。手工焰切后不再加工的零件应修磨匀顺。

工艺特定的零件是指不便采用自动切割或半自动切割边缘的零件。

5.2.7 切割完毕后,应对主要零件进行标识并记录。

标识的目的是使零件在制造过程中容易被识别,且可以追溯。标识一般包括钢材牌号、板厚、零件号等信息。

5.2.8 对切割边缘的缺口或崩坑等缺陷,应按本规范附录B的规定进行修补。

5.3 零件矫正与弯曲

5.3.1 零件的矫正宜采用冷矫,矫正后的零件其表面不应有明显的凹痕和损伤。

5.3.2 零件冷矫时的环境温度不宜低于-12℃。

钢材在低温时塑性较差,为防止因冷矫导致脆断,需对冷矫时的环境温度加以限制。

5.3.3 采用热矫时,其工艺要求应符合表5.3.3的规定。矫正后的零件应自然冷却,冷却过程中不得锤击和用水急冷。

表5.3.3 热矫工艺要求

序 号	牌 号	交货状态	工艺要求
1	Q370qD、Q370qE Q420qD、Q420qE	TMCP+回火、TMCP	≤750℃,严禁保温
2	Q500qE	TMCP+回火、TMCP	≤700℃,严禁保温
3	其他钢种	热轧、正火等	≤800℃,严禁保温

热矫正时,由于受热的高温区金属产生膨胀力,而使相距较远的低温区金属产生压应力,导致构件在两力交界处的组织松疏;一旦高温区急冷,无热量供给,松疏组织使其收缩复原而产生拉应力,有时会出现应力大于金属材料屈服点的情形,且加热区的钢材会有明显的脆化现象,因此规定不得用水急冷。

5.3.4 主要零件冷作弯曲时,环境温度宜不低于-5℃,弯曲后的零件边缘不得有裂纹。

对主要零件冷作弯曲的最低环境温度进行限制,是为了保证钢材在低温加工时,不致产生冷脆裂。

钢材在低温下进行校正或弯曲而脆断比冲孔和剪切加工更敏感,故环境温度限制较严。

5.3.5 主要零件采用热煨成形时,热煨的加温温度、高温停留时间和冷却速率应与所加工钢材的性能相适应。零件热煨温度应控制在900~1 000℃。弯曲成形后的零件边缘不得有裂纹。

5.3.6 钢管的弯曲宜采用加热预压方式,实施前应进行钢管弯曲工艺评定试验,在确定弯曲度时尚应计入回弯的影响;弯曲时,钢管不应出现鼓包及拉薄等现象。弯曲后的管节应自然冷却,不得用水急冷。

5.3.7 零件矫正的允许偏差应符合表5.3.7的规定。

表5.3.7 零件矫正允许偏差(mm)

序号	名 称	允许偏差		简 图
1	钢板平面度	$f\leq1$	栓接部位	
		$f\leq2$	其余部位	
2	钢板直线度	$f\leq2$	$L\leq8m$	
		$f\leq3$	$L>8m$	
3	型钢直线度	$f\leq1$		
4	角钢肢垂直度	$\Delta\leq1$	栓接部位(角度不得大于90°)	
		$\Delta\leq2$	其余部位	
5	角钢肢、槽钢肢平面度	$\Delta\leq1$		
6	工字钢、槽钢、H型钢腹板平面度	$\Delta\leq1$		
7	工字钢、槽钢、H型钢翼缘垂直度	$\Delta\leq1$	栓接部位	
		$\Delta\leq2$	其余部位	

5.4 机加工

机加工是指通过一种机械设备对工件的外形尺寸或性能进行改变的过程,按加工方式上的差别可以分为切削加工和压力加工。制造过程中的机加工,一般是指切削加工,通过对零件加工面预留余量的精确切削,以达到零件所需要的精确尺寸、表面粗糙度等要求。

零件加工位置主要包括下列部位:

(1)零件边缘加工:U形肋(折弯前)根部、不等厚对接位置斜坡、特殊位置的焊缝坡口、吊耳孔、弦杆特殊位置隔板边缘、有特殊要求的工形杆件腹板上下边缘、有磨光顶紧要求的接触边缘等。采用的加工设备主要有铣边机、卧式镗床等,如图5-2所示。

a)铣边机

b)卧式镗床

图5-2 零件边缘加工设备

(2)零件整面加工:水平或斜势的支座垫板表面、锚箱承压板接触面等。一般采用龙门铣床加工。

(3)构件端面加工:钢塔节段端部、钢锚箱与垫板接触面等。可以采用龙门铣床、大型落地镗铣床进行加工。对于壁板接触的栓接钢塔节段,一般采用双铣头的数控落地镗铣床对相邻节段匹配加工,如图5-3所示。

a)龙门铣床

b)双铣头的数控落地镗铣床

图5-3 构件端面加工设备

5.4.1 零件的机加工应符合下列规定:

1 加工面的表面粗糙度应不大于Ra25μm,零件边缘的加工深度应不小于3mm;零件边缘硬度不超过350HV10时,加工深度可不受此限。

2 顶紧传力面的表面粗糙度应不大于Ra12.5μm;顶紧加工面与板面垂直度的偏差应小于$0.01t$(t为板厚),且不得大于0.3mm。

1 规定"零件边缘的加工深度不应小于3mm",是为了消除切割加工对钢材造成的冷作硬化和热影响区的不利影响。

5.4.2 钢塔节段端面的机加工应符合下列规定：

1 从事钢塔节段机加工的操作人员应进行岗前培训并经考核合格。

2 节段端面机加工前，应设计定位工作平台，平台应具有足够的刚度，并应设置精确的定位调整装置，其精度应满足节段端面机加工的要求。

3 对钢塔节段划线时，应提前将其置于机加工车间，使各部位的温度达到均衡，且宜选择在钢塔节段的壁板、腹板温差不大于2℃时进行。

4 机加工前应对节段的受力状态和支点位置进行分析计算，保证节段的端面与轴线垂直。在节段支撑稳定后，宜调整支点反力，使各点受力均匀后再进行划线及定位操作。

5 端面加工时应按切削基准线进行铣削，同时应对加工时产生的切削热采取冷却措施。

6 节段端面加工完成后，应采用钢划针划出预拼装对位线，并作出标识；加工端面宜进行临时涂装防锈保护。

7 钢塔节段端面机加工精度的允许偏差应符合表5.4.2的规定。

表5.4.2 钢塔节段端面机加工精度允许偏差（mm）

序号	名称	允许偏差	简图
1	长度L	±2	
2	两端面的平行度	≤0.5	
3	平面度f	0.25/全平面（面积≤42m²） 0.4/全平面（面积>42m²）	
4	表面粗糙度	Ra12.5μm	
5	钢塔节段端面对轴线的垂直度（顺桥向、横桥向）	≤1/10 000	

节段端面机加工适用于采用"金属接触＋螺栓连接"方式连接的钢塔，是钢塔制造过程中的一道重要工序，在组装、焊接修正后进行。机加工通常根据设计要求的节段精度来选择切削刀具、确定切削参数，并制订相应的铣削加工工艺及质量控制措施。对于采用"焊接连接"的钢塔，一般不要求进行端面的机加工。

1 由于钢塔节段端面尺寸大、加工精度要求高，对机加工操作人员水平要求也较高。为保证钢塔节段加工精度，就需要对机加工的操作人员进行岗前培训，在其机加工操作水平考核合格后方能从事钢塔节段机加工工作。

2 定位工作平台是钢塔节段机加工的基准。节段端面机加工之前，需将其置于工作平台上，通过定位调整装置来精确控制钢塔节段的位置；同时为保证钢塔端面的加工精度，加工定位工作平台还需要具有足够的刚度，且其顶面平面精度需要满足立式预拼装的要求。

3 本款规定的目的是减小温度变化对钢塔节段划线精度的影响。对钢塔节段划线前，需提前将其置于机加工车间，使钢塔节段壁板、腹板的温度达到均衡后，再选择在温差不大于2℃时进行测量划线。机加工场区需要采取防护措施保证机加工环境的稳定，降低加工场区内的环境温差，以防止阳光的直接照射及外部气流的侵入影响，避免机加工过程中钢塔节段产生热变形。

4 钢塔节段水平放置时，在自重和梁底支撑力的作用下可能会发生弯曲和扭曲复合变形，该变形将会导致钢塔加工端面与轴线发生偏差。为保证钢塔节段机加工过程中端面与轴线保持垂直，就需要在机加工之前对钢塔节段的受力状态和支点位置进行分析计算，在钢塔节段支撑稳定后，通过数控液压支撑系统调整支点反力，使各点受力均匀后再施划加工基准线。

5 在端面加工前，须对端铣刀盘进行检查，检查刀片的型号、磨损及卡固情况等是否满足端铣要求,且不能使用磨损较大或失效的刀具进行机加工。要求端面加工时按切削基准线进行铣削,同时对加工时产生的切削热采取冷却措施,是为了减小热变形对机加工精度的影响。

6 钢塔节段加工之后,需要采用精度较高的钢针进行划线;要求对加工端面喷涂无机硅酸锌等涂料进行临时防护,是为了防止加工端面产生锈蚀或污染;钢塔节段在运输和存放时,为避免对其端面造成损伤,需要在钢塔节段下端面采取设置支撑牛腿等保护措施。

5.5 零件尺寸

5.5.1 钢箱梁零件尺寸的允许偏差应符合表5.5.1的规定。钢箱墩、钢盖梁零件尺寸的允许偏差可按表5.5.1的规定执行。

表5.5.1 钢箱梁零件尺寸允许偏差(mm)

序号	名称		允许偏差	简图
1	U形肋	长度 L	±2	
		上宽 B_1	+3,−1	
		下宽 B_2	±1.5	
		高度 H_1、H_2	±1.5	
		两肢差 $\|H_1-H_2\|$	≤2	
		旁弯、竖弯	≤$L/1000$ 且≤6	
		扭转	≤3	
2	顶板、底板、腹板	长度 L	±2①	
		宽度 B	±2	
		对角线差 $\|L_1-L_2\|$	≤3	
3	横隔板	长度 L、宽度 B	±2	
		槽口尺寸偏差 S_1	+2,0	
		任意两槽口中心距 S_2	±2	
		相邻两槽口中心距 S_3	±1	
		对角线差 $\|\Delta L_1-\Delta L_2\|$	≤5	注:ΔL_1、ΔL_2为理论值与实际值的差值
4	横隔板接板	长度 L	±2	
		宽度 B 与横隔板搭接	±2	
		宽度 B 与横隔板对接	±1	
		槽口尺寸偏差 S_1	+2,0	
		任意两槽口间距 S_2	±2	
		相邻两槽口间距 S_3	±1	
5	纵隔板	板件长度 L	±2	
		板件宽度 B	±2	

续上表

序号	名称	允许偏差	简图
6	锚箱承力板	长度 L ±2	
		宽度 B ±2	
7	吊索锚固耳板	长度 L、宽度 B ±2	
		孔间距 S ±2	
8	其他板件	长度 L ±2	
		宽度 B ±2	
9	检查车轨道	长度 L ±2	
		端面垂直度 f ≤2	
10	其他型钢	长度 L ±3	
		端面垂直度 f ≤2	

注：① 留二次配切量时正差可适当放宽。

U 形肋一般采用定制的折弯模具经二次折弯而成，折弯前要先对展开钢板两侧的焊接坡口进行铣边加工，并完成两端部手孔和螺栓孔的加工，其中手孔在边缘需留一部分暂不切割，待折弯后再切割，以防止在折弯过程中发生变形。U 形肋成品如图 5-4 所示。

图 5-4　U 形肋成品

U形肋也可以采用热轧而成,以提高生产效率。热轧 U 形肋可以在开口处形成不等壁厚,如图 5-5 所示。

钢箱梁在组装焊接时,顶板、底板和腹板一般在长、宽方向需要考虑焊接收缩量,加劲肋的安装位置则需考虑宽度方向的焊接收缩量;对于横隔板结构,尤其是宽度较大的横隔板,需要考虑顶板纵向焊缝造成的上挠值,因此在横隔板下料时设置适当的向下反变形,以保证箱体成型后的顶面横坡。对于布置有多条板肋加劲的横隔板、横隔板接板,通常需要在横向考虑焊接收缩量。

规定横隔板及横隔板接板的"槽口尺寸偏差""任意两槽口中心距""相邻两槽口中心距",是为了提高钢箱梁的组装精度。

在吊索锚固耳板结构中,对其孔间距的控制,一般是在钢箱梁组装焊接后,根据钢箱梁的整体尺寸进行精确划线、镗孔。

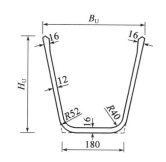

图 5-5 热轧 U 形肋截面（尺寸单位：mm）

5.5.2 钢桁梁、钢板梁零件尺寸的允许偏差应符合表 5.5.2 的规定。钢桁梁桥面板块、桁梁腹板零件尺寸的允许偏差应按表 5.5.1 的规定执行。

表 5.5.2 钢桁梁、钢板梁零件尺寸允许偏差（mm）

序号	名称			允许偏差	简图
1	钢桁梁的弦杆、斜杆、竖杆、横梁、纵梁,连接系构件,钢板梁主梁	翼缘板腹板长度 L		±2[①]	
		翼缘板宽度 B	箱形	+2,0	
			工形	±2	
		腹板宽度 B		根据翼缘板厚度及焊接收缩量确定	
2	箱形构件内隔板	宽度	$B \leqslant 1\,000$	+0.5,0	
			$B > 1\,000$	+1,0	
		高度 H		0,-1	
		板边垂直度	$H \leqslant 1\,000$	≤0.5	
			$H > 1\,000$	≤1	
		槽口尺寸偏差 S		±1	
3	连接板	长度 L、宽度 B		±2	
4	其余零件长度、宽度			±2	
5	楔形板（支座垫板等）	厚度 t_1、t_2		±1	
		斜角 α		≤0.2°	

注：① 留二次配切量时正差可适当放宽。

箱形构件的内隔板可以视为控制箱体尺寸的内模板,是控制箱体成型尺寸的关键,对于节点位置等重要控制点,其内隔板的四边尺寸需要采用机加工的方式进行制作,以保证箱体的成形尺寸。

由于制造累积误差或存在某些特殊情况,部分或个别栓接位置的螺栓孔孔距可能会出现偏差,因此在连接板下料阶段即需要考虑一定比例的连接板在长度方向上保留余量,且仅加工一侧的螺栓孔;在桥位安装现场匹配加工另一端的螺栓孔,以保证螺栓能顺利穿入栓孔并完成连接。

5.5.3 钢塔零件尺寸的允许偏差应符合表5.5.3的规定。

表5.5.3 钢塔零件尺寸允许偏差（mm）

序号	名称		允许偏差
1	壁板和腹板、横梁翼缘板和腹板	长度L、宽度B	±2
		对角线差$|L_1-L_2|$	≤3
		板边直线度	≤2
2	隔板	长度L、宽度B	±1
		槽口尺寸偏差S_1	±2
		槽口间距S_2	±2
		板边垂直度	≤2
		平面度	2/1 000
3	钢锚梁锚垫板和锚下承压板	长度L、宽度B	±2
		平面度	≤0.2
4	其他零件	长度、宽度	±2

5.5.4 钢锚梁、钢锚箱零件尺寸的允许偏差应符合表5.5.4的规定。

表5.5.4 钢锚梁、钢锚箱零件尺寸允许偏差（mm）

序号	名称		允许偏差
1	钢锚梁拉板	长度L	±2
		宽度B	±2
		对角线差$|L_1-L_2|$	≤3
2	钢锚箱拉板	长度L	±1
		宽度B	+1, −0.5
		对角线差$|L_1-L_2|$	≤2
3	承力板	长度L	+1, 0
		宽度B	+1, −0.5
		对角线差$|\Delta L_1 - \Delta L_2|$	≤2

注：ΔL_1、ΔL_2分别是L_1、L_2的理论值与实际值的差值

续上表

序号	名称		允许偏差	简图
4	锚箱隔板	长度 L	±2	
		宽度 B	+1, 0	
		对角线差 $|L_1 - L_2|$	≤2	
		垂直度	0.1°	
5	锚垫板、承压板	长度 L、宽度 B	±2	
		平面度	≤0.2	
6	连接板	长度 L、宽度 B	±2	
7	套筒	长度 L	±3	
		端面垂直度 f	≤2	
8	壁板	长度 L	±2	
		宽度 B	±1	
		椭圆孔轴线角度 α	±0.15°	
		椭圆孔定位尺寸 L_1、B_1	±2	
9	钢锚梁盖板、钢锚箱横隔板	长度	±2	
		宽度	±1	
10	其余零件	长度、宽度	±2	

钢锚梁通常由拉板、壁板、锚下承压板和锚垫板等零件组成,如图 5-6 所示。钢锚箱通常由拉板、壁板、锚下承压板、锚垫板、腹板和加劲隔板等零件组成,如图 5-7 所示。

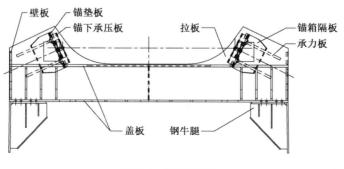

图 5-6 钢锚梁示意

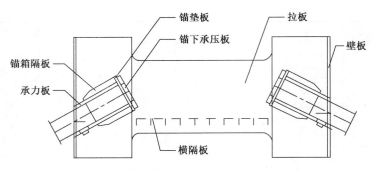

图 5-7 钢锚箱示意

与锚垫板接触的承力板、锚箱隔板的端面,在组装后需要对其进行机加工,以保证端面能与锚垫板密贴。

5.5.5 钢箱拱拱肋零件尺寸的允许偏差应符合表 5.5.5 的规定。

表 5.5.5 钢箱拱拱肋零件尺寸允许偏差(mm)

序号	名称		允许偏差	简图
1	顶板、底板、腹板	长度 L	±2①	
		对角线差 $\|L_1-L_2\|$	≤2	
2	顶板、底板宽度 B		+2,0	
3	腹板	宽度 B	±2	
		对角线差 $\|L_1-L_2\|$	≤2	
		矢高 f	≤5	
4	隔板	宽度 B、高度 H	±1	
		槽口定位尺寸 S	±1	
		板边垂直度	≤1	
5	其余零件	长度 L	±2	
		宽度 B	±2	

注:① 留二次配切量时正差可适当放宽。

5.5.6 钢管拱、钢管墩零件尺寸的允许偏差应符合表 5.5.6 的规定。

表 5.5.6 钢管拱、钢管墩零件尺寸允许偏差（mm）

序号	名称		允许偏差	简图
1	钢管拱	长度 L	±3①	
2		纵向弯曲 f	≤L/1 000 且≤5	
3		管端不平度 f	≤d/500 且≤3	
4	钢管墩	长度 L	±5①	
5		管端不平度 f	≤5	
6		外径 d	±d/500 且±5	
7		椭圆度 f　栓接部位	≤d/500	
		其余部位	且≤5	

注：① 留二次配切量时正差可适当放宽。

5.6 制孔

5.6.1 高强度螺栓孔、铆钉孔和主要零件上的螺栓孔应钻制成形。

制孔时需要注意下列事项：

（1）组装件可以预钻小孔，然后扩钻。预钻孔时，孔径至少需较设计孔径小3mm。扩钻孔时，需要注意不能使飞刺和铁削进入板层中。

（2）使用卡板（样卡）时，需按施工图检查零件的规格尺寸，核对所用卡板无误后，才能钻孔。对采用卡固式样板钻孔的杆件，需检查杆件的外形尺寸和制造偏差，并将误差均分。卡固限度需符合下列要求：

① 工形杆件腹板中心与样板中心的允许偏差为1mm。

② 纵向偏差以两端部边距相等为原则。

③ 箱形杆件两竖板水平中线与样板中线的允许偏差为1.5mm；有水平拼接时，其允许偏差为1mm。

5.6.2 钻孔应在零件或构件矫正后进行。孔形应为正圆柱形，孔壁表面的粗糙度应不大于Ra25μm，孔的圆度偏差应不大于0.5mm。孔缘应平顺、无损伤、无刺屑。

5.6.3 高强度螺栓孔、铆钉孔和主要零件上螺栓孔的孔径允许偏差应符合表5.6.3的规定。

表5.6.3　高强度螺栓孔、铆钉孔和主要零件上螺栓孔的孔径允许偏差（mm）

序号	螺栓、铆钉直径	螺栓、铆钉孔径	允许偏差	
			孔径	孔壁垂直度
1	M12	14	+0.5,0	板厚 t≤30时,不大于0.3；板厚 t>30时,不大于0.5
2	M16	18	+0.5,0	
3	M18	20	+0.7,0	
4	M20	22	+0.7,0	
5	M22	24	+0.7,0	
6	M24	27	+0.7,0	
7	M27	30	+0.7,0	
8	M30	33	+0.7,0	

注：在U形肋和板肋上,孔径可比表中值大2mm,但其连接板孔径应采用表中值。

5.6.4 高强度螺栓孔、铆钉孔和主要零件上螺栓孔的孔距允许偏差应符合表5.6.4的规定；设计文件对孔距偏差有特殊要求的,应符合其规定。

表5.6.4　高强度螺栓孔、铆钉孔和主要零件上螺栓孔的孔距允许偏差（mm）

序号	名称		允许偏差					
			钢箱梁	钢桁梁	钢板梁	钢塔	钢箱拱	其他构件
1	两相邻孔距离		±0.5	±0.4	±0.4	±0.4	±0.4	±0.4
2	同一孔群任意两孔距		±0.8	±0.8	±0.8	±0.8	±0.8	±1.0
3	多组孔群两相邻孔群中心距		—	±0.8	±1.5	±0.8	±0.8	±1.0
4	两端孔群中心距	L≤11m	±1.5①	±0.8	±0.8（±4.0）②	±1.5	±0.8	±1.5
		L>11m	±2.0①	±1.0	±1.0（±8.0）②	±2.0	±1.0	±2.0
5	孔群中心线与构件中心线的横向偏移	腹板不拼接	—	2.0	2.0	2.0	2.0	—
		腹板拼接	—	1.0	1.0	1.0	1.0	—
6	构件任意两面孔群纵、横向错位			1.0	1.0		1.0	1.0
7	孔与自由边距③				±2.0			

注：①桥面板单元U形肋采用特配连接板时可适当放宽。
②括号内数值为连接支座的孔群中心距允许偏差。
③连接板安装后,不与其余构件相连的,正差不受此限。

表5.6.4中,给出了不同结构类型的螺栓孔、铆钉孔的孔径允许偏差,以便于查询。

5.7　检验

5.7.1 下料应符合本规范第5.2节的规定,并应符合下列规定：

1　钢材切割面应无裂纹、夹渣、分层和大于1mm的缺棱。
检验方法：目视检查,有异议时做磁粉检查。
2　崩坑缺陷的修补应符合本规范附录B的规定。
检验方法：目视检查,有异议时做磁粉检查。
3　精密切割应符合本规范第5.2.3条的规定。

检验方法：目视检查，用钢卷尺、拉力器、直角尺、钢板尺、样块检查。

4 剪切的允许偏差应符合本规范第5.2.5条的规定。

检验方法：目视检查，用钢卷尺、直角尺、钢板尺、样块检查。

5 手工焰切应符合本规范第5.2.6条的规定。

检验方法：目视检查，用钢卷尺、直角尺、钢板尺、样块检查。

5.7.2 零件矫正与弯曲应符合本规范第5.3节的规定，并应符合下列规定：

1 矫正后的钢材表面不应有明显的凹痕或损伤。

检验方法：目视检查。

2 零件矫正的允许偏差应符合本规范第5.3.7条的规定。

检验方法：目视检查，用钢卷尺、平尺、拉力器、直角尺、钢板尺、塞尺、样块检查。

5.7.3 机加工应符合本规范第5.4节的规定，并应符合下列规定：

1 顶紧传力面的表面粗糙度、顶紧加工面与板面垂直度应符合本规范第5.4.1条第2款的规定。

检验方法：目视检查，比照样块检查。

2 钢塔节段端面机加工应符合本规范第5.4.2条的规定。

检验方法：钢盘尺，精密激光跟踪测量系统，粗糙度测量仪或样块对比法。

3 零件应磨去边缘的飞刺、挂渣，使端面光滑匀顺。

检验方法：目视检查。

5.7.4 零件尺寸应符合本规范第5.5节的规定，并应符合下列规定：

1 钢箱梁零件尺寸的允许偏差应符合本规范第5.5.1条的规定。钢盖梁、钢箱墩零件尺寸的允许偏差可按表5.5.1的规定执行或根据工艺文件确定。

检验方法：用钢卷尺、拉力器、直角尺、钢板尺检查。

2 钢桁梁、钢板梁零件尺寸的允许偏差应符合本规范第5.5.2条的规定。

检验方法：用钢卷尺、拉力器、直角尺、钢板尺检查。

3 钢塔零件尺寸的允许偏差应符合本规范第5.5.3条的规定。

检验方法：用钢卷尺、拉力器、直角尺、钢板尺检查。

4 钢锚梁、钢锚箱零件尺寸的允许偏差应符合本规范第5.5.4条的规定。

检验方法：用钢卷尺、拉力器、直角尺、钢板尺检查。

5 钢箱拱零件尺寸的允许偏差应符合本规范第5.5.5条的规定。

检验方法：用钢卷尺、拉力器、直角尺、钢板尺检查。

6 钢管拱、钢管墩零件尺寸的允许偏差应符合本规范第5.5.6条的规定。

检验方法：用钢卷尺、拉力器、直角尺、钢板尺检查。

5.7.5 制孔应符合本规范第5.6节的规定，并应符合下列规定：

1 螺栓孔、铆钉孔的成形、孔壁表面粗糙度、孔缘应符合本规范第5.6.2条的规定。

检验方法：目视检查，比照样块检查。

2 螺栓孔、铆钉孔的孔径允许偏差、孔壁垂直度应符合本规范第5.6.3条的规定。

检验方法：用游标卡尺、试孔器检查实物。

3 螺栓孔、铆钉孔的孔距允许偏差应符合本规范第5.6.4条的规定；有特殊要求的孔距允许偏差应符合设计文件的规定。

检验方法：用游标卡尺、钢板尺、钢卷尺、拉力器检查实物。

6 组装

6.1 一般规定

6.1.1 组装前应熟悉施工图和工艺文件,并应按图纸核对零件编号、外形尺寸、坡口方向及尺寸,确认无误后方可进行组装。

为提高钢梁、钢塔及构件的制造精度和焊接质量,在生产制造前期,需要依据施工图纸、工艺文件和质量标准,充分考虑制造设备情况,并结合构件特点,制定合理、高效的组装工艺文件,其内容一般包括胎架结构、装配次序、焊接顺序、检查方法和运输方式等。同时需要考虑组件的可焊性、焊接变形量和焊后矫正等因素,确定采用一次组装或者多次组装。组装工艺文件需报监理审查批准。

对于大型构件的整体组装工艺,需要组织对关键工艺的评审,并实施首件工程认可制度;首件获得认可后,方能进行批量化生产。

6.1.2 钢板接料应在构件组装前完成,并应符合下列规定:

1 钢桥梁、钢板梁翼缘板、腹板的接料长度宜不小于1 000mm,宽度均不得小于200mm,横向焊缝轴线距孔中心线宜不小于100mm。钢箱梁顶板、底板、腹板接料的纵向焊缝与U形肋、板肋焊缝间距不得小于100mm。

2 钢板梁的腹板和钢箱梁的顶板、底板、腹板接料焊缝可为十字形或T字形,T字形交叉点的间距不得小于200mm;腹板接料的纵向焊缝宜布置在受压区。

3 组装时应将相邻焊缝错开,错开的最小距离应符合图6.1.2-1的规定。

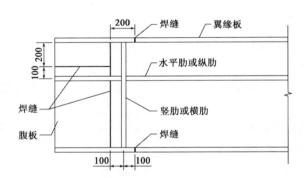

图6.1.2-1 焊缝错开的最小距离(尺寸单位:mm)

4 节点板不宜接长或接宽;特殊情况下需接宽时,焊缝错开的最小距离应符合图6.1.2-2的规定。

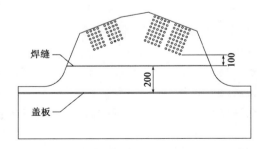

图6.1.2-2 节点板焊缝错开的最小距离(尺寸单位:mm)

5 钢管拱弦管的接料长度应不小于1 000mm,且不小于钢管直径。焊缝错开的最小距离应符合图6.1.2-3的规定。

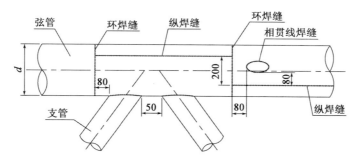

图6.1.2-3 钢管拱弦管焊缝错开的最小距离(尺寸单位:mm)

1 通常情况下,钢构件的制作加工多采用定尺钢板,且需合理划分板单元尺寸,尽量避免接料;确需接料时,需要对接口的焊缝处打磨平整,并对焊缝进行无损检测,以保证其焊接质量能满足标准要求。

4 一般情况下,节点板要尽量避免接料,但随着桥梁跨度的不断增大,相应的节点板也随之增大,有的节点板宽度超出了钢板的轧制宽度,在这种情况下就需要接料。规定焊缝错开的最小距离,主要是为了减小接料对节点强度的不利影响。

5 钢管拱弦管拼接接料时,为减少焊接内应力,便于焊后矫正,需要先拼接、焊接,并经检验、矫正合格后,再进行组装。

接料的焊接坡口、施焊参数等要按焊接工艺执行,并按对应的质量标准进行外观检验和无损检测。对于不等厚钢板的接料,一般须在组对前按设计要求将较厚钢板一侧加工成过渡坡。

6.1.3 组装前应清除待焊接区的有害物,使其表面露出金属光泽。清除范围应符合图6.1.3的规定。

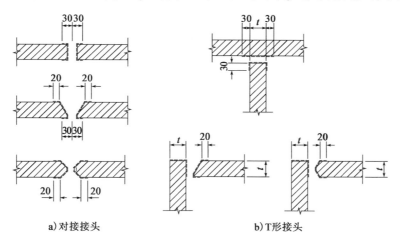

图6.1.3 组装前的清除范围(尺寸单位:mm)

零件和部件经检查合格后才能组装,并需要将连接部位的接触面以及焊缝边缘处(图6.1.3所示范围内)的铁锈、毛刺、污垢、冰雪等有害物清除干净。

6.1.4 采用先孔法的构件,组装时应以孔定位;采用胎架组装时,每一孔群所用的定位冲钉不得少于2个,冲钉直径宜根据孔径、板厚确定。

在组装时,利用冲钉可以使绝大多数孔正确就位。采用预钻小孔组装的杆件,使用的冲钉直径通常不小于预钻孔径0.1mm。

6.2 组装

6.2.1 构件应在专用胎架或平台上进行组装,用于组装的胎架或平台应具有足够的强度、刚度和稳定性,并应满足支承、定位、固定和操作等工作的需要。U形肋与桥面板应采用自动定位或机械定位组装机进行组装。

规定构件应在专用胎架或平台上进行组装,主要目的是保证组装后的构件能达到要求的精度。对于胎架或平台,首先其基础须具有足够的承载能力,此外胎架或平台本身也要有足够的强度、刚度和稳定性,以满足组装过程中支承、定位、固定和操作等工作的需要。胎架设置完成后,要对其进行预压试验,以保证构件在组装施工过程中的安全和稳固;同时胎架还需要根据构件的几何线形要求设置预拱度。胎架外需设置测量三角网和固定水准点,并在地面设置构件组装定位线。在每一轮次组装前,要对胎架进行检测,要求其纵向中心线偏差不大于0.5mm,胎架模板的高程偏差不大于±1mm,且胎架模板与组装构件接触的平面须打磨平滑、光顺,检测一般可以采用水准仪、激光经纬仪或不低于激光经纬仪精度的测试仪器进行,检测合格后才能进行本轮次的组装。

板单元通常采用自动定位组装机进行组装,每次组装前须对组装机进行检查,确认各定位尺寸合格后才能组装;同时还要考虑结构形式、焊接方法和焊接顺序,确定合理的组装顺序,例如先主要零件后次要零件、先中间后两端、先横向后纵向、先内部后外部等,以减少焊接变形。随着自动化水平的提高,板单元的打磨、组装、定位和焊接已逐步采用自动化设备,U形肋与桥面板采用自动定位组装机进行组装有利于提高精度,保证工程质量。

6.2.2 当条件允许时,应在对接焊缝、全熔透或部分熔透T形接头的端部连接引板,引板的材质、厚度和坡口应与所焊的焊件相同。

引板通常包括引弧板和熄弧板。除个别情况无法放引弧板外,埋弧焊一般均需要采用引板;有产品试板时,只要试板长度足够,就可以不加引板。当T形接头翼缘板较厚时,其翼缘板的引板可以适当减薄。

6.2.3 构件组装完成后,应按规定进行编号标识,并应做好记录,对其加以保护,防止损坏。

进行标识的目的是使构件易于识别并具有可追溯性,标识通常包括构件编号等信息,记录则一般包括构件的相关信息及零件的件号、牌号、炉批号等信息。由于涂装可能会覆盖原有的标识,因此涂装施工结束后需要重新进行标识,并做好相应的信息记录,涂装后的标识需包括表面处理清洁度和粗糙度、涂装体系及膜厚、已经完成的涂层、未完成的涂层、负责人等信息。

6.2.4 板单元组装尺寸的允许偏差应符合表6.2.4的规定。

表6.2.4 板单元组装尺寸允许偏差(mm)

序号	名称	允许偏差	简图
1	U形肋组装间隙 Δ	≤0.5	
2	板肋组装间隙 Δ	≤1	
3	板肋垂直度 f	≤1	

续上表

序号	名称		允许偏差	简图
4	顶板底板	U形肋与纵基线间距、U形肋间距 S_1 — 端部及横隔板处	±1	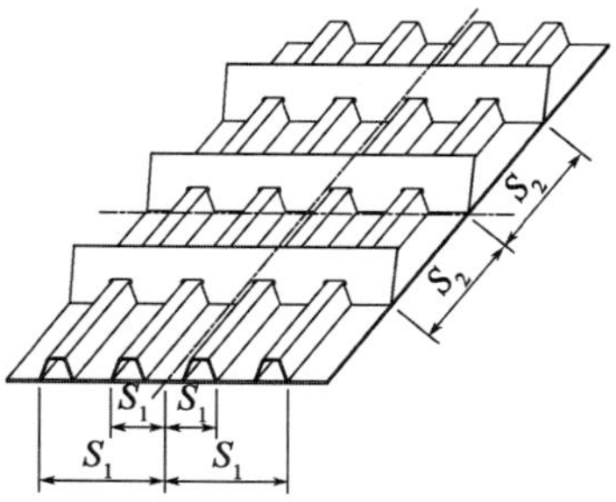
		U形肋与纵基线间距、U形肋间距 S_1 — 其余部位	±2	
5		横隔板接板间距 S_2 — 上下对接形式	±1	
		横隔板接板间距 S_2 — 其余形式	±2	
6		横隔板、横梁、横肋与桥面板组装间隙 Δ	≤2	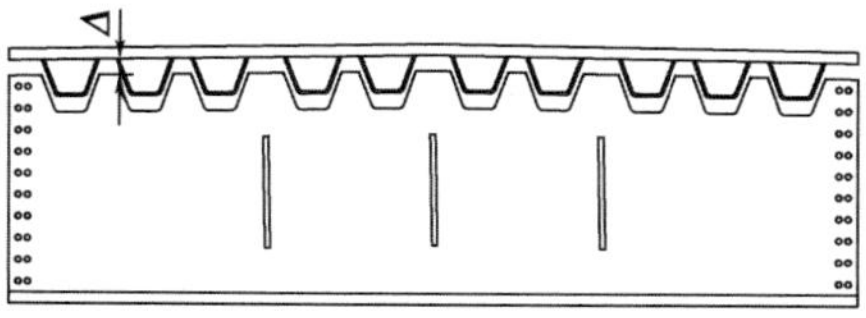
		横隔板与U形肋的组装间隙 Δ	≤2	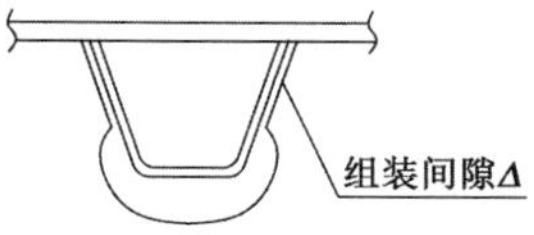
7	腹板	加劲肋与纵基线间距、加劲肋中心距 S_1、S_2、S_3 — 端部及横隔板处	±1	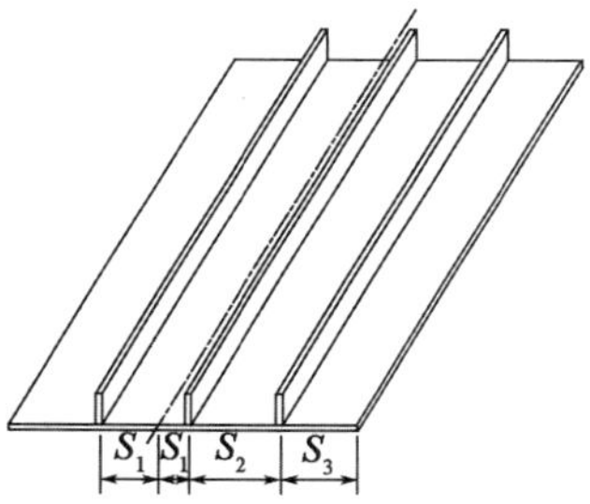
		加劲肋与纵基线间距、加劲肋中心距 S_1、S_2、S_3 — 其余部位	±2	
8	吊索锚固耳板	补强板组装间隙	≤0.5	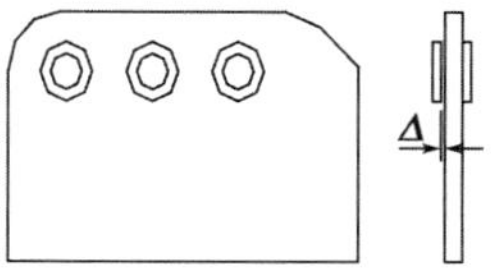

顶、底板单元通常在预变形组装胎架上进行组装，一般建议采用板单元加工自动化生产线制作，以尽可能减小板单元的焊接变形。U肋板单元自动化组装如图6-1所示。

板单元组拼时，要尽量避免采用仰焊。焊接完成后，需进行矫正，并进行几何尺寸和焊缝质量的检测，经检测质量合格后方能进行下道工序的施工。

图6-1　U肋板单元自动化组装

6.2.5 钢箱梁节段组装时,应按设计或施工监控的要求设置预拱度;大型扁平钢箱梁组装时,宜在横桥向设置工艺拱度。

预拱度的设置一般根据设计要求和制造厂的实际工艺情况,在三维模型和车间图纸中体现,或在车间组装胎架上进行反映,以保证其满足要求。

钢箱梁节段组装胎架断面如图6-2所示,纵横向预拱度通过胎架上的牙板高度进行精确控制,组装时底板与牙板需要密贴,以保证梁体的线形。同时,在组装胎架下需设置液压平板车通道,以保证钢箱梁组装焊接完成后将其转运出车间的需要。

节段整体预拼装时,对节段纵向、横向及高程的调整主要使用横移镐,如图6-3所示。通常情况下,单个节段一般在水平底板下方四个角的隔板位置上各布置一个横移镐。

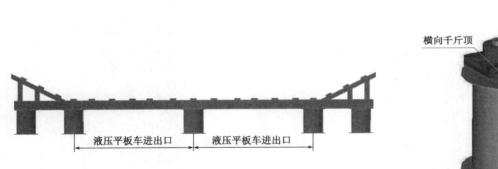

图6-2　钢箱梁组装胎架断面

图6-3　横移镐示意

6.2.6 钢箱梁节段宜采用连续匹配法组装。胎架外应设置独立的测量控制网,测量时应避免日照的影响,轴线和主要定位尺寸应采用全站仪或更高精度的仪器进行测量。

为简化工序、提高施工效率,钢箱梁节段的连续匹配组装及焊接可以采取与预拼装同时进行的方案。一般将不少于 $N+1$ 的梁段在车间内进行组装,本轮组装结束后,预留一个节段参与下一轮的组装,以保证整体线形平顺和端口匹配。节段组装时,需要重点控制桥梁线形、钢箱梁几何形状和尺寸精度、相邻接口的精确匹配等。

测量控制网的建立通常包括测量标志塔、全站仪基点、组装胎架纵横基准线和高程控制网的设置等,如图6-4所示。

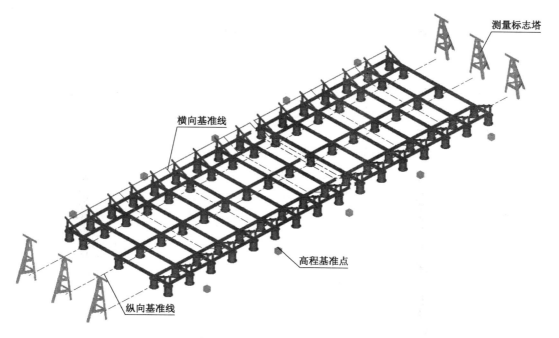

图 6-4 钢梁连续匹配组装胎架示意

1. 测量控制网设置

(1) 测量标志塔及全站仪基点设置

为了便于测量控制,一般在连续匹配节段组装胎架的两端设置三对测量标志塔,其中一对设置在钢箱梁中心处,另外两对设置在纵腹板处。测量标志塔顶端设有标尺,中间划做标志。为了便于平曲线控制,平曲线节段制造时,设两对测量标志塔,位于节段两纵腹板处,在测量标尺中间设固定球形棱镜,另外在车间两侧的立柱上设 4 个球形棱镜,用于建立全站仪测量坐标系。考虑到可能受行车行走振动的影响,车间立柱上的球形棱镜坐标需定期复测,并尽可能少使用。

(2) 胎架纵、横基准线设置

胎架纵向基准线一般设于胎架工艺板及预埋钢板之上,并用样冲做好标记,且每轮胎架改造时需重测。横向基准线则刻划在胎架纵梁及地面预埋钢板上。胎架的纵、横向基准线通常仅用于节段制造过程中结构的初步定位,结构的精确定位则依据梁段两端标志塔上的标尺配合经纬仪或全站仪进行。

典型梁段单元基准线设置示意,如图 6-5 所示。

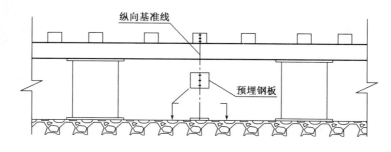

图 6-5 典型梁段单元基准线设置示意

(3) 高程控制网设置

在胎架周边的适当位置布置高程基准点,形成高程测量控制网。高程基准点一般布置在胎架之外,其纵向间距不超过 40m,基础需坚实可靠,最大沉降不大于 2mm。进行控制测量时,要求测得的控制网闭合差不大于 2mm(控制网的水准测量最好为偶数测站,对控制网多进行几次测量,直至能给出准确数据为止)。通常情况下,对高程控制网内各高程基点的数据需要记录在册,并要定期进行检验。

2. 钢箱梁基准线及线形控制点设置

（1）纵向基准线设置

钢箱梁节段一般需要设置三道平行于桥梁纵轴线的纵向基准线，其位置分别位于桥梁中心线处以及两侧纵腹板处，并需刻划在顶板上。

对顶板、纵腹板、底板等纵向板单元，一般在其中心线处设置纵向基准线，且平行于节段纵向基准线，如果板单元中心线位于T形肋或加劲位置，则可以移至一侧的两道肋板之间。

（2）横向基准线设置

钢箱梁节段横向基准面需垂直于桥梁纵轴线，与桥梁顶板上表面交线作为节段的横向基准线，与各板单元表面的交线作为板单元的横向基准线。

（3）线形控制点设置

线形控制点一般设置在顶板上表面，位于节段两端端口处，且与三条纵向基准线相交，如图6-6所示。

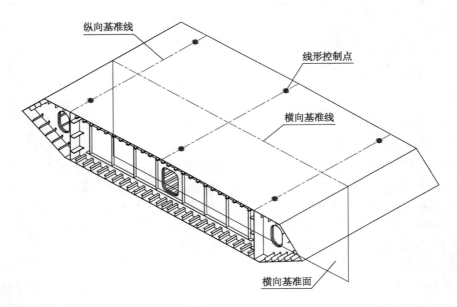

图6-6 典型钢梁节段基准线设置

（4）水平基准线、竖向基准线设置

一般在钢箱梁横隔板上设置水平基准线及竖向基准线，水平基准线处于水平位置，距顶板下边缘最高点1 000mm处，竖向基准线与之垂直。竖向基准线通常设置在近桥中心处的两道底板纵肋之间。

规定"测量时应避免日照的影响"，是因为日照所产生的温差对钢梁的精度会有影响，因此在监控测量时需要避开。

6.2.7 钢箱梁节段在专用胎架上组装时，宜采用工艺板对其进行固定，但在能保证构件的组装精度及能有效地控制变形的前提下，应减少工艺板的数量。工艺板的焊接应符合定位焊的要求，解除工艺板时不得伤及母材，解除后应对工艺板定位焊的位置按工艺要求进行处理。

钢箱梁节段的组装一般采用正装方案，即以胎架为外模，以横隔板为内模，按照"底板→横隔板→腹板→顶板→风嘴→锚固"的顺序，逐段组装与焊接，以立体阶梯式推进施工，实现钢箱梁多节段在车间内的连续匹配制造，如图6-7所示。

节段组装制造完成后，切割去除工艺板时，需要留根3mm，然后对其切割面打磨平整，并对母材进行无损检测，以保证母材不受到损伤。

6 组装

图 6-7 钢箱梁连续匹配组装

6.2.8 钢箱梁节段组装尺寸的允许偏差应符合表 6.2.8 的规定。

表 6.2.8 钢箱梁节段组装尺寸允许偏差（mm）

序号	名 称		允许偏差		简 图
1	板单元拼接对接板错边 Δ		≤0.5	当 $t<25$ 时	
			≤1	当 $t≥25$ 时	
	平底板与斜底板对接错边量 Δ		≤1		
2	对接板间隙 a		≤2		
3	钢衬垫或陶质衬垫对接焊接接头组装①	α	±5°		
		Δ	≤0.5		
		S	+6,-2		
4	顶板、底板板单元定位偏差 Δ		≤2	板单元定位线与理论线的偏差	
5	横隔板	垂直度 Δ	≤3		
		间距 S	±1	上下对接	
			±3	其他形式	
6	纵隔板间距		±2	拼接处	
7	锚箱单元	承力板间距 S	+1,0		
8		承力板与锚垫板的垂直度	≤2		
9		锚垫板锚下承压板同心度	≤1		

续上表

序号	名称		允许偏差		简图
10	斜拉索锚箱	承力板与承压板组装间隙	≤0.2		
11		锚箱位置 L_1、L_2	±1.5		
12		承力板角度 β	±0.1°		
13	对角线差 $|L_1-L_2|$		≤4	梁端横断面	
14	吊点高度差 Δ		≤4	左、右吊点高低差	
15	纵桥向中心线偏差 Δ		≤2		
16	旁弯 f		$3+0.1L$,且≤10	腹板边与理论线的偏差	

注：①S 和 α 应根据焊接试验确定；当组装间隙超出允许偏差时，应有相应的焊接工艺评定。

表6.2.8中序号7～9的锚箱单元,是斜拉桥钢箱梁和钢塔、钢锚梁、钢锚箱的重要组成部分。由于该部分的制造精度可能会直接影响安装的精度,因此在制造和组装时对其尺寸的允许偏差要予以高度重视。

6.2.9 钢桁梁、钢板梁杆件组装尺寸的允许偏差应符合表6.2.9的规定。

表6.2.9 钢桁梁、钢板梁杆件组装尺寸允许偏差(mm)

序号	名称		允许偏差	简图
1	对接高低差 Δ_1	$t<25$	≤0.5	
		$t\geq25$	≤1	
	对接间隙 Δ_2		≤1	
2	翼缘板中心与腹板中心线偏移 Δ		≤1	
3	组合角钢肢高低差 Δ	连接部位	≤0.5	
		其余部位	≤1	
4	翼缘板倾斜 Δ		≤0.5	
5	组装间隙 Δ		≤1	

续上表

序号	名称			允许偏差	简图
6	钢桁梁斜杆、竖杆、横梁、纵梁、横肋、横联杆件	高度H	拼接部位 插入式	0, -1.5①	
			拼接部位 对拼式	+1.5, 0①	
			其余部位	±2	
7		宽度B	拼接部位	+1.5, 0	
			其余部位	±2	
8		箱形构件对角线差$\|L_1-L_2\|$		≤2	
9	整体节点节点板垂直度Δ			≤1.5	
10	宽度B_1、B_2	节点板处B_1		+2.5, +0.5	
		接口处B_2		+1.5, 0	
11	构件接头板组装尺寸L_1			+1.5, 0	
12	高度H、H_1、H_2			+1.5, 0	
13	箱形杆件横隔板间距			±2	
14	加劲肋间距S	拼接部位		±1	
		其余部位		±2	
15	锚箱承压板垂直度			≤0.1°	斜拉索轴线与锚箱承压板垂直度
16	锚箱锚管角度			≤0.1°	锚管轴线与弦杆纵轴线夹角
17	锚点位置			±2	锚点距相邻节点中心各向位置
18	整体节点内斜杆、竖杆接头板位置	与斜杆、竖杆中心线偏离Δ		≤0.5	
19		斜杆、竖杆接头板内距B		+1.0	
20	钢板梁主梁高度	H≤2m		+2, 0	
		H>2m		+4, 0	
21	钢板梁纵梁、横梁、联结系构件高度H			+1.5, 0	
22	磨光顶紧	局部缝隙		≤0.2	

注:① 可根据坡口深度、焊脚尺寸及工艺方法调整。

钢桁梁节段通常按照"中间桁架→边桁架→桥面系→匹配"的顺序,进行不少于 $N+1$ 个节段连续匹配组装及预拼装,本轮组装结束后,预留一个节段参与下一轮的预拼装,以保证整体线形平顺和端口匹配。

6.2.10 钢桁梁节段组装尺寸的允许偏差应符合表6.2.10的规定,桥面板块中未表示的内容应符合表6.2.4的规定。

表6.2.10 钢桁梁节段组装尺寸允许偏差(mm)

序号	名称		允许偏差		简图
1	主桁桁片	弦杆端部孔与节点中心距 L_0	+2,0		
2		节点中心距 L_1	+3,-1		
3		对角线差 $\|L_2-L_3\|$	≤3		
4		桁片平面外弯曲	≤4		注:检测点为杆件系统线与杆件极边孔中心线的交点
5	横联桁片	节点间距 L_0、L_1	±2		
6		斜杆翼缘板接口横向错位	≤2		
7		桁片平面外弯曲	≤3		
8	桥面板块	横梁间距 S	±1	连接部位	
			±2	其余部位	
9		纵梁间距 S	±1	连接部位	
			±2	其余部位	
10		横梁、纵梁垂直度 Δ	≤1	连接部位	
			≤2	其余部位	
11		横梁平面对角线差 $\|L_1-L_2\|$	≤3		

续上表

序号	名称	允许偏差		简图
12	平面对角线差 $\|L_1-L_2\|$	≤5	两桁之间	
13	纵梁至主桁距离 L_0	≤2	节段两端,下层桥面纵梁、结合段上层桥面纵梁腹板中心至主桁中心距离	
14	锚点间距 B	+5,-2	同一节点编号处锚点主桁间的横桥向距离	
15	端面对角线差 $\|L_3-L_4\|$	≤3	节段两端横断面	
16	横联高度 H	±5	上弦杆到横联水平撑杆的竖向距离	
17	桁片垂直度	≤3	上下弦杆中心线横向偏移	

注：序号12~17适用于桁梁节段。

随着大跨度桥梁的发展,大节段钢桁梁整体制造安装的施工方式逐渐增多,因此本条特别规定了钢桁梁主桁片、横联桁片、桥面板块,以及钢桁梁节段的相关内容。

(1) 主桁片组装

主桁片一般采用不少于 $N+1$ 模式的连续匹配组装及预拼装方案,组装和预拼装同时进行。组装时,先定位上、下弦杆,后安装直腹杆和斜腹杆,如图6-8所示。

图6-8 主桁片组装

(2) 钢桁梁节段整体组装(以某公铁两用桥为例)

钢桁梁节段按照"中间桁架→铁路桥面系→边桁架→公路桥面系→匹配"的顺序,进行不少于 $N+1$ 个节段连续匹配组装及预拼装,本轮组装结束后,预留一个节段参与下一轮的预拼装,以保证整体线形平顺和端口匹配。典型钢桁梁节段组装流程如图6-9所示。

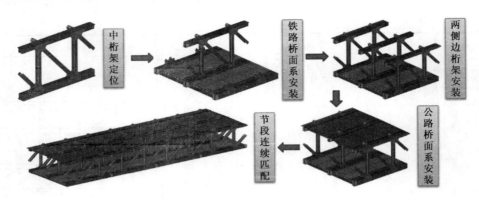

图6-9 典型钢桁梁节段组装流程

6.2.11 钢塔节段及横梁组装尺寸的允许偏差应符合表6.2.11的规定,钢塔中的锚箱单元应符合表6.2.8的规定。

表6.2.11 钢塔节段及横梁组装尺寸允许偏差(mm)

序号	名称		允许偏差	简图
1	块体钢塔节段横梁	端口对角线差 $\|L_1-L_2\|$	≤3	
2	横隔板	垂直度 Δ	≤2	
		间距 S	±2	
3	钢塔节段旁弯		≤3	
4	壁板、腹板单元纵肋间距 S	端部及隔板处 栓接部位	±1	
		其余部位	±2	

钢塔节段一般由若干板单元和块体组成。组装前需要熟悉施工图和工艺文件,组装时则需依据施工图和技术文件核对每个零件、部件,不允许使用未经检验或检验不合格的零、部件进行组焊。在钢塔节段组装过程中,一般通过基准线来控制每一个构件均处于允许的偏差范围内,以保证钢塔节段的整体尺寸精度。

钢塔节段或块体的组装通常在专用胎架上进行,并需采用工艺板固定,而且在能保证组装精度、控制变形的条件下要尽量减少工艺板的数量。工艺板的焊接与定位焊的要求相同,在解除工艺板时不能伤及母材,解除后需对工艺板定位焊位置按要求进行处理。

在钢塔节段组装过程中,须由基准线控制每一个被安装部件的位置,使其在允许的误差范围内,以保证钢塔节段的整体尺寸精度。组装后的钢塔节段同一接缝两个端面各参数的允许误差须同正或同负。在钢塔节段组装完成,并经检验合格后才能施焊。

6.2.12 钢锚梁、钢锚箱节段组装尺寸的允许偏差应符合表6.2.12的规定,钢锚梁、钢锚箱中的锚箱单元应符合表6.2.8的规定。

表 6.2.12 钢锚梁、钢锚箱节段组装尺寸允许偏差（mm）

序号	名称		允许偏差	简图
1	锚点坐标		±2	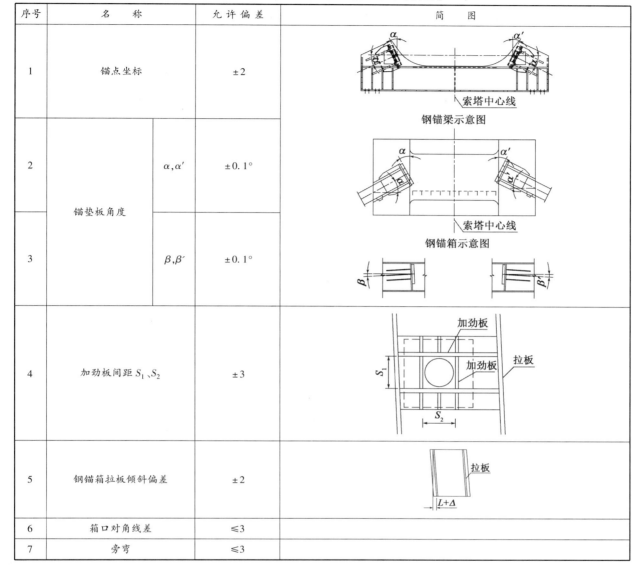
2	锚垫板角度	α,α'	±0.1°	
3		β,β'	±0.1°	
4	加劲板间距 S_1、S_2		±3	
5	钢锚箱拉板倾斜偏差		±2	
6	箱口对角线差		≤3	
7	旁弯		≤3	

钢锚梁和钢锚箱组装时，承压板和锚垫板接触面需要进行铣面加工，其接触面的金属接触率一般采用 0.2mm 的塞尺进行检查，并要求其塞入面积不超过 25%；承压板与锚垫板须整体镗孔加工。钢套管的一端与承压板焊接，另一端则需采用相贯线切割。另外，钢锚箱在组装时，两侧面的支撑板与承压板、锚垫板一般先在组装平台上组装成 π 形部件，矫正后再与前后支撑板焊接成锚箱单元。

6.2.13 钢箱拱拱肋组装尺寸的允许偏差应符合表 6.2.13 的规定，风撑、其他构件及未示部分应符合表 6.2.9 的规定。

表 6.2.13 钢箱拱拱肋组装尺寸允许偏差（mm）

序号	名称	允许偏差	简图
1	对角线差 $\|L_1-L_2\|$	≤3	
2	箱形梁隔板间距	±3	
3	旁弯	≤3	
4	锚拉板孔中心、吊点隔板间距	±1	
5	吊杆锚箱中心线	±2	

钢箱拱通常采用全长或节段连续匹配法进行组装，连续匹配法组装时，每次组装的节段数量不少于3段。胎架外需设置独立的测量控制网，且测量时须避免日照的影响，轴线和主要定位尺寸一般采用全站仪进行测量控制。

6.2.14 钢管拱节段组装尺寸的允许偏差应符合表6.2.14的规定。钢管墩组装尺寸的允许偏差可按表6.2.14的规定执行。

表6.2.14 钢管拱节段组装尺寸允许偏差（mm）

序号	名 称		允许偏差
1	拱肋对接及拱肋哑铃形节段	对接管口错边量 Δ	≤2
2		拱肋中心距 H	±4
3		纵向对角线差 |ΔL₁ − ΔL₂|	≤4
4		拱肋腹杆间距、平联间距	±5
5		拱肋旁弯（横向偏位） L≤4 000	≤2
		4 000＜L≤16 000	≤3
		L＞16 000	≤5
6		拱肋腹板垂直度 Δ	≤1.5
7		平面度 f	≤3
8	拱肋吊装节段	节段断面对角线	≤4
9		高度方向偏差 Δ₁	≤H/1 000
10		宽度方向偏差 Δ₂	≤B/1 000

注：ΔL_1、ΔL_2 分别是 L_1、L_2 的理论值与实际值的差值

注：1. 钢管拱肋采用弧形钢管拼接时，每节弧形钢管的轴线不应出现S形。
2. 钢管拱肋采用分段直线代替曲线时，折点应在计入预拱度后的拱轴线上，由制作误差引起的钢管弯曲的方向应与拱轴的弯曲方向一致。

6.2.15 钢箱墩、钢盖梁组装尺寸的允许偏差应符合表6.2.15的规定。

表 6.2.15 钢箱墩、钢盖梁组装尺寸允许偏差（mm）

序号	名　　称	允许偏差	简　图
1	对角线差$|D_1-D_2|$	≤4	
2	隔板间距	±3	
3	旁弯	≤5	

6.3 检验

6.3.1 组装应符合本规范第6.1节和第6.2节的规定，并应符合下列规定：

1 钢板接料应符合本规范第6.1.2条的规定。

检验方法：目视检查，用钢卷尺、拉力器、钢板尺检查。

2 组装前应按本规范第6.1.3条的规定对焊接区域进行处理。

检验方法：目视检查，用钢卷尺检查。

3 采用先孔法的构件，组装时应符合本规范第6.1.4条的规定。

检验方法：目视检查。

6.3.2 组装定位焊应符合本规范第7.2.7条的规定。

检验方法：目视检查，用钢卷尺、钢板尺、焊角检测器检查。

6.3.3 组装尺寸允许偏差宜符合本规范第6.2节的规定，并应符合下列规定：

1 钢箱梁节段组装尺寸的允许偏差应符合本规范第6.2.8条的规定。

检验方法：目视检查，用钢卷尺、拉力器、直角尺、钢板尺、塞尺检查。

2 钢桁梁、钢板梁杆件组装尺寸的允许偏差应符合本规范第6.2.9条的规定。

检验方法：目视检查，用钢卷尺、拉力器、直角尺、钢板尺、塞尺检查。

3 钢桁梁节段组装尺寸的允许偏差应符合本规范第6.2.10条的规定。

检验方法：目视检查，用钢卷尺、拉力器、直角尺、钢板尺、塞尺检查。

4 钢塔节段及横梁组装尺寸的允许偏差应符合本规范第6.2.11条的规定。

检验方法：目视检查，用钢卷尺、拉力器、直角尺、钢板尺、塞尺检查。

5 钢锚梁、钢锚箱节段组装尺寸的允许偏差应符合本规范第6.2.12条的规定。

检验方法：目视检查，用钢卷尺、拉力器、直角尺、钢板尺、塞尺检查。

6 钢箱拱拱肋组装尺寸的允许偏差应符合本规范第6.2.13条的规定。

检验方法：目视检查，用钢卷尺、拉力器、直角尺、钢板尺、塞尺检查。

7 钢管拱节段组装尺寸的允许偏差应符合本规范第6.2.14条的规定。钢管墩组装尺寸的允许偏差可按表6.2.14的规定进行控制。

检验方法：目视检查，用钢卷尺、拉力器、直角尺、钢板尺、塞尺检查。

8 钢盖梁、钢箱墩组装尺寸的允许偏差应符合本规范第6.2.15条的规定。

检验方法：目视检查，用钢卷尺、拉力器、直角尺、钢板尺检查。

7 焊接、焊接检验及矫正

7.1 一般规定

7.1.1 焊接前,应进行焊接工艺评定试验。焊接工艺评定应符合本规范附录C的规定。

焊接工艺评定是保证钢结构焊接质量的前提。通过焊接工艺评定试验,可以选择合适的、与钢材相匹配的坡口形状及尺寸、焊接材料、接头形式和焊接方法,从而确定施焊条件和焊接工艺参数等,以保证焊接接头的力学性能达到设计要求。

焊接工艺评定通常包括厂内制造和工地连接的所有焊接工艺试验,但也不仅限于此,还可以包括生产性试验,例如模拟狭小空间、验证自动化工艺等焊接工艺试验。焊接工艺评定试验通常需要提前编制任务书,进行报批,经批准后才能实施,而且焊接工艺评定试验所用的材料须取样合格。焊接工艺评定过程需在监理见证下进行,焊接工艺评定试验的总结报告也需经评审通过。

7.1.2 焊接工艺文件应根据焊接工艺评定报告编制,并应在施焊时严格执行。

焊接工艺评定报告是在试验后对各种接头焊接工艺参数、性能的总结,是编制焊接工艺规程的依据。焊接工艺一旦确定,不能随意更改,否则将难以保证焊接质量,因此要求在施焊过程中应严格执行。

7.1.3 焊接材料应通过焊接工艺评定确定。焊条、焊剂应按产品说明书的要求烘干使用,烘干后的焊接材料应随用随取,当从烘干箱取出的焊接材料超过4h时,应重新烘干后使用;焊剂在现场宜采用保温桶存储,焊剂中的脏物、焊丝上的油锈等应清除干净;所使用的CO_2气体的纯度应不低于99.5%,氩气的纯度应不低于99.95%。

由于焊接材料行业的发展较快,新材料不断出现,同时钢结构桥梁所用的钢材牌号也在增多,为保证钢材与焊接材料的匹配,就需要通过工艺评定来确定焊接材料。焊剂在使用过程中需注意保温,否则就有可能出现冷焊剂的情况,产生气孔;焊剂回收时,需配备过滤网,再次使用时增加新焊剂,以保证焊缝表面成型,避免出现夹渣等缺陷。气体的纯度低于规定值时,会影响焊缝成型,出现气孔等缺陷;采用混合气体时,对其他气体的纯度,通常也有必要进行控制以满足相应要求。

7.1.4 焊接宜采用自动焊或半自动焊,焊接时应控制焊接变形。

虽然条文规定焊接宜采用自动焊或半自动焊,但并不排除在某些无法用自动焊或半自动焊的部位采用手工焊的方式进行焊接。

焊接变形一般指焊接过程中被焊工件受到不均匀温度场的作用而产生的形状、尺寸变化,包括缩短、角度改变、弯曲变形等。由于焊接变形对构件的制造精度有较大影响,不仅难以保证安装精度,过大的变形还将显著降低结构的承载能力,因此需要在焊接过程中对变形加以控制。减小变形的主要方法有:选择合理的焊接顺序、尽可能对称焊接、采用反变形法、利用工(卡)具刚性固定等。在实际施工中,常用的控制措施有:①各节段的同类焊缝采用统一的焊接方法、焊缝断面、焊道数量、焊接参数、施焊顺序和施焊方向。②采取预变形等措施,减少焊接过程中的变形。③采取外约束和内约束等措施,减少焊接的变形量。

实际焊接时,要尽可能采用热输入量小的焊接工艺;对构件的组装胎架建议设置反变形装置;节段组装时以胎架作为外模,以内部横隔板作为内模,以控制组装及焊接的精度。

7.1.5 对封闭式的钢箱梁，焊接前可在适当的位置设置临时人孔、临时通风孔，但开孔的大小和位置应经设计单位认可。

设置临时人孔和临时通风孔，可以有效地保证操作人员的职业健康和施工安全，但在焊接及焊缝检验工作完成后，临时人孔和临时通风孔需要及时进行封堵。人孔与结构的封堵焊缝，一般可以采取全熔透焊缝并经无损检测合格，焊缝强度须与母材等强。厚板封堵时，可以采取小能量多道焊接、分段退焊等措施，以防止约束力过大或应力集中而产生裂纹。

7.1.6 对焊缝的检验应包括外观检查、无损检测和产品试板检验。无损检测宜采用超声波、射线、磁粉及渗透等方法进行。

超声波(UT)、射线(RT)、磁粉(MT)和渗透(PT)等是目前钢结构制造中检验焊缝的常规无损检测方法，超声波和射线主要用于探测焊缝的内部缺陷，磁粉和渗透则主要用于检测焊缝表面或近表面处的缺陷(如气孔、裂纹、夹渣等)。

由于超声波的操作较为简单、快速，对焊缝的裂纹和未熔合处的检测灵敏度较高，且对检测环境无过高要求，因此通常作为无损检测中最主要的手段。对构造复杂或厚板构件的焊缝，采用超声波等常规方法进行无损检测时其准确性要差一些，相控阵和超声波衍射时差法(TOFD)已在一些工程中开始得到应用，相控阵检测方法对构造复杂构件的焊缝有其独特的优势；对厚板构件的焊缝，TOFD检测方法则更为有效。由于这两种检测方法尚无相应的国家标准和公路行业标准，本规范暂未将其列入，为促进钢结构桥梁制造中无损检测的技术发展，具备条件的单位可以考虑将其作为一种辅助的技术手段进行无损检测，但在采用这两种检测技术时，需参照相关行业的标准。

7.2 焊接

7.2.1 焊接工作宜在室内进行，施焊时的环境湿度应小于80%；环境温度宜不低于5℃，低于5℃仍要进行焊接作业时，应采取焊前预热、保温和焊后缓冷等工艺措施，并应通过专项试验确定相应的焊接工艺参数。焊接宜在构件组装后24h内完成。

规定要在室内及在条文规定的环境条件下进行焊接，正常情况下是可以做到的，这样做焊接质量比较容易得到保证；焊接施工的环境温度低于条文规定的温度时，通常需要停止焊接作业，采取必要措施使之符合要求后再进行作业。以往的焊接试验证明，当焊接施工的环境温度低于条文规定的温度时，对焊接接头采取焊前预热、保温和焊后缓冷等措施，并采用合理的焊接工艺参数，也能满足焊接接头的性能和质量要求。这是因为焊前预热能使焊接时的温度满足要求，焊后缓冷则能降低焊接接头的冷却速度，防止接头产生淬火组织，从而防止产生裂纹。因此，如果由于某种原因一定要在低于5℃时进行焊接作业，就需要在焊前根据母材的材质、板厚、接头的特点和具体的环境温度进行焊接工艺的专项试验，并通过研究来确定相应的焊接工艺参数。

在构件组装后24h内完成焊接能防止焊缝坡口锈蚀，保证焊接质量。

7.2.2 在室外焊接时，除应满足本规范第7.2.1条的规定外，尚应采取必要的防风和防雨措施；在大风、大雨、降雪、严寒等恶劣气候条件下，严禁在室外进行焊接作业。室外焊接宜在构件组装后12h内完成。

室外焊接时，需要采取一定措施，使室外焊接产生一个封闭或半封闭的空间，在保证施焊区域的施工环境满足要求的前提下，方能施焊。

7.2.3 焊接前应彻底清除待焊(包括定位焊)区域内的有害物；焊接时严禁在母材的非焊接部位引弧，焊接后应清理焊缝表面的熔渣及两侧的飞溅物。

在焊接前彻底清除待焊区域内的有害物，主要是为了保证焊接质量，减小由于污物导致焊接缺陷的可能性。因为虽然在组装前已进行了清理，但在焊接区仍有可能存在油、浮锈、水、灰尘、熔渣飞溅及焊瘤、焊根等影响焊接质量的有害物，所以在焊接前需要进行再次清除；同时也要特别注意火焰预热在焊接区域产生的返锈。

7.2.4 焊接前应检查并确认所使用的设备、工具和仪表状态良好，齐全可靠。

焊接的设备、工具和仪表等是焊接质量的硬件保障，其工作状态是否正常，会直接影响焊接质量的优劣，因此作此规定。

7.2.5 焊前预热温度应通过焊接工艺评定试验确定；预热范围宜为焊缝两侧1.5倍板厚且不小于100mm，并应在距焊缝30~50mm范围内测温。焊工施焊时应做焊接记录，记录的内容宜包括构件号、焊缝部位、焊缝编号、焊接参数、操作者和焊接日期等。

预热一般包括组装定位焊、返修焊及所有焊缝的焊前预热。有条件时也可以在预热工件的反面进行测温。对高强钢、厚板，可以采用持续性预热，以保证预热范围的温差不超过30℃。

预热通常采用火焰预热或电加热，测温则采用红外线测温枪、接触温度计或温度指示蜡笔等。电加热如图7-1所示，焊后保温如图7-2所示。

图7-1 电加热

图7-2 焊后保温

7.2.6 多层焊接时应连续施焊，且应控制层间温度。每一层焊缝焊完后应及时清理检查，在清除药皮、熔渣、溢流和其他缺陷后，方可施焊下一层。

在施焊过程中，层间温度需要保持预热时的温度。

在前道焊层上焊下一焊层前，需将焊缝表面的所有熔渣、飞溅清理干净，此要求不仅适用于前后焊层，也适用于前后焊道，以及中断后继续施焊的弧坑处。

7.2.7 定位焊的焊接应符合下列规定：

1 所采用焊接材料的型号应与母材相匹配。施焊前应按施工图及工艺文件检查坡口尺寸、根部间隙等，不符合要求时应处理改正。

2 定位焊焊缝距设计焊缝端部应不小于30mm，其长度宜为50~100mm，间距宜为400~600mm。当板厚小于8mm或大于50mm时，可调整定位焊间距。定位焊焊缝的焊脚尺寸宜不大于设计焊脚尺寸的1/2，且不小于4mm。

3 定位焊焊缝不得有裂纹、夹渣、焊瘤等缺陷，弧坑应填满；对开裂的定位焊焊缝，应先查明原因，然后再清除开裂的焊缝，并应在保证构件尺寸正确的条件下补充定位焊。

4 在焊缝交叉处和焊缝方向急剧变化处不应进行定位焊，焊缝的起弧点应避开焊缝相交处或转角处50mm以上。

定位焊的焊接难度较大,容易出现各种焊接缺陷,因此条文对坡口尺寸、焊接材料、定位焊的位置和长度等均有较严格的规定。定位焊的焊缝长度和间距通常根据构件的构造特点来确定。一般情况下,对厚板、高强钢或长大构件,要求适当增加焊缝的长度,缩短其间距;对薄板,则需要适当减少焊缝的长度并缩短其间距。

定位焊时,预热温度和道间温度通常根据钢材的化学成分、接头的拘束状态、热输入大小、热敷金属含氢量水平及所采用的焊接方法等综合因素确定或进行焊接试验。焊接过程中,最低道间温度一般不低于预热温度;最大道间温度一般不超过230℃,这对于屈服强度大于370MPa的钢材及调质钢的道间温度的确定,符合钢厂提供的指导性参数要求。

定位焊接要注意回弧,减少弧坑裂纹;定位焊接完成后端部需打磨适当过渡斜坡,以保证焊缝平滑过渡。

7.2.8 埋弧焊应在距设计焊缝端部80mm以外的引板上引、熄弧,手工焊、气体保护焊应在距设计焊缝端部30mm以外的引板上引、熄弧。引板的坡口和板厚应与母材相同。

由于焊接的起始点和终止点处的焊接条件变化较大,焊接处于非稳定状态,出现焊接缺陷的概率增大。为了保证获得完好的焊缝,对接焊缝在施焊时,通常需要将引、熄弧引出正式焊缝以外,以防止焊接缺陷出现在焊缝的端部。引板的长度一般不小于80mm。

7.2.9 U形肋与顶板、底板之间的焊接应采用自动化或半自动化焊接设备。在施焊过程中,应保证焊接的连续性。

正交异性钢桥面板中的U形肋与顶、底板之间的焊接,主要有单侧部分熔透焊、双侧部分熔透焊和全熔透焊等几种形式,目前多采用专用的自动化生产线进行组装和焊接。单侧部分熔透焊自动化生产线主要由自动打磨、自动定位和自动施焊设备等组成,一般采用气体保护焊焊接工艺,其工艺流程通常为:U形肋下料→U形肋成型加工→U形肋划线、定位、装配→U形肋外侧船型打底焊→U形肋外侧盖面焊接→U形肋板单元矫正→U形肋焊缝检测。双侧部分熔透焊自动化生产线主要由自动打磨、自动定位、专用U形肋内焊设备和外焊设备组成,一般内侧采用气体保护焊,外侧采用气体保护焊或埋弧焊的焊接工艺。全熔透焊通常有"U形肋内侧气体保护焊+外侧埋弧焊""U形肋内侧气体保护焊+外侧深熔焊"或"U形肋内侧埋弧焊+外侧埋弧焊"等焊接工艺。

U形肋与顶板、底板焊接的自动化生产线,包括自动化U形肋装配流水线和U形肋焊接机器人。自动化U形肋装配流水线集除尘打磨、划线、液压定位、定位焊和烟尘回收为一体;U形肋焊接机器人通常采用多头自动焊接施焊,可以多根U形肋同时焊接。对于有熔透要求的U形肋的焊接,施焊时则要求配备坡口跟踪器。

U形肋与顶板、底板之间的焊接,采用自动化生产线进行组装和施焊是当前的一种趋势。为更好地提高钢结构桥梁制造的数字化、自动化和信息化水平,推广应用先进技术、工艺和设备,提高制造质量,采用自动化或半自动化焊接设备是有必要的。

(1)桥面板U形肋双面焊接

桥面板U形肋双面焊接工艺是可以有效控制焊接缺陷的高品质焊接,有利于提高焊缝的抗疲劳性能。焊接作业时,定位焊与正式焊接的时间间隔需控制在24h内,以防止已装配焊缝内侧返锈,影响焊接质量。U形肋双面焊缝示意如图7-3所示。

U形肋内、外侧分步焊接时,其主要流程为:桥面板吊至装配平台上→桥面板对齐定位→吊运U形肋至桥面板上→U形肋端口栓孔精确定位→焊接U形肋定位焊(也可以采用U形肋组焊一体机取消定位焊工序)→U形肋板单元上内焊工作胎架定位夹紧→焊接U形肋内部角焊缝→检验修补→U形肋板单元上摇摆胎架夹具定位夹紧→板单元外侧焊缝焊接→检验修补→U形肋板单元机械矫正→报检转序。

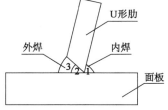

图7-3 U形肋双面焊缝示意

焊接前需保证焊接设备完好,性能稳定。U形肋的内焊需采用专用设备焊接,正式施焊前需进行试运行,并要求其工作性能可靠。

U形肋内焊设备一般由龙门焊接平台、焊接主控台系统、U形肋内焊机器人、可调式移动轨道、液压对中定位系统、焊接冷却系统、焊接烟尘处理系统、在线视频监控系统等几大部分组成。U形肋内焊设备需具有自动焊接、焊缝外观视频检测、焊接烟尘处理等功能。

采取分步焊接时,U形肋外焊可以采用门式多头自动焊机焊接,并配合使用反变形胎架,要求其工作性能可靠,焊接工位通常采用船形位。

U形肋内焊如图7-4所示,外侧埋弧焊如图7-5所示,外侧二氧焊接如图7-6所示。

图7-4 U形肋内焊

图7-5 U形肋外侧埋弧焊

(2)U形肋聚弧深熔焊

利用聚弧脉冲深熔焊机的高度聚弧功能,深入焊缝根部进行熔透焊接,优化坡口形式、焊接材料、保护气体,控制电流电压参数,可以实现U形肋与面板之间的单面焊双面成形。U形肋聚弧深熔焊如图7-7所示。

图7-6 U形肋外侧二氧焊接

图7-7 U形肋聚弧深熔焊

7.2.10 钢管拱弦杆与腹杆的连接焊缝,应沿相贯线全周连续焊接,并应按图7.2.10从趾部的全熔透角焊缝匀顺过渡到鞍部的部分熔透焊缝和跟部的角焊缝。当相贯线钢管所成角度小于60°时,跟部侧1/4长焊缝宜采用单侧坡口,并由鞍部的坡口焊缝过渡至根部的角焊缝,其余3/4长焊缝宜为全熔透焊缝。

对弦杆和腹杆连接处,通常要采用相贯线切割机进行下料并开设坡口,以保证弦杆和腹杆装配公差的要求。相贯线的焊接由于其特殊形式,均为单面焊双面成型,且为全位置的焊接,焊工持证需符合要求。

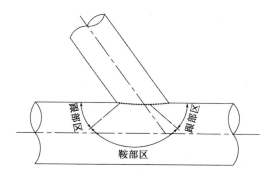

图 7.2.10　钢管相贯线焊接示意

7.2.11　圆柱头焊钉的焊接应符合下列规定：

1　圆柱头焊钉的焊接应按本规范附录 D 的规定进行焊接工艺评定，其焊接的工艺参数应根据焊接工艺评定的结果确定。

2　圆柱头焊钉应采用专用焊接设备平位施焊，焊接前应检查所用的焊接设备和工具，保证其能正常工作。焊接过程中，在焊缝金属完全凝固前不得移动焊枪。

3　焊接工作应由经过圆柱头焊钉焊接培训并考试合格的焊工担任。

4　瓷环应按产品的规定烘干使用。

5　焊接前应清除圆柱头焊钉头部及钢板待焊部位（大于 2 倍圆柱头焊钉直径）的铁锈、氧化皮、油污和水分等有害物，使钢板表面显露出金属光泽。

6　每工班开始生产前或更改焊接条件时，应按规定的焊接工艺试焊 2 个圆柱头焊钉，进行外观和弯曲 30°角检验，检验合格后方可进行正式焊接；若检验不合格，应分析原因，调整工艺重新施焊，直至合格。

7　对某些特殊部位，当采用手工电弧焊方法焊接时，圆柱头焊钉焊接接头的最小焊脚尺寸应符合表 7.2.11 的规定。

表 7.2.11　采用电弧焊的圆柱头焊钉焊接接头最小焊脚尺寸（mm）

序　号	圆柱头焊钉直径	角焊缝最小焊脚尺寸
1	10、13	6
2	16、19、22	8
3	25	10

圆柱头焊钉的尺寸小、数量多，焊接作业时其焊接质量容易被忽视，为此条文对圆柱头焊钉的施焊条件、环境和操作要求等作出了较为严格的规定。

瓷环需要满足现行《电弧螺柱焊用圆柱头焊钉》（GB/T 10433）的规定，瓷环大小会影响飞边成型；受潮的瓷环在使用前，通常需在 150℃ 的烘箱中烘干 2h。

拉弧式栓钉焊接的工艺参数参考值，见表 7-1～表 7-3。

表 7-1　平焊位置栓钉焊接参数参考值

栓钉规格（mm）	电流（A）	时间（s）	伸出长度（mm）
φ13	950	0.7	3～4
φ16	1 250	0.8	4～5
φ19	1 500	1.0	4～5
φ22	1 800	1.2	4～6
φ25	2 200	1.3	5～8

表 7-2 横向位置栓钉焊接参数参考值

栓钉规格(mm)	电流(A)	时间(s)	伸出长度(mm)
φ13	1 400	0.4	4.5
φ16	1 600	0.4	4.0
φ19	1 900	1.1~1.2	3.5
φ22	2 050	1.0	2.5

表 7-3 仰焊位置栓钉焊接参数参考值

栓钉规格(mm)	电流(A)	时间(s)	伸出长度(mm)
φ13	1 200	0.4	2.0
φ16	1 300	0.7	2.0
φ19	1 900	1.0	2.0
φ22	2 050	1.0	2.0

7.2.12 焊缝的修磨和返修焊应符合下列规定：

1 焊接完成后，应将焊缝两端设置的引板、产品试板或工艺板等采用气割方式切除，并磨平切口；切割和磨平时不得损伤母材。

2 工艺板应在距母材3mm以上进行切割。切割后应将附着在母材上的部分打磨平顺。

3 对焊脚尺寸、焊波或余高等超出本规范表7.3.1规定上限值的焊缝，应修磨匀顺。所有主要焊缝表面的修磨均应沿主要受力方向进行，且应使磨痕平行于主要受力方向。

4 焊缝不超差的咬边应修磨匀顺；咬边超差或焊脚尺寸不足时，可采用手工电弧焊或CO_2气体保护焊进行返修焊。

5 对焊缝的缺陷，应采用碳弧气刨或其他机械方法进行清除，焊缝裂纹的清除长度应由裂纹端各外延50mm。在清除缺陷时，应刨出利于返修焊的坡口，并应采用砂轮磨除坡口表面的氧化皮，露出金属光泽。

6 返修焊采用直径大于或等于2mm的焊丝时，应将焊缝清除部位的两端刨成1:10的斜面；采用直径小于2mm的焊丝时，应将焊缝清除部位的两端刨成1:5的斜面。搭接50mm再引弧施焊，焊后搭接处应修磨匀顺。

7 缺焊焊缝长度超过周长的1/4或因其他指标而不合格的圆柱头焊钉，应将其切除，予以更换并重新进行焊接；切除时应不伤及母材，切除后的部位应打磨平整，并应重新施焊，使其达到合格的焊接质量。缺焊长度未超过周长的1/4时可采用小直径低氢焊条进行手工焊补焊，补焊时应预热50~80℃或满足手工焊要求的预热温度，并应从缺焊焊缝端部10mm外引、熄弧，焊脚尺寸应不小于6mm。

8 返修焊缝应按原焊缝的质量要求进行检验，同一部位的返修焊不宜超过两次；超过时应查明原因，并制定返修工艺措施。

9 焊缝缺陷的修补方法应符合本规范附录B的规定。

1 工艺板是指由于工艺的需要，用于临时固定构件而专门制作的钢板。

8 焊缝多次返修会影响焊缝的整体质量，会增加局部应力，也会造成浪费，因此要求"同一部位的返修焊不宜超过两次"。但有时可能会因某些特殊原因使焊缝的返修超过两次，当有这种情况时，就需要进一步查清产生的原因，制定返修工艺措施的目的是保证返修焊能达到规定的质量要求。

7.2.13 产品试板应符合下列规定：

1 应按表7.2.13规定的焊缝类型确定产品试板的数量；接头数量少于表中数量时，也应做一组产品试板。

2 产品试板的材质、厚度、轧制方向及坡口应与所焊对接板材相同。对不等厚板的产品试板，可利用薄板进行等厚对接试验。

3 制作产品试板时,应在焊缝端部加装试板;当焊缝端部不具备加装试板条件时可单独施焊,但应采用与构件焊接相同的工艺和设备,并应在同一地点施焊。

4 产品试板制作完成后,应先对供取样用的焊接试板做出标记,并记录所在产品部位,再进行切割、送检。

5 产品试板焊缝的外观应符合表7.3.1的规定,并应按Ⅰ级对接焊缝要求进行超声波检测。

6 产品试板的焊缝经外观和无损检测合格后,应进行接头拉伸、侧弯和焊缝金属低温冲击试验,试样数量和试验结果应符合本规范附录C的规定。

7 产品试板的试验结果不合格时,可在原试板上重新取样再做试验;如试验结果仍不合格,则应先查明原因,然后对该试板代表的接头进行处理,并重新进行检验。

表7.2.13 产品试板数量

序 号	焊缝类型	接头数量	产品试板数量
1	横向对接焊缝	30条	1组
2	桥面板单元横向对接焊缝	10条	1组
3	桥面板单元纵向对接焊缝	30条	1组
4	全断面对接焊缝(横向多箱多幅按1个全断面计算)	10个断面	平、立、仰焊缝各1组

产品试板是实际焊接时与产品同条件制作的检测试件,其作用是检验试板所代表的焊接接头的力学性能,并验证生产条件下材料、工艺及焊工技能的稳定性和可靠性,以保证焊接质量。当制造过程中的焊接质量保持稳定时,一般可以视实际情况适量酌减产品试板的数量。

7 产品试板试验结果不合格需处理和重新检验时,一般有两种情况:如果是共性问题,需要对其代表的所有焊缝作同样处理;如果是由个性原因造成的,则仅需对与试板同时焊接的焊缝进行处理。

7.3 焊接检验

7.3.1 焊接完毕且待焊缝冷却至室温后,应对所有焊缝进行全长范围内的外观检查,焊缝不得有裂纹、未熔合、夹渣、未填满弧坑、焊瘤等,以及超出表7.3.1的缺陷。

表7.3.1 焊缝外观质量标准(mm)

序号	名称	焊缝种类	质量标准		简 图
1	气孔	横向对接焊缝	不允许		
		纵向对接焊缝、主要角焊缝	直径小于1	每米不多于3个,间距≥20	
		其余焊缝	直径小于1.5		
2	咬边	受拉构件横向对接焊缝、桥面板与弦杆角焊缝、横梁接头板与弦杆角焊缝、桥面板与U形肋角焊缝(桥面板侧)、竖向加劲肋角焊缝(腹板侧受拉区)	不允许		
		受压构件横向对接焊缝及竖向加劲肋焊缝(腹板侧受压区)	≤0.3		
		纵向对接焊缝、主要角焊缝	≤0.5		
		其余焊缝	≤1		
3	焊脚尺寸	主要角焊缝K	+2,0		
		其余角焊缝K	+2,0		
			手工焊角焊缝全长的10%允许	+3,-1	

续上表

序号	名称	焊缝种类	质量标准		简图
4	焊波	对接焊缝和角焊缝	≤2（任意25mm范围高低差）		
5	余高	不铲磨余高的对接焊缝	≤2	焊缝宽度b≤20	
			≤3①	焊缝宽度b>20	
6	余高铲磨后的表面	横向对接焊缝（桥面板除外）	$\Delta_1 \leq 0.5$		
			$\Delta_2 \leq 0.3$		
			粗糙度50μm		
7	有效厚度	T形角焊缝②	凸面角焊缝有效厚度应不大于规定值2mm，凹面角焊缝应不小于规定值0.3mm		

注：①钢箱梁桥面板顶面在相应行车道处的焊缝余高宜不大于2mm，超过时宜进行打磨。
②对不开坡口的角焊缝，当采用船位埋弧自动焊时，焊缝的有效厚度（喉厚）允许比规定值小1mm。

钢箱梁桥面板顶面在相应行车道处的焊缝余高过大时，将会直接影响桥面铺装的质量，因此需要更严格一些。对T形角焊缝有效厚度的具体要求，是参照对接焊缝余高的规定。

7.3.2 圆柱头焊钉的焊缝检验应符合下列规定：

1 圆柱头焊钉焊接完成后，应及时敲除焊钉周围的瓷环，并应进行外观检验。应保证焊钉底角在360°周边挤出焊脚，焊缝应饱满，无气孔、夹渣、裂纹等缺陷；咬边深度应不大于0.5mm，且最大长度应不大于一倍的焊钉直径。

2 焊缝外观检验合格后，应随机抽取各部位圆柱头焊钉总数的1%进行30°弯曲检验，弯曲后圆柱头焊钉的焊缝和热影响区不应有肉眼可见的裂纹，检验合格的圆柱头焊钉可保留其弯曲状态；不合格时应加倍取样进行检验。

2 弯曲方法：用手锤敲击或用套管压弯圆柱头焊钉，使焊钉弯曲30°。

7.3.3 焊缝经外观检测合格后方可进行无损检测。无损检测应在焊接完成24h后进行。

由于经无损检测合格的焊缝不能再做任何返修及矫正处理，因此在完成焊接所有工作并经外观检测合格后，才能进行无损检测。为了能最大限度地检出氢致裂纹，需要严格控制探伤检测的时机，当在施工中遇到延迟断裂时间更长的材料时，例如屈服强度500MPa及以上的厚板，对其焊缝则需视情况不同适当延长探伤检测的时机；当没有必要后延时，一般就需要及时进行检测，不影响施工的连续性。

7.3.4 焊缝无损检测的质量等级应符合现行《钢的弧焊接头　缺陷质量分级指南》（GB/T 19418）的规定。

现行《钢的弧焊接头　缺陷质量分级指南》（GB/T 19418）是针对焊缝缺陷的质量等级划分，与无损检测方法无关，外观及所有无损检测验收等级都以此标准划分的质量等级为基准。

7.3.5 焊缝无损检测的检测等级和验收等级应符合下列规定：

1 超声波检测等级和验收等级应符合现行《焊缝无损检测　超声检测　技术、检测等级和评定》

（GB/T 11345）和《焊缝无损检测　超声检测　验收等级》（GB/T 29712）的规定，距离-波幅曲线灵敏度及缺陷等级评定应符合本规范附录E的规定。质量等级、检测等级和验收等级的对应关系应符合表7.3.5-1的规定。

2　射线检测等级和验收等级应符合现行《焊缝无损检测　射线检测　第1部分：X和伽玛射线的胶片技术》（GB/T 3323.1）和《焊缝无损检测　射线检测验收等级　第1部分：钢、镍、钛及其合金》（GB/T 37910.1）的规定，缺陷评定应符合本规范附录F的规定。质量等级、检测等级和验收等级的对应关系应符合表7.3.5-2的规定。

3　要求进行射线检测板厚大于30mm（不等厚对接时，按薄板计）的对接焊缝，宜采用检测等级为C级、验收等级为2级的超声检测代替X射线检测，此时焊缝余高应磨平，使用的探头折射角应有一个为45°，检测范围应为焊缝两端各500mm。焊缝长度大于1 500mm时，中部应加探500mm；焊缝长度小于1 000mm时，应对焊缝的全长进行超声检测。

4　磁粉检测等级和验收等级应符合现行《焊缝无损检测　磁粉检测》（GB/T 26951）和《焊缝无损检测　焊缝磁粉检测　验收等级》（GB/T 26952）的规定。

表7.3.5-1　超声检测质量等级、检测等级和验收等级的关系

序号	按GB/T 19418的质量等级	按GB/T 11345的检测等级①	按GB/T 29712的验收等级
1	B	至少B	2
2	C	至少A	3
3	D	至少A	3②

注：①当需要评定显示特征时，应按GB/T 29711评定。
②不推荐做超声波检测，但可在规范中规定后使用（与C级焊缝质量要求一致）。

表7.3.5-2　射线检测质量等级、检测等级和验收等级的关系

序号	按GB/T 19418的质量等级	按GB/T 3323.1的检测等级	按GB/T 37910.1的验收等级
1	B	B	1
2	C	B①	2
3	D	A	3

注：①环焊缝检测最少曝光次数按GB/T 3323.1的A级要求执行。

在常规的无损检测中，超声波和射线检测方法主要用于探测被检物体的内部缺陷。射线检测的成本高、操作复杂、检测周期长、裂纹和未熔合等危害性缺陷的检出率较低，且因有辐射污染，对检测的周边环境有特殊的人员防护要求；超声波检测则具有操作简单、快速、对裂纹和未熔合的检测灵敏度高及对检测环境无过高要求等优点，而且这两种检测方法的上述特点在透照厚度越大时表现得越明显。但射线检测也有其独特的优势，能较直观地显示工件内部缺陷的大小和形状，因而易于判定缺陷的性质，且对薄壁工件无损检测的灵敏度较高，射线照相的底片还能作为检测的原始记录供多方研究并作长期保存。

常用的射线有X射线和γ射线两种。X射线和γ射线能不同程度地透过金属材料，对照相胶片产生感光作用。利用这种性能，当射线通过被检查的焊缝时，因焊缝缺陷对射线的吸收能力不同，使射线落在胶片上的强度不一样，胶片感光程度也不一样，这样就能准确、可靠、非破坏性地显示缺陷的形状、位置和大小。

X射线透照时间短、速度快，检查厚度小于30mm时，显示缺陷的灵敏度高，但设备复杂、费用大，穿透能力比γ射线小。

γ射线能透照300mm厚的钢板，透照时不需要电源，方便野外工作，用于环缝时可一次曝光，但透照时间长，一般不能用于厚度小于50mm构件的透照。

现行《钢结构工程施工质量验收规范》（GB 50205）规定，设计要求全熔透的一、二级焊缝采用超声波进行内部缺陷的检测，超声检测不能对缺陷做出判断时才采用射线检测；德国铁路钢桥附加技术条件

Eisenbahnbrücken Zusatzliche Anforderungen für Stahlbrücken 804.4101 规定,母材板厚大于或等于 30mm 的对接焊缝可以采用超声波检测代替射线检测。

表 7.3.5-1、表 7.3.5-2 分别给出了超声波检测和射线检测的检测等级、验收等级与现行《钢的弧焊接头 缺陷质量分级指南》(GB/T 19418)规定焊缝缺陷质量等级的对应关系,后续表 7.3.6 ~ 表 7.3.12 中的检测等级和验收等级规定均以此为原则。

焊缝的超声波探伤可以分为 A、B、C、D 四个检测等级,一般根据检测的完善程度和检测工作的难度系数按 A、B、C、D 的顺序逐级增高进行检测。在四个检测等级中,A 级是采用一种角度的探头在焊缝的单面单侧进行检测,仅对允许扫查到的焊缝截面进行探测;B 级原则上是采用一种角度的探头在焊缝的单面双侧进行检测,对整个焊缝截面进行探测,当受到几何条件的限制时,也可以在焊缝的双面单侧采用两种角度的探头进行检测,条件允许时则需做横向缺陷的检测;C 级要求至少采用两种角度的探头在焊缝的单面双侧进行检测,同时还需要做两个扫查方向和两种角度探头的横向缺陷检测;D 级一般在特殊情况下才采用。但采用任何检测等级,都要使检测系统的灵敏度余量能够满足验收标准,否则就需要增加探测面,如双面双侧等。

当构件的几何形状过于复杂时,可能会限制焊缝超声波探伤的相应检测等级对检测结果的有效性。为避免出现这种情况,在对构件进行结构设计和工艺设计时,需要考虑超声波探伤检测的可行性,以使超声波探伤的无损检测能顺利进行。

对焊缝采用超声波探伤检测时,除 D 级在特殊情况下才采用外,通常都是按 A、B、C 的顺序逐级增加覆盖范围(如增加扫查次数和探头移动区等)进行检测,以提高缺欠检出率。

7.3.6 钢箱梁焊缝无损检测的质量分级、检测方法、检测部位和等级应符合表 7.3.6 的规定。

表 7.3.6 钢箱梁焊缝无损检测质量等级及检测范围

序号	焊缝部位	质量等级	检测方法	检测比例(接头数量)	执行标准 检测标准/级别	执行标准 验收标准/级别	检测范围
1	顶板、底板、腹板横向对接焊缝	B 级	超声	100%	GB/T 11345 B 级	GB/T 29712 2 级	焊缝全长
			X 射线	5%	GB/T 3323.1 B 级	GB/T 37910.1 1 级	焊缝两端各 250~300mm(横向对接焊缝长度大于 6 000mm 时,中部加探 250~300mm)
2	顶板、底板、腹板纵向对接焊缝	B 级	超声	100%	GB/T 11345 B 级	GB/T 29712 2 级/3 级	端部 1m 范围为 2 级,其余部位为 3 级
			X 射线	5%	GB/T 3323.1 B 级	GB/T37910.1 1 级/2 级	顶板焊缝两端、中间 250~300mm;底板、腹板焊缝两端各 250~300mm;两端 1 级,中间 2 级
3	梁段间对接焊缝(环焊缝)	B 级	超声	100%	GB/T 11345 B 级	GB/T 29712 2 级	焊缝全长
			X 射线	顶板 100% 底板 10%	GB/T 3323.1 B 级	GB/T 37910.1 1 级	十字交叉处焊缝横纵向各 250~300mm
4	横隔板、纵隔板立位对接焊缝	B 级	超声	100%	GB/T 11345 B 级	GB/T 29712 2 级	焊缝全长
5	横隔板、纵隔板横位对接焊缝	B 级	超声	100%	GB/T 11345 B 级	GB/T 29712 2 级	焊缝两端各 1m

7 焊接、焊接检验及矫正

续上表

序号	焊缝部位	质量等级	检测方法	检测比例（接头数量）	执行标准 检测标准/级别	执行标准 验收标准/级别	检测范围
6	T形接头和角接接头熔透角焊缝	B级	超声	100%	GB/T 11345 B级	GB/T 29712 2级	焊缝全长
7	腹板与风嘴顶板、斜底板间熔透角焊缝	B级	超声	100%	GB/T 11345 B级	GB/T 29712 2级	焊缝全长
8	连接锚箱或吊耳板的熔透角焊缝	B级	超声	100%	GB/T 11345 B级	GB/T 29712 2级	焊缝全长
8			磁粉	100%	GB/T 26951	GB/T 26952 2X级	焊缝全长
9	吊索耳板与贴板外侧角焊缝	C级	磁粉	100%	GB/T 26951	GB/T 26952 2X级	焊缝全长
10	锚拉板与顶板熔透角焊缝	B级	超声	100%	GB/T 11345 B级	GB/T 29712 2级	焊缝全长
10			磁粉	100%	GB/T 26951	GB/T 26952 2X级	焊缝全长
11	非支座横隔板与顶板、底板间角焊缝	C级	磁粉	100%	GB/T 26951	GB/T 26952 2X级	两端各1m
12	非支座横隔板与腹板间角焊缝	C级	磁粉	100%	GB/T 26951	GB/T 26952 2X级	焊缝全长
13	支座横隔板与顶板、底板、腹板间坡口角焊缝	C级	超声	100%	GB/T 11345 B级	GB/T 29712 3级	焊缝全长
13			磁粉	100%	GB/T 26951	GB/T 26952 2X级	焊缝全长
14	纵隔板与顶板、底板、横隔板间坡口角焊缝	C级	磁粉	100%	GB/T 26951	GB/T 26952 2X级	焊缝两端各500mm
15	U形肋与顶板坡口角焊缝①	B级	超声	20%	GB/T 11345 B级	GB/T 29712 2级	熔透角焊缝两端各1m
15			磁粉	100%	GB/T 26951	GB/T 26952 2X级	焊缝两端各1m
16	U形肋与底板坡口角焊缝	C级	磁粉	100%	GB/T 26951	GB/T 26952 2X级	焊缝两端各1m
17	U形肋、板肋嵌补段对接焊缝及角焊缝	C级	磁粉	100%	GB/T 26951	GB/T 26952 2X级	焊缝全长
18	拆除临时连接件(含工艺板)的部位	C级	磁粉	100%	GB/T 26951	GB/T 26952 2X级	拆除临时连接的部位
19	焊接试板	B级	超声	100%	GB/T 11345 B级	GB/T 29712 2级	焊缝全长

注：①U形肋与顶板熔透角焊缝，超声检测的比例和检测范围可根据焊接设备的自动化水平和稳定性适当调整。序号15一栏中的超声检测仅用于U形肋与顶板熔透角焊缝。

7.3.7 钢桁梁、钢板梁焊缝无损检测的质量分级、检测方法、检测部位和等级应符合表7.3.7的规定。

表 7.3.7　钢桁梁、钢板梁焊缝无损检测等级及检测范围

序号	焊缝部位	质量等级	检测方法	检测比例（接头数量）	执行标准 检测标准/级别	执行标准 验收标准/级别	检测范围
1	主要杆件受拉横向、纵向对接焊缝	B级	超声	100%	GB/T 11345 B级	GB/T 29712 2级	焊缝全长
1	主要杆件受拉横向、纵向对接焊缝	B级	X射线	10%	GB/T 3323.1 B级	GB/T 37910.1 1级	焊缝两端各250~300mm，焊缝长度大于6 000mm时，中部加探250~300mm
2	主要杆件受压横向对接焊缝	B级	超声	100%	GB/T 11345 B级	GB/T 29712 2级	焊缝全长
3	主要杆件受压纵向对接焊缝	B级	超声	100%	GB/T 11345 B级	GB/T 29712 2级	两端各1m
4	熔透角焊缝	B级	超声	100%	GB/T 11345 B级	GB/T 29712 2级	焊缝全长
5	接头板处T型部分熔透角焊缝①	C级	超声	100%	GB/T 11345 B级	GB/T 29712 2级	焊缝全长
6	主要杆件棱角焊缝和T形焊缝	C级	超声	100%	GB/T 11345 B级	GB/T 29712 3级	两端各1m
7	U形肋与顶板坡口角焊缝②	B级	超声	20%	GB/T 11345 B级	GB/T 29712 2级	熔透角焊缝两端各1 000mm
7	U形肋与顶板坡口角焊缝②	B级	磁粉	100%	GB/T 26951	GB/T 26952 2X级	焊缝两端各1 000mm
8	工地环缝对接焊	B级	超声	100%	GB/T 11345 B级	GB/T 29712 2级	焊缝全长
9	角焊缝	C级	磁粉	100%	GB/T 26951	GB/T 26952 2X级	两端螺栓孔部位并延长500mm，钢板梁主梁、箱梁及纵、横梁跨中加探1 000mm
10	产品试板	B级	超声	100%	GB/T 11345 B级	GB/T 29712 2级	焊缝全长
11	拆除工艺板的部位	C级	磁粉	100%	GB/T 26951	GB/T 26952 2X级	拆除工艺板的部位

注：①接头板检测范围不包括圆弧区范围。
　　②U形肋与顶板熔透角焊缝，超声检测的比例和检测范围可根据焊接设备的自动化水平和稳定性在此基础上适当调整。序号7一栏中的超声检测仅用于U形肋与顶板熔透角焊缝。

7.3.8 钢塔焊缝无损检测的质量分级、检测方法、检测部位和等级应符合表7.3.8的规定。

表 7.3.8　钢塔焊缝无损检测质量等级及检测范围

序号	焊缝部位	质量等级	检测方法	检测比例（接头数量）	执行标准 检测标准/级别	执行标准 验收标准/级别	检测范围
1	壁板、腹板纵向对接焊缝	B级	超声	100%	GB/T 11345 B级	GB/T 29712 2级	焊缝全长
2	壁板、腹板横向对接焊缝	B级	超声	100%	GB/T 11345 B级	GB/T 29712 2级	焊缝全长
2	壁板、腹板横向对接焊缝	B级	X射线	10%	GB/T 3323.1 B级	GB/T 37910.1 1级	两端各250~300mm

续上表

序号	焊缝部位	质量等级	检测方法	检测比例（接头数量）	执行标准 检测标准/级别	执行标准 验收标准/级别	检测范围
3	钢塔节段棱角坡口焊缝	C级	超声	100%	GB 11345 B级	GB/T 29712 3级	两端各1m
			磁粉	100%	GB/T 26951	GB/T 26952 2X级	
4	钢塔节段间壁板、曲臂节段间壁板对接焊缝	B级	超声	100%	GB/T 11345 B级	GB/T 29712 2级	焊缝全长
5	钢塔节段锚箱传力板熔透角焊缝	B级	超声	100%	GB 11345 B级	GB/T 29712 2级	焊缝全长
			磁粉	100%	GB/T 26951	GB/T 26952 2X级	焊缝全长
6	钢塔节段腹板与壁板间部分熔透坡口焊缝	B级	超声	100%	GB/T 11345 B级	GB/T 29712 2级	焊缝全长
7	曲臂壁板间部分熔透坡口焊缝	B级	超声	100%	GB/T 11345 B级	GB/T 29712 2级	两端各1m
8	钢塔节段锚箱熔透角焊缝	B级	超声	100%	GB/T 11345 B级	GB/T 29712 2级	焊缝全长
			磁粉	100%	GB/T 26951	GB/T 26952 2X级	焊缝全长
9	钢塔节段间翼板、腹板横向对接焊缝	B级	超声	100%	GB/T 11345 B级	GB/T 29712 2级	焊缝全长
10	钢塔节段与曲臂间联系杆间熔透角焊缝	B级	超声	100%	GB/T 11345 B级	GB/T 29712 2级	焊缝全长
			磁粉	100%	GB/T 26951	GB/T 26952 2X级	焊缝全长
11	钢塔节段、曲臂纵肋嵌补对接焊缝	B级	超声	100%	GB/T 11345 B级	GB/T 29712 2级	焊缝全长
12	隔板与壁板角焊缝	C级	磁粉	10%	GB/T 26951	GB/T 26952 2X级	焊缝全长
13	连系梁对接隔板处角焊缝	C级	磁粉	100%	GB/T 26951	GB/T 26952 2X级	焊缝全长
14	产品试板	B级	超声	100%	GB/T 11345 B级	GB/T 29712 2级	焊缝全长
15	其他结构熔透角焊缝	C级	超声	100%	GB/T 11345 A级	GB/T 29712 3级	焊缝全长

7.3.9 钢锚梁、钢锚箱焊缝无损检测的质量分级、检测方法、检测部位和等级应符合表7.3.9的规定。

表 7.3.9　钢锚梁、钢锚箱焊缝无损检测质量等级及检测范围

序号	焊缝部位		质量等级	检测方法	检测比例（接头数量）	执行标准		检测范围
						检测标准/级别	验收标准/级别	
1	钢锚梁	拉板与锚下承压板间熔透角焊缝	B级	超声	100%	GB/T 11345 B级	GB/T 29712 2级	焊缝全长
				磁粉	100%	GB/T 26951	GB/T 26952 2X级	焊缝全长
2		牛腿托架板与壁板间的熔透角焊缝	B级	超声	100%	GB/T 11345 B级	GB/T 29712 2级	焊缝全长
				磁粉	100%	GB/T 26951	GB/T 26952 2X级	焊缝全长
3		牛腿上承板与壁板之间熔透角焊缝	B级	超声	100%	GB/T 11345 B级	GB/T 29712 2级	焊缝全长
				磁粉	100%	GB/T 26951	GB/T 26952 2X级	焊缝全长
4		拉板与顶板间坡口角焊缝	C级	超声	100%	GB/T 11345 B级	GB/T 29712 3级	焊缝全长
5		拉板与底板间坡口角焊缝	C级	超声	100%	GB/T 11345 B级	GB/T 29712 3级	焊缝全长
6		牛腿托架板与上承板间坡口角焊缝	C级	超声	100%	GB/T 11345 B级	GB/T 29712 3级	焊缝全长
7	钢锚箱	端面连接板之间的对接焊缝	B级	超声	100%	GB/T 11345 B级	GB/T 29712 2级	焊缝全长
8		拉板与锚箱之间的熔透角焊缝	B级	超声	100%	GB/T 11345 B级	GB/T 29712 2级	焊缝全长
				磁粉	100%	GB/T 26951	GB/T 26952 2X级	焊缝全长
9		拉板与锚下承压板之间的熔透角焊缝	B级	超声	100%	GB/T 11345 B级	GB/T 29712 2级	焊缝全长
				磁粉	100%	GB/T 26951	GB/T 26952 2X级	焊缝全长
10		拉板与壁板之间的坡口角焊缝	C级	超声	100%	GB/T 11345 B级	GB/T 29712 3级	焊缝全长
11		节段间端面连接板与拉板、壁板之间的棱角焊缝	C级	超声	100%	GB/T 11345 B级	GB/T 29712 3级	焊缝全长
12		腹板与锚下承压板之间的坡口角焊缝	C级	超声	100%	GB/T 11345 B级	GB/T 29712 3级	焊缝全长
13		腹板与壁板之间的坡口角焊缝	C级	超声	100%	GB/T 11345 B级	GB/T 29712 3级	焊缝全长
14		锚箱与座板间坡口角焊缝	C级	超声	100%	GB/T 11345 B级	GB/T 29712 3级	焊缝全长
15		加劲板与腹板、锚下承压板之间的坡口角焊缝	C级	超声	100%	GB/T 11345 B级	GB/T 29712 3级	焊缝全长
16		节段间连接板与拉板之间的坡口角焊缝	C级	超声	100%	GB/T 11345 B级	GB/T 29712 3级	焊缝全长

7.3.10 钢箱拱拱肋焊缝无损检测的质量分级、检测方法、检测部位和等级应符合表7.3.10的规定。

表7.3.10 钢箱拱拱肋焊缝无损检测质量等级及检测范围

序号	焊缝部位	质量等级	检测方法	检测比例（接头数量）	检测标准/级别	验收标准/级别	检测范围
1	拱肋对接焊缝	B级	超声	100%	GB/T 11345 B级	GB/T 29712 2级	焊缝全长
			X射线	10%	GB/T 3323.1 B级	GB/T 37910.1 1级	焊缝两端深250~300mm，焊缝长度大于6 000mm时，中部加探250~300mm
2	产品试板焊缝	B级	超声	100%	GB/T 11345 B级	GB/T 29712 2级	焊缝全长
3	拱肋顶底板与腹板、拱肋吊点隔板与拱肋壁板熔透角焊缝	B级	超声	100%	GB/T 11345 B级	GB/T 29712 2级	焊缝全长
4	其余对接焊缝	C级	超声	100%	GB/T 11345 B级	GB/T 29712 3级	焊缝全长
5	坡口角焊缝	C级	超声	100%	GB/T 11345 B级	GB/T 29712 3级	焊缝两端各1m

7.3.11 钢管拱焊缝无损检测的质量分级、检测方法、检测部位和等级应符合表7.3.11的规定。钢管墩焊缝无损检测不作射线检测要求，其质量分级、检测方法、检测部位和等级可按表7.3.11的规定执行。

表7.3.11 钢管拱焊缝无损检测质量等级及检测范围

序号	焊缝部位	质量等级	检测方法	检测比例（接头数量）	检测标准/级别	验收标准/级别	检测范围
1	拱肋间对接焊缝（环焊缝）	B级	超声	100%	GB/T 11345 B级	GB/T 29712 2级	焊缝全长
			X射线	5%	GB/T 3323.1 B级	GB/T 37910.1 1级	十字交叉处焊缝横纵向各250~300mm
2	横撑、斜撑纵环缝	B级	超声	100%	GB/T 11345 B级	GB/T 29712 2级	焊缝全长
3	腹板对接焊缝	B级	超声	100%	GB/T 11345 B级	GB/T 29712 2级	焊缝全长
4	钢管直相贯缝	C级	超声	100%	GB/T 11345 B级	GB/T 29712 2级	焊缝全长
5	钢管斜相贯缝①	C级	超声	100%	GB/T 11345 B级	GB/T 29712 2级	焊缝侧部、趾部
			磁粉	100%	GB/T 26951	GB/T 26952 2X级	根部
6	腹板与拱肋坡口角焊缝	C级	磁粉	100%	GB/T 26951	GB/T 26952 2X级	焊缝两端各1m

注：① 钢管斜相贯缝的检测，按角度划分超声检测范围，对不能检测的角度部分不做判定。

7.3.12 钢箱墩、钢盖梁焊缝无损检测的质量分级、检测方法、检测部位和等级应符合表7.3.12的规定。

表 7.3.12　钢箱墩、钢盖梁焊缝无损检测质量等级及检测范围

序号	焊缝部位	质量等级	检测方法	检测比例（接头数量）	执行标准 检测标准/级别	执行标准 验收标准/级别	检测范围
1	盖板、腹板对接焊缝	B级	超声	100%	GB/T 11345 B级	GB/T 29712 2级	焊缝全长
2	全熔透角焊缝	B级	超声	100%	GB/T 11345 B级	GB/T 29712 2级	焊缝全长
3	坡口角焊缝	C级	超声	100%	GB/T 11345 B级	GB/T 29712 3级	焊缝两端各1m

7.3.13 对开坡口且部分熔透焊接的角焊缝进行无损检测时,其检测深度应比设计坡口深度小2mm。

由于焊接过程中受到焊丝直径和坡口装配间隙公差等因素的影响,通常情况下焊丝无法精确设置在焊缝根部,故作此规定。

7.3.14 弱磁性材料焊缝进行渗透检测时,应符合现行《无损检测　渗透检测》(GB/T 18851)和《焊缝无损检测　焊缝渗透检测　验收等级》(GB/T 26953)的规定。

由于机械清理会使金属表面产生塑性变形,使缺陷的开口闭合,因此对渗透检测前的表面处理,要尽可能避免采用机械清理的方式;不得不采用时,则需要通过酸洗等处理方法使表面缺陷重新开口。

7.3.15 进行局部超声检测、射线检测、磁粉检测或渗透检测的焊缝,当发现有裂纹或其他超标缺陷时,应加倍检测,仍不合格时应将该条焊缝的检测范围延至全长。

加倍或延长检测范围是验证焊接工艺质量、焊缝质量连续符合性的重要手段,虽然前序章节对检验部位进行了明确规定,但当发现超标缺陷时需要严格执行本条的规定;必要时,检测人员也可以对非检验部位随机进行抽检。

7.3.16 同一条焊缝采用超声、射线、磁粉和渗透等多种方法检测时,应达到各自的质量要求,方可认为该焊缝合格。

各种无损检测方法都具有各自的优点和局限性,因此不能用一种方法去验证另外一种方法的符合性,而需按规定达到各自的质量要求。

附:焊接检验技术与应用概况

目前钢结构桥梁制造过程中,对焊缝的检验大致分为非破坏性检验(即无损检验)和破坏性检验两大类,无损检验技术包括超声波探伤、射线探伤、磁粉探伤、渗透探伤和目视检验;破坏性检验主要包括主体破坏性检验和产品试板检验。

一、焊接无损检验技术
(一)超声波探伤

超声波探伤一般是指使超声波与工件相互作用,就反射、透射和散射的波进行研究,对工件进行宏观缺陷检测、几何特性测量、组织结构和力学性能变化的检测和表征,并进而对其特定应用性进行评价

的技术。在钢结构中,超声波探伤通常指宏观缺陷检测和材料厚度测量。

1) A 型脉冲反射式超声波探伤

超声波探头发射脉冲波到被检工件内,通过观察来自内部缺陷或工件底面反射波的情况来对工件进行检测的方法称为脉冲反射法。脉冲反射法包括缺陷回波法、底波高度法和多次底波法。A 型显示是一种波形显示,是将超声波信号的幅度与传播时间的关系以直角坐标的形式显示出来,横坐标代表超声波的传播时间,纵坐标代表信号幅度。A 型显示是最基本的一种信号显示方式。

A 型脉冲反射式超声波探伤的主要优点:

(1) 穿透能力强,探测深度可达数米;
(2) 灵敏度高,可以发现与直径约十分之几毫米的空气隙反射能力相当的反射体;
(3) 在确定内部反射体的位向、大小、形状及性质等方面较为准确;
(4) 仅须从一面接近被检验的物体;
(5) 可以立即提供缺陷检验结果;
(6) 操作安全,设备轻便。

A 型脉冲反射式超声波探伤的局限性:

(1) 需由有经验的人员谨慎操作;
(2) 对粗糙、形状不规则、小、薄或非均质材料难以检查;
(3) 对所发现缺陷作十分准确的定性、定量表征仍有困难。

2) 衍射时差法(TOFD)

衍射时差法(TOFD)是利用缺陷部位的衍射波信号来检测和测定缺陷尺寸的一种超声波检测方法。通常采用纵波斜探头,采用一发一收模式,一般将探头对称分布于焊缝两侧。在工件无缺陷部位,发射超声脉冲后,首先到达接收探头的是直通波,然后是底面反射波。有缺陷存在时,在直通波和底面反射波之间,接收探头还会接收到缺陷处产生的衍射波。除上述波外,还有缺陷部位和底面因波形转换产生的横波,因为声速小于纵波,因而一般会迟于底面反射波到达接收探头。

TOFD 检测显示包括 A 扫描信号和 TOFD 图像,其中 A 扫描信号使用射频波形式,而 TOFD 图像则是将每个 A 扫描信号显示成一维图像线条,位置对应声程,以灰度表示信号幅度,将扫查过程中采集到的连续 A 扫描信号形成的图像线条沿探头的运动方向拼接成二维视图,一个轴代表探头移动距离,另一个轴代表扫查面至底面的深度,这样就形成了 TOFD 图像。TOFD 的扫查方式一般分为非平行扫查、平行扫查和偏置非平行扫查三种。

与脉冲反射法超声检测和射线检测相比,TOFD 的主要优点在于:

(1) 缺陷的衍射信号与缺陷的方向无关,缺陷检出率高;
(2) 超声波声束覆盖区域大;
(3) 缺陷高度测量精确;
(4) 实时成像,快速分析;
(5) 缺陷的定量不依赖于缺陷的回波幅度;
(6) 快速、安全、方便。

但 TOFD 也存在其局限性,主要有:

(1) 由于 TOFD 的直通波和底面反射波均有一定的宽度,处于此范围的缺陷波难以被发现,因此在扫查面和底面存在几毫米的表面盲区;
(2) TOFD 信号较弱,易受噪声影响;
(3) 倾向于"过分夸大"中下部缺陷和部分良好缺陷,比如气孔、夹层等;
(4) TOFD 数据分析对检测人员要求高。

3) 超声相控阵技术(PAUT)

超声相控阵技术是借鉴相控阵雷达技术的原理发展起来的。超声检测中,往往要进行声束扫描。

常用的快速扫描方式有机械扫描和电子扫描。机械扫描又分为线扫描、扇形扫描、弧形扫描和圆周扫描等几种形式,而电子扫描也有线形和扇形扫描两种形式。相控阵成像是通过控制换能器阵列中各阵元激励(或接收)脉冲的时间延迟,改变由各阵元发射(或接收)声波到达(或来自)工件内某点的相位关系,就可以实现聚焦点和声束方向的变化,从而能进行扫描成像。相控阵可以实现B、C、D扫描成像,还可以形成S扫描成像,即在某入射点形成一定角度的扇形扫查范围,又称扇形扫描成像。

相控阵声束偏转和声束聚焦原理:为了实现声束的偏转,相当于要使波阵面以一定的角度倾斜,也就是说,要使各阵元发出的声波在与探头成一定角度的平面上具有相同的相位,这时需要使各单元的激励脉冲有一个规则的延迟时间,使合成波阵面具有一个倾角,实现了声束方向的偏转。通过改变延迟时间,可以改变声束角度。为了实现声束的聚焦,则需使两端阵元先激励,逐渐向中间加大延时,使合成波阵面形成具有一定曲率的圆弧面,声束指向曲面圆心。通过改变延时间隔,可以调整焦距长短。为了按同样的方向或同样的焦点接收回波,各单元接收的信号也需要进行同样的延时,再合成一个回波信号。

超声相控阵技术的优势:

(1)由于可以采用电子控制方法控制声束进行扫查,并能在不移动或少移动探头的情况下进行快速线扫查或扇形扫查,从而大大提高了检测效率;

(2)由于可以对声束角度进行控制,具有良好的声束可达性,通过多个检测角度的设定,可以进行复杂形状和在役零件的检测;

(3)通过动态控制声束的偏转和聚焦,可以实现焦点位置的动态控制,避免了普通聚焦探头为实现全深度聚焦检测而对不同深度范围频繁更换探头的麻烦;

(4)相控阵检测可以同时拥有B、D、S和C扫描,可以通过建模建立一个三维立体图形,缺陷显示非常直观,而常规超声波只能通过波形来分辨缺陷。

超声相控阵技术的局限性:

(1)检测对象、检测范围及检测能力除了受其应用软件的限制外,还受相控阵阵列的频率、压电元件的尺寸和间距以及加工精度的限制;

(2)与常规超声波检测一样,受到诸如工件表面粗超度、耦合质量、被检材料冶金状态、探测面选择等工艺因素的影响,仍然需要有对比试块来校准;

(3)仪器的调节过程复杂,调节准确性对检测结果影响大。

(二)射线探伤

射线探伤法最基本、应用最广泛的一种方法是用X射线或γ射线穿透工件,以胶片作为记录信息的器材。射线在穿透物体过程中会与物质发生相互作用,因吸收和散射而使其强度减弱。强度衰减程度取决于物质的衰减系数和射线在物质中穿越的厚度。如果被透照物体(工件)的局部存在缺陷,且构成缺陷的物质的衰减系数又不同于工件,该局部区域的透过射线强度就会与周围产生差异。把胶片放在适当位置使其在透过射线的作用下感光,经暗室处理后得到底片。底片上各点的黑化程度取决于射线照射量,由于缺陷部位和完好部位的透射射线强度不同,底片上相应部位就会出现黑度差异。底片上相邻区域的黑度差定义为对比度。把底片放在观片灯光屏上借助透过光线观察,可以看到由对比度构成的不同形状影像,评片人员据此判断缺陷情况并评价工件质量。

射线探伤法具有下列特点:

(1)检测对象一般是对接接头,也能检测铸钢件,特殊情况下也可以用于检测角焊缝或其他一些特殊结构工件。

(2)射线探伤用底片作为记录介质,可以直接得到缺陷的直观图像,且可以长期保存。通过观察底片能够比较准确地判断出缺陷的性质、数量、尺寸和位置。

(3)射线探伤容易检出那些形成局部厚度差的缺陷。对气孔和夹渣之类缺陷有很高的检出率,对裂纹类缺陷的检出率则受透照角度的影响。它不能检出垂直透照方向的薄层缺陷,例如钢板的分层。

(4)射线探伤所能检出的缺陷高度尺寸与透照厚度有关,可以达到透照厚度的1%,甚至更小。所能检出的长度和宽度尺寸分别为毫米数量级和亚毫米数量级,甚至更小。

(5)射线探伤检测薄工件没有困难,几乎不存在检测厚度下限,但检测厚度上限受射线穿透能力的限制。

(6)射线探伤几乎适用于所有材料,在钢、钛、铜、铝等金属材料上使用均能得到良好的效果。

(7)射线探伤检测成本高,检测速度慢。射线对人体和环境有伤害,需要采取防护措施。

1)使用X光机的X射线探伤

一般X射线探伤机的结构由四部分组成:高压部分、冷却部分、保护部分和控制部分。高压部分包括X射线管、高压发生器及高压电缆等。X射线管是X射线机的核心部件。当X射线管阴极通电后,灯丝被加热、发射电子,阴极头上的电场将电子聚集成一束,在X射线管两端高压所建立的强电场下,电子飞向阳极,轰击靶面,产生X射线。X射线机按结构可分为:携带式X射线机、移动式X射线机;按使用性能可分为:定向X射线机、周向X射线机、管道爬行器。

X射线探伤机功率可调,照相质量一般比γ射线高,探伤时需要工作时间和休息时间1∶1。X射线探伤机一次投资大,不易携带,工作时有放射危险,需要有专业的操作人员,否则较难发现裂纹类缺陷。

2)使用电子加速器的X射线探伤

能量在1MeV以上的X射线被称为高能射线。工业检测使用的高能射线大多数是通过电子加速器获得的。

高能射线探伤具有下列特点:

(1)射线穿透能力强,透照厚度大。目前X射线机对钢的穿透厚度通常小于100mm,γ射线对钢的穿透厚度极限约为200mm,而工业应用的高能射线对钢透照厚度可达400mm以上,因此对200mm以上大厚度工件射线照相,高能射线几乎是唯一选择。

(2)焦点小,焦距大,照相清晰度高。

(3)散射线少,照相灵敏度高。

(4)射线强度大,曝光时间短,可连续运行,工作效率高。

(5)照相厚度宽容度大。

(6)加速器产生的高能射线不但能量高,而且强度大。若人员被该设备误照是十分危险的,因此必须做好安全防护工作:

①加速器的防护主要采用屏蔽防护,屏蔽室必须进行专门的安全防护设计,室外的剂量率必须低于国家卫生标准。

②高能X射线对空气进行电离后产生的臭氧和氮氧化物对人体有害,故室内必须安装通风机进行换气。

③对于直线加速器来说,除了高能X射线的误伤防护之外,还需进行微波辐射防护,同时还要预防高电压、氟利昂气体等对人体的危害。

3)使用放射性同位素的γ射线探伤

目前工业射线探伤常用的放射性同位素有:Co60、Cs137、Ir192、Se75、Tm170、Yb169等。放射性活度定义为γ射线源在单位时间内发生的衰变数。对于同一种γ射线源,放射性活度大的源在单位时间内将辐射更多的γ射线;但对于不同的γ射线源,即使放射性活度相同,也并不表示它们在单位时间内辐射的γ射线光量子数目相同,这是因为不同的放射性同位素在一个核的衰变中放出的γ射线光量子数目可以不同。

γ射线探伤设备具有下列优点:

(1)探测厚度大,穿透能力强。

(2)体积小,质量轻,不用水电,特别适用于野外作业和在用设备的检测。

(3)效率高,对环缝和球罐可进行周向曝光和全景曝光。同X射线机相比,大大提高效率。

(4)可以连续进行,且不受温度、压力、磁场等外界条件影响。

(5)设备故障率低,无易损件。

(6)与同等穿透力的 X 射线机相比,价格低。

γ 射线探伤设备具有下列缺点:

(1)γ 射线源都有一定的半衰期,有些半衰期较短的射源,如 Ir192 更换频繁,给使用带来不便。

(2)辐射能量固定,无法根据工件厚度进行调节,当穿透厚度与能量不适配时,灵敏度下降较严重。

(3)放射强度随时间减弱,无法进行调节,当源强度较小时,曝光时间过长会感到不方便。

(4)固定不清晰度比 X 射线大,用同样的器材及透照技术条件,其灵敏度低于 X 射线机。

(5)对安全防护要求高,管理严格。

(三)磁粉探伤

磁粉探伤的工作原理为:铁磁性材料工件被磁化后,由于不连续的存在,使工件表面和近表面的磁力线发生局部畸变而产生漏磁场,吸附施加在工件表面上的磁粉,在合适的光照下形成目视可见的磁痕,从而显示出不连续的位置、大小、形状和严重程度。

磁粉探伤具有下列优点:

(1)能直观地显示出缺陷的位置、大小、形状和严重程度,并可以大致确定缺陷的性质。

(2)具有很高的检测灵敏度,能检测出微米级宽度的缺陷。

(3)能检测出铁磁性材料工件表面和近表面的开口与不开口缺陷。

(4)综合使用多种磁化方法,几乎不受工件大小和几何形状的影响,能检测出工件各个方向的缺陷。

(5)检查缺陷的重复性好。

(6)单个工件检测速度快,工艺简单,成本低,污染轻。

磁粉探伤具有下列局限性:

(1)只能检测铁磁性材料。

(2)只能检测工件表面和近表面缺陷。

(3)受工件几何形状影响会产生非相关显示。

(4)通电法和触头法磁化时,易产生打火烧伤。

(四)渗透探伤

渗透探伤是基于液体的毛细作用(或毛细现象)和固体染料在一定条件下的发光现象,其工作原理是:工件表面被施涂含有荧光染料或着色染料的渗透剂后,在毛细作用下,经过一段时间,渗透剂可以渗入表面开口缺陷中;去除工件表面多余的渗透剂,经干燥后,再在工件表面施涂吸附介质–显像剂;同样在毛细作用下,显像剂将吸引缺陷中的渗透剂,即渗透剂回渗到显像剂中;在一定的光源下(黑光或白光),缺陷处的渗透剂痕迹被显示(黄绿色荧光或鲜艳红色),从而探测出缺陷的形貌及分布状态。

渗透探伤具有下列优点:

(1)渗透探伤可以检查金属和非金属工件的表面开口缺陷。这些表面开口缺陷,特别是细微的表面开口缺陷,一般情况下,直接目视检查是难以发现的。

(2)渗透探伤不受被检工件化学成分限制。可以检查磁性材料,也可以检查非磁性材料;可以检查黑色金属,也可以检查有色金属,还可以检查非金属。

(3)渗透探伤不受被检工件结构限制。

(4)渗透探伤不受缺陷形状(线性缺陷或体积型缺陷)、尺寸和方向的限制。只需一次渗透检测,即可同时检查开口于表面的所有缺陷。

渗透探伤具有下列局限性:

(1)渗透探伤无法或难以检测多孔的材料,例如粉末冶金工件。

(2)渗透探伤不适用于检查因外来因素造成开口被堵塞的缺陷,例如工件经喷丸处理或喷砂,则可能堵塞表面缺陷的开口。

(3)难以定量地控制检测操作质量,多凭检测人员的经验、认真程度和视力的敏锐程度。

(五)目视检验

目视检验是钢结构桥梁制造过程中常用的一种检测手段。主要是利用焊脚尺、钢板尺、角尺、反光镜、手电等测量工具对焊缝外观进行目视测量,并根据测量结果和规范要求对焊缝外观质量进行判定。

二、焊接无损检验主要应用

在钢结构桥梁中,焊接无损检验技术的主要应用见表7-4。

表7-4 钢结构桥梁中焊接无损检验技术的主要应用

检验技术	主要应用
A型脉冲反射式超声波探伤	对接焊缝、全熔透角焊缝、主要角焊缝、钢板
TOFD	尚未应用
PAUT	设计要求的对桥面板U形肋焊缝采用PAUT技术进行熔深评定
射线探伤	板厚小于或等于30mm(不等厚对接时,按薄板计)的主要杆件受拉横向、纵向对接焊缝、十字交叉(包括T字交叉)对接焊缝
磁粉探伤	铁磁性材料:角焊缝,重要部位熔透角焊缝
渗透探伤	弱磁性材料焊缝
目视检验	所有焊缝

三、破坏性检验技术

(一)主体破坏性检验

主体破坏性检验主要通过对构件焊缝部位进行切割,并对结构本身焊缝熔深或焊缝力学性能进行检验。破坏性检验是属于非常规、不常用的一种检验方法,且并未纳入相关规范。

(二)产品试板检验

产品试板检验是对对应焊缝力学性能的一种常规检验方法,在各类制造规范中均有明确的规定。产品试板检验是指:焊接试板与对应结构及焊缝在相同材质、相同施工环境、相同焊接工艺等条件下同时进行焊接,并对产品试板的力学性能进行检验。

7.4 矫正

7.4.1 冷矫的环境温度应不低于5℃,矫正时应缓慢加力。

冷矫是在室温下对变形的构件施加外力,使其恢复原状,有一定的局限性。

7.4.2 热矫工艺应符合本规范第5.3.3条的规定。

构件在热矫时,由于受热的高温区金属产生膨胀力,而使相距较远的低温区金属产生压应力,导致构件在两力交界处的组织松疏。一旦高温区急冷,无热量供给,松疏组织使其收缩复原而产生拉应力,有时会出现应力大于金属材料屈服点的变形。

需指出的是,矫正并非一定要进行的工序,如果焊接变形可控、构件符合尺寸允许偏差要求,则不需要矫正。

火焰矫正前,构件需要采用夹具或支撑件进行固定,以防止矫正过程中产生扭曲变形。加热一般可以采用三角形加热法、点状加热法或条形加热法。

三角形加热法通常适用于矫正构件焊接后产生的弯曲变形、钢板不对称切割后产生的旁弯,例如T形肋焊接后腹板高度方向产生的弯曲、H形或T形翼板宽度方向产生的弯曲变形、零件切割后产生的面内弯曲等,如图7-8所示。

点状加热法适用于零件或构件的局部凹凸不平或波浪边,通过对凸起面的点状加热使其收缩,达到矫正变形的目的,如图7-9所示。

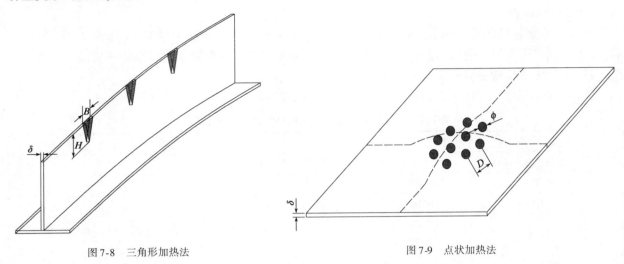

图7-8　三角形加热法　　　　　　　　图7-9　点状加热法

条形加热法适用于T形接头、对接接头在焊接后产生的角变形,如图7-10所示。

制造过程中,可以综合采用多种加热方法进行矫正,例如对正交异性桥面板单元产生的弯曲变形,U形肋顶面可以采用条形加热法,U形肋两侧则可以采用三角形加热法进行矫正,如图7-11所示。

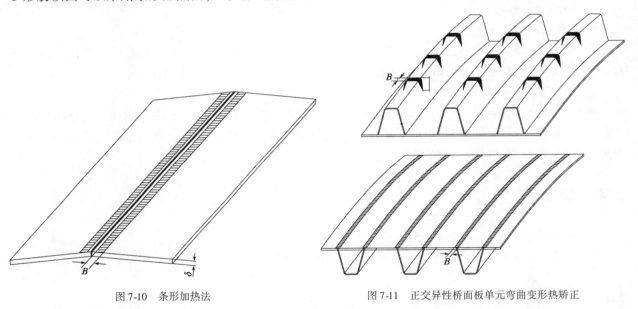

图7-10　条形加热法　　　　　　　图7-11　正交异性桥面板单元弯曲变形热矫正

构件热矫后在冷却过程中,不能采用水冷、强制风冷的冷却方式,也不能使用其他外力,如锤击等。

7.4.3 当设计文件对矫正有特殊要求时,矫正的方法和温度应符合其规定。

随着各种新材料的应用,部分新钢种对矫正可能会有特殊要求,有的设计会对此作出规定。因此当设计有规定时,需要满足其要求。

7.4.4 矫正后的板单元、构件和梁段表面不应有凹痕和其他损伤。

7.4.5 板单元矫正的允许偏差应符合表7.4.5的规定。

7 焊接、焊接检验及矫正

表 7.4.5 板单元矫正的允许偏差（mm）

序号	名 称		允许偏差	简 图
1	顶板底板	横向平面度	$S_1/250$	
		纵向平面度	≤5	
		四角不平度	≤5	
		板边直线度	≤3	
		接板垂直度	≤2	
2	横隔板	平面度 f	≤5	
		板边直线度 f	≤2	
3	纵隔板	平面度 f	≤5	
		板边直线度 f	≤2	
4	腹板风嘴	横向平面度 f	$S_1/250$	
		纵向平面度 f	≤6	
		板边直线度	≤3	
		加劲肋与纵基线间距、加劲肋中心距 S_1、S_2、S_3	端部及横隔板处 ±1	
			其余部位 ±2	

7.4.6 钢桁梁构件矫正的允许偏差应符合表 7.4.6 的规定。

表 7.4.6 钢桁梁构件矫正的允许偏差（mm）

序号	名 称		允许偏差	简 图
1	翼缘板对腹板的垂直度 Δ	有孔部位	当 $b≤600$ 时 ≤0.5	
			当 $b>600$ 时 ≤1	
		其余部位	≤2	
2	翼缘板平面度	有孔部位	≤0.5	
		其余部位	≤2	
3	腹板平面度		≤$h/500$ 且 ≤5	

续上表

序号	名称		允许偏差	简图
4	箱形构件盖腹板平面度	工地孔部位	$S/750$ 且 ≤ 1	S-孔群部位宽度
		其余部位	$S/250$	
		纵向	$L_1/500$ 且 ≤ 5	
5	箱形构件对角线差 $|L_1-L_2|$	边长 $<1\,000$	≤ 2	
		边长 $\geq 1\,000$	≤ 3	
6	工形、箱形构件的扭曲		≤ 3	
7	整体节点构件节点板平面度		$\Delta_1 \leq 1$ $\Delta_2 \leq 1$ $\Delta_3 \leq 1.5$ (栓孔部位)	
8	T形、工形、箱形构件的弯曲；纵梁、横梁的旁弯 f	$L \leq 4\,000$	≤ 2	
		$4\,000 < L \leq 16\,000$	≤ 3	
		$L > 16\,000$	≤ 5	
9	节点板、接头板垂直度		$\Delta_1 \leq 1.5$ $\Delta_2 \leq 1$ $\Delta_3 \leq 1$	
	插入式连接节点板间距 S		$+1.5,0$	
	整体节点下翼缘板平面度 Δ_4		≤ 1（不许内弯）	
	整体节点下翼缘板平面度 Δ_5		≤ 2	

7.4.7 钢塔构件矫正的允许偏差应符合表7.4.7的规定。

表7.4.7 钢塔构件矫正的允许偏差（mm）

序号	名称		允许偏差	简图
1	壁板平面度 Δ	纵向	$S/500$（S 为隔板间距）	
		横向	$W/300$（W 为纵肋间距）	
2	横隔板	弯曲度 f	≤ 2	

7.4.8 钢箱梁、钢板梁、钢锚梁、钢锚箱、钢箱拱、钢管拱、钢管墩、钢箱墩和钢盖梁等构件矫正的允许偏差应符合其成品尺寸允许偏差的规定。

7.5 检验

7.5.1 焊接检验应符合本规范第7.1节~第7.3节的规定。

检验方法：按本规范规定及设计要求，采用无损检测设备、测温计、焊脚检测器、样块、目测、放大镜、钢板尺、钢卷尺等检查。

7.5.2 矫正应符合本规范第7.4节的规定，并应符合下列规定：

1 冷矫时应符合本规范第7.4.1条的规定。

检验方法：目视检查，采用测温计检查。

2 热矫时应符合本规范第7.4.2条的规定。

检验方法：目视检查，采用测温计检查。

3 矫正后的构件表面应符合本规范第7.4.4条的规定。

检验方法：目视检查。

4 构件矫正应符合本规范第7.4.5条~第7.4.8条的规定。

检验方法：采用直角尺、钢板尺、钢平器、塞尺、平尺、拉线、钢卷尺、经纬仪、水准仪检查。

8 试拼装、预拼装

8.1 一般规定

8.1.1 钢桁梁、钢板梁的杆件在成批制造前,应进行试拼装;钢箱梁、大节段钢桁梁、钢塔、钢箱拱和钢管拱等的构件在安装施工前,应进行预拼装。

试拼装的目的是检验图纸、工装、工艺的准确性和合理性,预拼装的目的是检验节段间接口的匹配精度和桥梁整体线形精度。两者都是钢结构桥梁制造过程中,非常重要的工序,其目标是通过对制造过程的质量预控来保证现场安装施工的精度。

试拼装是通过对杆件精度的检验,以校核加工方案是否可行,是杆件批量制造加工前的一道工序,主要针对钢桁梁、钢板梁和钢拱等以杆件为主且多采用栓接连接形式的构件。一般情况下,并不需要对所有杆件均进行试拼装,而是通常选择具有代表性的杆件进行。在试拼装过程中,非必要时一般不对杆件进行修整。

预拼装一般需要对所有构件进行,主要针对钢箱梁、大节段钢桁梁、钢塔和钢管拱等以焊接或栓焊连接形式的构件。这类构件在制造时,通常会在其节段(梁段)连接的匹配端口位置预留余量或暂不钻制螺栓孔,而在预拼装过程中模拟成桥线形,通过匹配调整,对预留余量进行修整或配钻螺栓孔,以实现端口匹配精度的目的,这是制造过程中非常重要的一道工序。

8.1.2 试拼装和预拼装应采用专用的平台或胎架,平台或胎架应具有足够的强度、刚度和稳定性,基础和地基应有足够的承载力。

平台或胎架在设置时,其顶面还需要模拟成桥线形,并要考虑成桥状态下自重等因素对线形的影响,位置及高度通常可以采用全站仪等测量仪器进行精确调整。预拼装胎架如图8-1、图8-2所示。

图8-1 钢桁梁平面拼装胎架

图8-2 钢塔立式拼装胎架

试拼装、预拼装时,均需考虑施工环境温度对构件尺寸的影响。当施工环境温度与设计理论温度相差较大时,要考虑温度补偿值。试拼装、预拼装过程中,须避免因阳光照射等原因造成构件产生局部温差。

8.1.3 试拼装、预拼装作业时,应符合起重吊装、高空作业等安全管理的相关规定。

8.2 试拼装

8.2.1 试拼装应按试装图的要求在制造厂内进行。首批制造杆件、改变工艺装备或工艺装备大修时，均应选取有代表性的杆件进行试拼装；成批连续生产的杆件，每生产15孔梁应试拼装一次。

试拼装检验合格之前，一般不能进行成批杆件的实施性生产。在成批生产过程中，如果出现工艺修改、设备大修或出现多件不合格品等特殊情况时，则需要重新进行试拼装。

8.2.2 试拼装应在钢结构涂装前在测平的胎架上进行，并应解除杆件与胎架之间的临时连接，使其处于自由状态。用于试拼装的零件、板单元和杆件等均应经检验合格。

8.2.3 钢板梁应整孔试拼装；钢桁梁应采用平面卧式试拼装。连续钢桁梁的试拼装杆件应包括所有节点类型，每轮试拼装的数量宜不少于3个节段。

钢桁片卧式试拼装时需要考虑由构件自重引起的偏差值。

钢桁梁构件的试拼装也可以分为平面试拼装和立体试拼装，如图8-3、图8-4所示。平面试拼装一般是将钢桁片、桥面板分别进行多节间连续试拼装；立体试拼装是将钢桁梁拼装成整个节段，或多个节段连续试拼装。

图8-3　平面试拼装

图8-4　立体试拼装

8.2.4 试拼装时应使板层密贴，冲钉应不少于栓孔总数的10%，螺栓宜不少于栓孔总数的20%。

试拼装时，冲钉的作用是将杆件定位，采用螺栓则能使板层密贴。如果使用较少的冲钉和螺栓能起到定位和密贴的效果，且能通过试孔器的检验，即视为试拼装合格，而且这样能使更多的螺栓孔通过试孔器的检验。一般情况下，试拼装所用螺栓的直径与设计选用的螺栓相同；冲钉则需根据螺栓孔尺寸定制加工，且通常其直径不小于螺栓孔径0.1mm，表面粗糙度不大于12.5，单个孔群定位冲钉不少于2个。

8.2.5 试拼装过程中，应对杆件的拼接处有无相互抵触以及螺栓不易施拧等情况进行检查。

试拼装过程中，需要尽量使所有杆件均处于无应力状态，同时要避免采用敲击或使用千斤顶、手拉葫芦等工具进行强行拼装。

8.2.6 试拼装时，应采用试孔器检查所有栓孔。对钢桁梁主桁弦杆竖板平面内和主桁间连接的栓孔，以及钢板梁主梁腹板平面内的栓孔，应100%自由通过较设计孔径小0.75 mm的试孔器；其他栓孔应100%自由通过较螺栓公称直径大0.5mm的试孔器。

8.2.7 有磨光顶紧要求的杆件,应有75%以上面积密贴;采用0.2mm塞尺检查时,其塞入面积应不超过25%。

8.2.8 钢桁梁试拼装的主要尺寸允许偏差应符合表8.2.8的规定。

表8.2.8 钢桁梁试拼装的主要尺寸允许偏差(mm)

序号	名称		允许偏差	备注
1	桁高		±3	上下弦杆中心间距
2	节间长度		±3	
3	旁弯		≤l/5 000	桥面系中线与其试拼装全长l的梁段中心所连直线的偏差
4	试拼装长度		±5	l≤50 000
			±l/10 000	l>50 000
5	拱度	f≤60	±3	f为计算拱度
		f>60	±f/20	
6	对角线		≤3	每个节间主桁斜杆与上、下弦杆中心线两交点的距离
7	主桁中心距	两片主桁	±3	
		三片主桁	±2.5	边桁至中桁的中心距离
			±5	边桁至中桁的中心距离

8.2.9 钢板梁试拼装的主要尺寸允许偏差应符合表8.2.9的规定。

表8.2.9 钢板梁试拼装的主要尺寸允许偏差(mm)

序号	名称	允许偏差	备注
1	梁高H	±2	H≤2m
		±4	H>2m
2	跨度L	±8	支座中心至中心
3	全长	±15	全桥长度
4	主梁中心距	±3	
5	拱度	+10,-3	与计算拱度相比
6	两片梁相对拱度差	≤4	
7	旁弯	≤L/5 000	桥梁中心线与其试拼装全长L的两端按中心所连直线的偏差
8	两相邻梁段错边量	≤2	
9	相邻两主梁横断面对角线差	≤4	
10	平联节间对角线差	≤3	—
11	主梁倾斜	≤5	—
12	支点处高低差	≤3	三个支座处水平时,另一支座处翘起高度

8.2.10 试拼装的检验应在无日照影响的条件下进行,并应有详细的检查记录。试拼装检验合格后方可批量生产。

试拼装要尽可能在加工车间内进行,当环境温度与设计温度相差较大时,则需考虑温度补偿量。

试拼装的检验需具有完整的书面检验报告,所有数据均须为在试拼装现场的真实测量记录,并经过监理工程师现场确认,同时不能在事后补充填写或修改。

8.3 预拼装

8.3.1 每批梁段制造完成后,应进行连续匹配预拼装,预拼装应按施工图纸规定的连接顺序进行。每轮预拼装结束并经检查合格后,应留下最后一个梁段参与下一轮次的匹配拼装。

通常情况下,钢箱梁、钢桁梁、钢塔、钢箱拱和钢管拱的节段组装和预拼装可以同步进行,这样做的好处是能简化工序,提高施工效率,如图8-5所示。

图 8-5 钢箱梁节段连续组装及预拼装

8.3.2 每轮预拼装均应进行线形控制。立式预拼装应测量调整高程,胎架顶面(梁段底)的线形应与设计或施工监控要求的梁底线形相吻合;侧卧式预拼装的胎架顶面应测平,连接处的平面位置应与设计或施工监控要求拱轴线线形吻合。预拼装的测量应在解除工艺板后进行。

8.3.3 钢箱梁节段的每轮预拼装数量应不少于3段,预拼装的主要尺寸允许偏差应符合表8.3.3的规定。

表 8.3.3 钢箱梁节段预拼装主要尺寸允许偏差(mm)

序号	名称		允许偏差	备注
1	预拼装长度 L		$\pm 2n$,± 20;取绝对值较小者	n 为梁段数,测最外侧两锚箱或吊点间距
2	顶板宽 B	2车道	± 5	测梁段两端口宽度
		4车道	± 6	
		6车道	± 8	
		8车道	± 10	
3	两相邻吊点纵距		± 3	测锚箱或吊点间距
4	梁段中心线错位		≤ 2	梁段中心线与桥轴中心线偏差
5	左右支点高度差(吊点)		≤ 5	左右高低差
6	竖曲线或预拱度		$+10$,-5	测横隔板处桥面高程
7	旁弯		$3 + 0.1L_m$ 且 ≤ 6	测桥面中心线的平面内偏差;L_m 为任意3个预拼装梁段长度,以 m 计
8	两相邻梁段接口错边量		≤ 1.5	梁段匹配接口处安装匹配件后
9	纵肋直线度 f		≤ 2	梁段匹配接口处
10	螺栓孔孔距		± 1[①]	相邻梁段[①]

注:① 对于特配连接板可不受此限。

每轮预拼装的节段数量一般采用 $N+1$ 模式,即每轮有 $N+1$ 个节段参与预拼装,经检测合格后,留下本轮端头一个节段作为基准段参与下一轮的预拼装,以保证所有节段的匹配端部均能满足匹配精度要求。

为了便于测量控制,需要在钢箱梁节段组装胎架的两端设置 3 对测量标志塔,其中一对设置在钢箱梁中心处,另外两对设置在边腹板处,如图 8-6 所示。

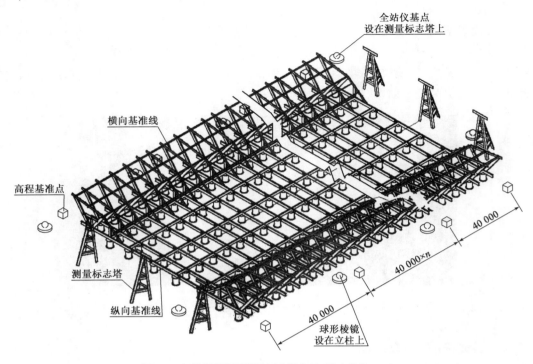

图 8-6　钢箱梁预拼装测量标志塔布置(尺寸单位:mm)

钢箱梁节段预拼装时,需要设置纵横向基准线进行测量控制。一般设置 3 道平行于桥梁纵轴线的纵向基准线,分别位于桥梁中心线处及两侧边腹板处,并刻划在钢箱梁节段的顶板上;钢箱梁节段横向基准面与节段顶板上表面的交线可以作为节段的横向基准线,与各板单元表面的交线则作为板单元的横向基准线,如图 8-7 所示。

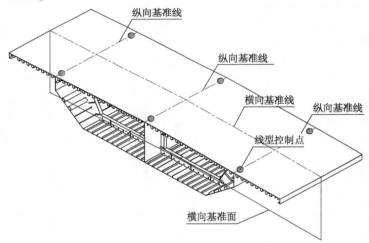

图 8-7　钢箱梁节段基准线布置

预拼装的轮次需根据桥梁的结构特点进行划分,一般优先将桥塔、支座位置的钢箱梁节段布置在预拼装轮次的中间位置,作为预拼装轮次的基准段。钢箱梁节段在预拼装前,至少在其连接位置的一端需留有余量,以保证所有相邻钢箱梁节段能实现匹配修割。

基准节段通常以支座中心线为基准,同时在其两端划出余量修割线;其他各节段则以其自身的横向基准线划出远离基准节段的端口余量线,如图 8-8 所示。

依据全站仪测出的支座中心线和预拼节段横向基准线上的 3 点坐标,计算出横向基准线与支座中心线之间的实际平行间距$L_{实际}$;结合图纸中支座中心线与预拼节段横向基准线的理论间距$L_{理论}$、焊接坡口间隙g,焊接收缩量s,计算出预拼节段余量修割线与支座位置节段近侧端部的距离$\triangle L$;以支座中心线位置节段端口为基准,以$\triangle L$为间距,划出预拼节段相邻端口的余量修割线,同时切出焊接坡口,如图8-9所示。

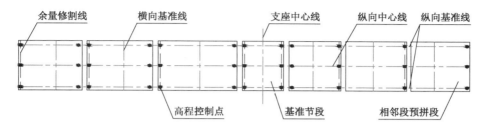

图8-8 钢箱梁节段匹配修割示意

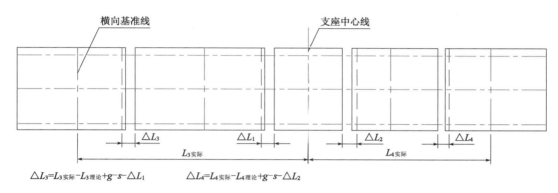

图8-9 钢箱梁其余位置余量修割线示意

8.3.4 大节段钢箱梁宜先通过小节段钢箱梁的拼装并经检查合格后,再进行环缝焊接或栓接连接。小节段钢箱梁拼装的主要尺寸允许偏差应符合表8.3.3的规定,大节段钢箱梁总拼后的成品尺寸应符合表9.2.2的规定。

预拼装阶段的栓接连接,通常是采用冲钉和工艺螺栓进行临时连接。对于栓焊连接构件,如正交异性钢桥面板、钢桁梁、钢板梁等结构,则是先采用临时栓接固定,再焊接连接,待桥位安装后,再更换产品螺栓。

随着制造业的技术发展,大型起重船的起重吊装能力的不断提升,在桥梁现场钢箱梁吊装的节段长度也不断加大。常规钢箱梁吊装的节段长度一般小于18m,而有些大节段钢箱梁的最大安装长度已超过100m,吊重超过2 000t,因此本规范列入了对大节段钢箱梁制造的相关要求。大节段钢箱梁制造也有在长线胎架上直接采用单元件组装的。

8.3.5 钢桁梁节段的每轮预拼装数量宜不少于3段,预拼装的主要尺寸允许偏差应符合表8.3.5的规定。

表8.3.5 钢桁梁节段预拼装主要尺寸允许偏差(mm)

序号	名称	允许偏差	简图	
1	预拼装长度L	$L/10\ 000$且$\leqslant 10$	主桁预拼装弦杆极边孔距	
2	节间长度L_1	± 3	两相邻节段的相邻节点纵向间距	
3	两相邻锚点间距L_2	± 3	两相邻节段的相邻锚箱锚点纵向间距	
4	1/2斜杆接口位置h	± 2	预拼装端部斜杆端头孔群与上弦杆腹板孔群距离	

83

续上表

序号	名称	允许偏差		简图
5	主桁中心线直线度（旁弯）	≤10		中桁、边桁中心线与预拼装全长两端中心连线的偏差，测节点处
6	桁片纵向偏移Δ	≤5		下弦同一节点编号处两边桁节点连线，测量中桁节点连线的偏移量
7	预拱度	+10，-3		各节点位置的下弦杆下水平板处
8	节段间对接错边	桥面板	≤1.5	节段焊接接口处安装匹配临时件后
		弦杆	≤1.0	
9	两端支座连接孔中心距离	±15		对于整孔吊装的梁段，支座中心至中心

8.3.6 钢锚梁、钢锚箱可采用立式或卧式预拼装，每轮预拼装的数量宜不少于3段，预拼装的主要尺寸允许偏差应符合表8.3.6的规定。

表8.3.6 钢锚梁、钢锚箱预拼装主要尺寸允许偏差（mm）

序号	名称	允许偏差		简图
1	预拼装高度H	±2n且≤20	n为梁段数	
2	壁板垂直度	≤1/5 000		
3	预拼装箱体整体扭曲	≤4		钢锚梁示意图
4	钢锚梁与支承面接触率或钢锚箱端面接触率①	≥40%	不考虑竖向加劲肋	
5	顶节和底节钢锚梁锚点间距	±15	12节段累计	钢锚箱示意图
6	节段间壁板错边量	≤2		

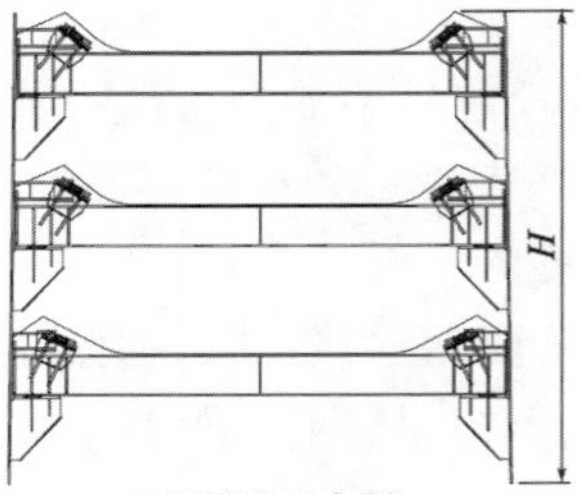

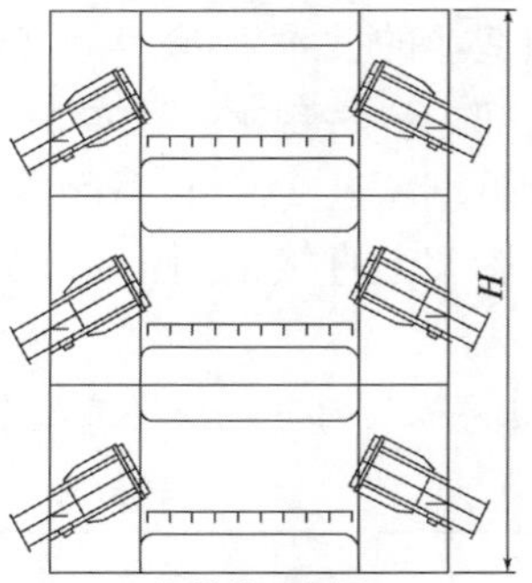

注：① 钢锚箱端面接触率指端面有机加工要求的钢锚箱。

本条规定适用于壁板连接的钢锚梁、钢锚箱的预拼装。

钢锚箱的立式预拼装通常也采用 $N+1$ 模式。预拼装一般选择在车间内照明良好的场地上进行，测量要尽量选择在夜间，钢锚箱的四周板壁温差及箱内温差须小于2℃。钢锚箱立式预拼装如图8-10所示。

图 8-10 钢锚箱立式预拼装示意

8.3.7 钢箱拱节段的每轮预拼装数量宜不少于3段,预拼装的主要尺寸允许偏差应符合表8.3.7的规定。

表 8.3.7 钢箱拱节段预拼装主要尺寸允许偏差(mm)

序号	名　称		允许偏差	备　注
1	长度		±2n 且 ≤20	n 为节段数
2	相邻两节段吊点距离		±5	
3	纵向线形	旁弯	L/5 000	L 为试拼装长度
		曲线度	+10,-3	
4	相邻节段横基线间距		±2	
5	匹配件位置错边量		≤1	
6	支点高度差		≤5	

8.3.8 钢管拱拱肋节段可采用卧式预拼装,每轮预拼装的数量宜不少于3段。对大跨径桁架钢管拱拱肋节段,当卧式预拼装不能满足精度要求时,可采用"2+1"的方式进行立式预拼装。预拼装的主要尺寸允许偏差应符合表8.3.8的规定。

表 8.3.8 钢管拱拱肋节段预拼装主要尺寸允许偏差(mm)

序号	名　称	允许偏差	备　注
1	预拼装总长度	±2n 且 ≤20	n 为节段数
2	节段水平长度	±5	
3	内弧偏离设计弧线	≤8	
4	节段端口环缝对接错边量	≤2	
5	旁弯	≤10	成拱后横向偏位
6	拱肋间距	±5	适用于一次性组装的双排拱肋
7	对称接头相对高差	≤15	

钢管拱的拱肋一般根据主拱跨径的不同分为单钢管、双钢管或多钢管截面,双钢管截面多为哑铃形,多钢管截面的拱肋通常设计为桁架式。

钢管拱的拱肋节段采用卧式预拼装时,胎架或支架的设置较为简单,操作上也较容易,而且对跨径相对较小的钢管拱,一般能满足拼装精度的要求,因此可以采用这种方式进行预拼装。

对大跨径桁架式钢管拱肋,例如主拱跨径大于或等于200m时,由于节段较长较重,自重荷载下的结构变形较大,采用卧式预拼装时无法反映自重荷载下的变形因素,可能达不到拼装精度的要求。因此,在卧式预拼装不能满足拼装精度的情况下,就可以采用立式的方式进行预拼装。虽然立式预拼装能够比较真实地反映出拱肋节段总重作用下的变形因素,拼装效果较好,能达到较高的精度要求,但由于其施工的难度要比卧式预拼装大,安全风险较高,效率也较低,因此规定可以采用"2+1"的方式进行。钢管拱拱肋节段的预拼装如图8-11所示。

图8-11 钢管拱拱肋节段立式预拼装

8.4 钢塔预拼装

8.4.1 钢塔节段的预拼装宜在工厂的厂房内进行。预拼装可采用立式或卧式。

钢塔节段预拼装的目的是验证图纸的正确性、制造工艺和工装的合理性,以实现钢塔节段接口的精确匹配,修正钢塔节段尺寸、箱口形状,调整拼装线形,避免桥位高空调整,减少高空作业难度和加快吊装进度,以及实现连接板的量配制孔。钢塔节段的预拼装通常按架设顺序进行,每次预拼装完成后,留下一段参与下一轮次的预拼装。

通常情况下,钢塔节段的预拼装方式有两种:一种是立式预拼装,另一种是卧式预拼装。这两种方式是钢塔进行预拼装的主要方法,具有各自的特点和不同的要求。立式预拼装是指将拟进行拼装的钢塔节段两两竖直叠加放置在工作平台上,模拟钢塔节段在桥位安装时的匹配状态,检验、修正钢塔节段制造偏差,以保证钢塔桥位安装精度能满足设计和规范的要求;卧式预拼装是指将拟进行拼装的钢塔节段水平顺序放置在专用胎架上,通过施加轴向拉力模拟钢塔节段在桥位的安装状态,检验、修正钢塔节段制造偏差,以保证钢塔桥位安装精度能满足设计和规范的要求。

立式预拼装虽更接近于在桥位的实桥状态,但预拼作业难度大、费用高、工期长,特别是安全风险较大;卧式预拼装具有操作方便、安全易保障等优点,但由于对水平放置的节段需要施加轴向力,以保证节段之间的受力状态与实际的受力状态相接近,施加轴向力的装置会比较复杂。

正常情况下,只要条件具备,钢塔节段就要尽量在厂房内进行立式预拼装,因为在厂房内可以对拼装时的温度变化进行有效地控制,有利于提高预拼装的精度。但有的钢塔节段因体量过大,其长度、宽度和质量均可能超出厂房内相关设备的能力,特别是起重设备的能力,而且厂房内的净高度也有可能不能满足钢塔节段立式叠放的要求,在这种情况下,方考虑在室外进行预拼装。在室外预拼装时,如何控制拼装温度是需要重点关注的问题,拼装须避免阳光照射导致钢塔受热不均而产生收缩变形,一般可以在夜间或凌晨日出之前气温比较稳定的时段对拼装的各项参数进行检测,以满足精度的要求。

8 试拼装、预拼装

当钢塔断面尺寸变化较大时,需针对钢塔节段结构形式选择立式或卧式预拼装,实现钢塔节段实体预拼装,从而达到验证节段制造精度的目的。例如:国内某座大型桥梁的钢塔在预拼装时,钢混结合段 T1 和钢塔节段 T2 采用立式预拼装,而其他钢塔节段则采用了卧式预拼装。

条件具备时,也可以在正式拼装之前,将计算机模拟作为一种辅助手段进行钢塔节段的虚拟预拼装,从而提前掌握钢塔节段的制造精度和节段之间的匹配情况。计算机模拟预拼装的具体做法是:每个钢塔节段加工完成并经检验合格后,采用高精度激光测量跟踪系统进行测量,然后将测量结果转化形成数字模型,在计算机上模拟节段的预拼装。正式预拼装完成后,将虚拟预拼装的结果与实物预拼装结果进行对比分析,当两者的结果有较大差异时,则需要在以后钢塔节段制作时作出必要的修正处理,以指导钢塔节段的加工。

8.4.2 栓接钢塔节段采用立式预拼装时应符合下列规定:

1 预拼装所使用的工作平台应具有足够的刚度和顶面平面精度,刚度应满足在拼装过程中不产生变形的要求,顶面平面精度应满足立式预拼装要求。

2 对节段端面接触率进行检查前,应清除接触面边缘的机加工毛刺。

3 钢塔立式预拼装时,每轮的预拼装数量应不少于 2 段。

4 预拼装时应对端面接触率、螺栓孔位置和轴线偏位等情况进行检查,测量点应符合设计的规定,每个节段端面的顶紧处均应有检查记录。

5 对节段端面接触率的判定,应采用 0.04mm 的塞尺进行检查,当塞尺的插入深度不超过板厚的 1/3 时判定为密贴,超过时应判定为不密贴。

6 栓接钢塔立式预拼装的主要尺寸允许偏差应符合表 8.4.2 的规定。

表 8.4.2 栓接钢塔节段立式预拼装主要尺寸允许偏差(mm)

序号	名称		允许误差	备注
1	预拼长度 L		±2n	n 为预拼装钢塔节段数量
2	垂直度		≤1/6 000	
3	错边量		≤2	个别角点,3mm
4	端面接触率	壁板	≥50%	金属接触率=密贴点数/检测点总数×100%(测点频次为壁板、腹板:1点/每个加劲肋间隔;加劲肋:1点/每条加劲肋)
		腹板	≥40%	
		加劲肋	≥25%	

1 为保证钢塔节段预拼装精度和质量,立式预拼装时需设置可靠的匹配安装工作平台,该工作平台须具有足够的刚度及顶面平面精度,其刚度须满足在进行钢塔节段立式预拼装时不会因荷载的增加而产生变形。

2 为避免节段端面加工时产生的毛刺对金属接触率的影响,钢塔节段机加工之后,需要对节段加工端面进行清理,清除接触面边缘的机加工毛刺和残留的铁屑,同时对工作平台的顶面也需要进行清理,清理干净之后才能进行预拼装作业。

3 通常钢塔节段长度为 7~10m,立式预拼装的每轮数量一般为 2 段,既能达到预拼装的目的,又能保证立式预拼装实施过程的安全。由于钢塔节段立式预拼装高度较大,对起重设备和厂房的要求较高,当不能满足在厂房内预拼装的条件时,可以考虑在室外进行,例如:南京长江三桥所有钢塔节段均在室外采用了"1+1"的立式预拼装方案;南京浦仪大桥 T0、T1 钢塔节段采用了"1+1"的立式预拼装方案,其他钢塔节段则采用了卧式预拼装(图 8-12)。

4 本条规定是钢塔节段预拼装检测的关键项点,立式预拼装检测要选择温度差较小时段进行。预拼装时要对端面接触率、螺栓孔位置和轴线偏位等情况进行检查,测量点须符合设计的规定,并对每个节段端面的顶紧处做好检查记录。

5 端面接触率对于栓接钢塔安装质量控制非常重要,节段端面接触率要求采用0.04mm的塞尺进行检查,当塞尺的插入深度不超过板厚的1/3时判定为密贴,插入深度超过板厚的1/3时判定为不密贴。钢塔壁板、腹板的端面接触率检测时,壁板和腹板上的每条加劲肋接触面之间均需设置1个测量点,每条加劲肋的接触面设置1个测点,端面接触率按式(8-1)计算。

a) 南京长江三桥　　　　　　　　　　　　　b) 南京浦仪大桥

图 8-12 钢塔节段立式预拼装示意

$$端面接触率 = \frac{密贴点数}{检测点总数} \times 100\% \tag{8-1}$$

8.4.3 栓接钢塔节段采用卧式预拼装时应符合下列规定:

1 预拼装应在专用胎架上进行,胎架应具有足够的刚度及顶面平整度,刚度应满足在拼装过程中不产生变形的要求。

2 钢塔卧式预拼装时,应按设计的连接顺序依次进行,每轮的预拼装节段数量应不少于2段。

3 预拼装时,应对水平放置的节段施加必要的轴向力,并应保证节段之间的受力状态与实际的受力状态相接近。

4 对节段端面接触率的判定,应采用0.2mm的塞尺进行检查,当塞尺的插入深度不超过板厚的1/4时应判定为密贴,超过时应判定为不密贴。

5 螺栓孔的位置应采用试孔器进行检查,所有螺栓孔均应100%自由通过较螺栓公称直径大1mm的试孔器方可认为合格。

6 预拼装后,应在钢塔节段的适宜位置设置临时连接匹配件,并应标识清楚。

7 栓接钢塔卧式预拼装的主要尺寸允许偏差应符合表8.4.2的规定。

1 为保证钢塔节段预拼装的精度和质量,卧式预拼装时需设置专用胎架,该胎架须具有足够的刚度及顶面平整度,其刚度须满足在进行钢塔节段卧式预拼装时不因荷载的增加而产生变形。卧式预拼装一般在厂房内进行,需要严格控制温度变化的影响。在预拼装之前,要认真做好各项准备工作,仔细检查拼装胎架是否完好,安全设施是否可靠,所用工具、仪器是否处于良好状态。

2 卧式预拼装时,两个相邻钢塔节段通过轴向加力装置模拟实桥安装状态,这样能较好地反映节段端面之间的接触率、钢塔轴线偏差、栓孔位置关系、箱口匹配精度等关键参数指标,因此钢塔节段预拼装不能少于2段,如图8-13所示。国内多座大型桥梁钢塔的卧式预拼装基本上都采用了"1+1"的方案。

3 预拼装时,根据钢塔节段的结构特点,外部加力装置一般设置在钢塔节段四角部位和内外壁板中间部位,水平力由加力系统控制,并配制传感器,通过该装置施加水平力模拟钢塔节段安装的实际状态,以便准确地反映出端面接触率。

 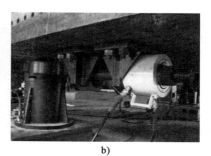

图 8-13 钢塔节段卧式预拼装

4 节段端面接触率一般采用 0.2mm 的塞尺进行检查,当塞尺的插入深度不超过板厚的 1/4 时判定为密贴,插入深度超过板厚的 1/4 时则判定为不密贴。对钢塔壁板、腹板的端面接触率进行检测时,壁板和腹板上的每条加劲肋之间均要设置 1 个测量点,每条加劲肋的接触面设置 1 个测点。端面接触率的计算见式(8-1)。

6 钢塔节段预拼装检测合格后,需安装临时匹配件、导向板等,以方便钢塔节段在桥位安装定位。

7 本款规定的是栓接钢塔卧式预拼装的主要尺寸允许偏差要求,焊接钢塔卧式预拼装的预拼装长度、错边量可以按表 8.4.2 的规定执行。

卧式预拼装一般采用全站仪、钢盘尺、弹簧秤、塞尺等测量工具进行检测,除需重点控制节段端面接触率外,其他需要重点控制的是钢塔的整体直线度和线形。

8.4.4 焊接连接的钢塔节段可采用卧式预拼装,且可不检测端面接触率,其长度、垂直度和错边量应符合表 8.4.2 的规定。用于定位端面间隙的匹配件应在预拼装合格后安装,且匹配件承压面应密贴。

焊接钢塔一般采用卧式预拼装,其安装线形主要与匹配件安装精度和桥位接口焊接收缩变形有关,同时焊接连接钢塔是通过连接焊缝传递荷载,而非通过金属接触面传递荷载,因此可以不检测钢塔节段之间的接触率。例如港珠澳大桥九洲航道桥的钢塔节段采用焊接连接,虽然对钢塔节段端面进行了机加工,但在预拼装时并未对端面接触率进行检测;北京新首钢大桥的钢塔节段也采用焊接连接,但由于钢塔的断面尺寸过大,其节段端面的加工难度也很大,因此未对端面进行机加工。对节段端面接触率不作要求的情况,在钢塔节段的板单元制作时需设置统一的组装基准线,钢塔节段须按基准线进行组装,同时要保证钢塔节段端面平齐。

匹配件承压面是为了支承节段重量使其处于确定位置,如果预拼装时留有间隙,在实际安装时会使节段倾斜,影响垂直度,因此条文要求匹配件承压面应密贴。

8.4.5 预拼装的检测宜在温度恒定时进行,其温差变化的范围应为 ±2℃。

要求预拼装检测时环境温差变化的范围应为 ±2℃,是为了减少温度等外界因素对检测精度的影响,保证钢塔预拼装长度、垂直度、端面接触率检测数据的准确性。对预拼装节段的长度、垂直度、端面接触率的测量作业,均需在钢塔节段壁板、腹板温度差 2℃ 以内进行。

8.4.6 预拼装检测合格后应进行连接板的配制,并应按图编号,在现场安装时应进行核对。

钢塔节段水平预拼装完成后,还需要对横梁与相连的钢塔节段进行预拼装。

8.5 检验

8.5.1 试拼装应符合本规范第8.1节和第8.2节的规定,并应符合下列规定:

1 试拼装时,应使板层密贴,冲钉及螺栓数量应符合本规范第8.2.4条的规定。

检验方法:目视检查,采用塞尺检查。

2 试拼装过程中应检查拼接处有无相互抵触情况,有无不易施拧螺栓处。

检验方法:目视检查。

3 试拼装时,栓孔的通过率应符合本规范第8.2.6条的规定。

检验方法:目视检查,采用试孔器检查。

4 磨光顶紧处应符合本规范第8.2.7条的规定。

检验方法:目视检查,采用塞尺检查。

5 钢桁梁、钢板梁试拼装的主要尺寸允许偏差应分别符合本规范第8.2.8条、第8.2.9条的规定。

检验方法:目视检查,采用直角尺、钢板尺、钢平尺、塞尺、拉线、钢卷尺、经纬仪、水准仪检查。

8.5.2 预拼装应符合本规范第8.1节和第8.3节的规定。钢箱梁、钢桁梁、钢锚梁、钢锚箱、钢箱拱、钢管拱节段预拼装的主要尺寸允许偏差应分别符合本规范第8.3.3条、第8.3.5条、第8.3.6条、第8.3.7条、第8.3.8条的规定。

检验方法:采用钢盘尺、钢卷尺、钢板尺、直角尺、塞尺、钢丝线、弹簧秤、紧线器、拉力器、线垂、经纬仪、水准仪检查。

8.5.3 钢塔预拼装应符合本规范第8.4节的规定。钢塔立式预拼装、卧式预拼装的主要尺寸允许偏差应分别符合本规范第8.4.2条、第8.4.3条、第8.4.4条的规定。

检验方法:钢尺、全站仪、钢板尺、塞尺。

附:钢塔制造的技术、工艺与管理

一、钢塔制造的主要技术、工艺难点

(一)高强度超厚钢板焊接

对高强、超厚钢板的对接焊接,由于目前国内尚无十分成熟的焊接工艺,其焊接质量控制是钢塔制造中的一大难点。

(二)焊接变形及几何精度控制

由于特殊的制作工艺及桥位安装要求,对钢塔节段的几何精度提出了极高的要求,其中钢塔节段端面高度和宽度允许偏差均为±2mm,对角线差允许偏差为3mm,扭曲及旁弯允许偏差为3mm。由于钢塔节段结构形式复杂、断面大,且组成零件多,需多次作业才能完成,而且钢塔节段上焊缝密集、焊接工作量大,焊接收缩量难以准确预留,局部可能会由于焊缝焊接量大而出现死弯,难以矫正。因此控制钢塔节段的焊接变形及箱口尺寸、连接部位板面平面度、扭曲变形等均有一定的难度。

(三)大断面钢塔机加工精度控制

钢塔节段是以受压为主的构件,根据受力特点及线形要求,对钢塔节段端面加工精度要求很高,要求平面度不大于0.08mm/m,全端面平面度不大于0.25mm;切削面表面粗糙度不大于12.5μm;钢塔节段间壁板、腹板端面接触率不小于50%。这样高的精度要求,对断面尺寸如此大且结构形式复杂的钢塔节段而言,有相当大的难度,既要考虑铣削设备的精度、刀具磨损的影响,又要考虑工件找正精度的影响,以及加工时工件震颤、内应力以及温度的影响等。因此,影响钢塔节段端面加工精度的因素较多,所

以研究钢塔端面机加工工艺,保证钢塔节段的端面加工精度,也是钢塔节段制作的关键和难点所在。

(四)水平预拼装技术

随着钢塔节段设计长度、重量越来越大,钢塔的预拼装由开始的厂房内立式预拼,发展为厂房内水平预拼。一般桥梁钢塔节段预拼装全长偏差 ±4mm,轴线垂直度 1.5/10 000,壁板、腹板端面接触率不小于50%,纵肋端面接触率不小于40%,接口连接部位错边量不大于2.0mm(角点处不大于3mm)。由于节段重量较大,对两节段水平预拼装中节段精密对位、环境温度的控制、支撑及移位、节段间端面接触率的保证(水平力施加)均提出了较高的要求。如何通过水平状态预拼装来实现桥位立式安装的精度要求,采取怎样的预拼装工艺、设备及精度保证措施,具有相当的难度。

(五)曲线钢塔的线形控制技术

钢塔结构比较复杂、断面大、所用钢板厚、焊缝密集,且一般按照"板单元→块体→箱体"的制作工艺完成,对曲线钢塔,如何控制好焊接变形、保证单个节段的线形及塔柱的成桥线形,也有一定的难度。

(六)精度管理系统的研究和建立

由于钢塔柱轴线精度要求极高,即使单个钢塔节段加工能满足较高的精度要求,但在多节段安装后因误差累积可能出现超差现象而导致桥塔线形不能满足标准要求,为此,研发一套切实可行的累积精度管理技术、实现对钢塔制造和安装精度的主动管理系统尤为重要。

(七)无损伤及自动化制造技术

随着钢桥制造技术的不断发展,为进一步提升产品质量,采用无损伤及自动化制造技术十分必要。传统工艺采用虎头卡、压力板钩、临时吊耳等完成板单元及钢塔节段的翻身、吊装;焊接变形控制多采用焊接马板约束,这两种施工方式均会对母材造成损伤,影响结构受力。施工中如何根据构件的结构特点,设计安全、合理、高效的无损伤吊运工装是一大难题。

传统的钢结构焊接设备和方法已不能满足大跨度新型钢桥制造技术的要求,因此需要研发适应各种工况的钢塔节段制造自动化、机械化程度要求高的焊接设备,以实现钢塔隔板单元、隔板与壁板立位焊接及壁板间棱角焊缝自动化焊接,且保证焊缝的外观及内在质量。

二、钢塔节段制造技术

(一)钢塔节段总体制作技术

随着桥梁的跨度越来越大,钢塔的高度和截面也越来越大。钢塔的总体结构除外观造型各有不同外,根据其受力特点、传力方式和连接形式的不同,一般分为两类:栓接钢塔和焊接钢塔。栓接钢塔受力复杂,其几何精度及端面加工精度控制是最突出的制造难点;焊接钢塔一般外观造型复杂,曲线形构造制作是其最突出的制造难点之一。例如:我国目前已经建成的南京长江三桥、泰州长江公路大桥、马鞍山长江公路大桥、大胜关二桥、港珠澳大桥等几座具有代表性的钢塔都是这两类结构,图 8-14 为马鞍山长江公路大桥钢塔截面,图 8-15 为港珠澳大桥钢塔截面。

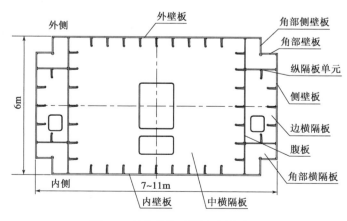

图 8-14 栓接钢塔(马鞍山大桥)截面

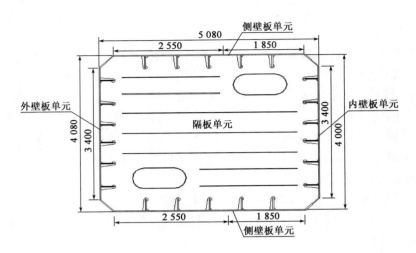

图8-15 焊接钢塔(港珠澳大桥)截面(尺寸单位:mm)

根据钢塔的结构特点,在保证结构安全、受力合理的前提下,需要兼顾制造、运输及安装,综合考虑国内相关施工企业的施工能力与水平,按照"受力合理、制造方便、施工可行、适当发展"的原则,设计钢塔时既要将钢塔柱沿高度方向分为若干节段,同时又要考虑钢塔节段长度对架设精度的影响;受架设设备的限制,有些钢塔节段还需要纵向分块。

为了减少焊接变形、控制钢塔节段几何精度及提高生产效率,同时考虑钢厂轧制能力等,无论是栓接钢塔还是焊接钢塔在制造时都需要进行合理地分块。

钢塔节段在制造时首先要进行板单元和块体划分,按照阶梯式、分步制作、分步控制焊接变形及几何精度的思路进行。总体制造工艺流程一般为:板块→板单元→块体→箱体节段,图8-16为马鞍山长江大桥钢塔节段制造总体工艺流程。

(二)钢塔焊接技术

根据大型钢塔的结构特点,无论是焊接钢塔还是栓接钢塔,结构和造型都较复杂、板厚较大、制造精度要求高,如何解决厚板焊接技术难题和焊接变形对钢塔柱精度的影响,是钢塔节段焊接施工的两大主要课题。

1)焊接工艺及设备

(1)门式多电极自动焊接技术

钢塔的纵肋与壁板之间为坡口角焊缝,纵肋较薄时为角焊缝。传统的板块焊接为了控制角变形主要采用反变形,对刚度很大的塔柱厚壁板根本无法施加反变形,主要以刚性约束、小热输入及焊后加热矫正的方式来控制角变形。栓接钢塔现场连接采用金属接触+栓接模式。采用气体保护焊双面对称施焊时,板块的纵横向收缩、角变形及弯曲变形均比采用埋弧焊时小,保证了纵肋的垂直度,如图8-17所示。但是,双小车施焊容易受加劲肋平面度和焊接小车本身影响,很难实现严格意义上的同步焊接。

采用实心焊丝富氩气体保护焊,配合门式多嘴头焊接专机焊接板单元纵肋焊缝,称为门式多电极自动焊接技术,如图8-18所示。该技术主要从焊接材料的选用上达到控制熔池气液相界面表面张力的目的,可以有效防止平角位时熔池下淌的趋势,获得良好的焊缝表面成形,并通过双丝电弧来控制焊缝熔深。一条焊缝配置2把焊枪—前一后双丝双熔池焊接,专机上配置多头焊枪,采用机械式滚轮焊缝跟踪方式,在专用胎架上焊接板单元加劲肋焊缝,焊接速度可达到600cm/min,且质量良好。

实践证明:板单元采用双丝双熔池MAG焊技术,并配合门式多电极焊接专机焊接,焊接时通过液压反变形胎架对板单元进行预变形,门式多电极自动焊机在平位状态同步、同向焊接板单元的多个板肋,可以有效提高焊接精确性和可靠性,焊缝成型良好,既保证了焊接质量,又提高了生产效率。

8 试拼装、预拼装

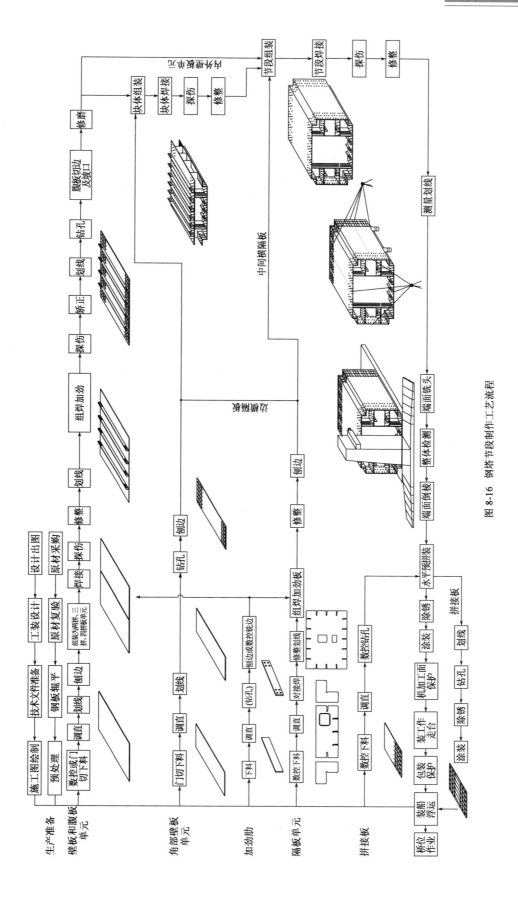

图 8-16 钢塔节段制作工艺流程

图 8-17 双面对称施焊板单元纵肋

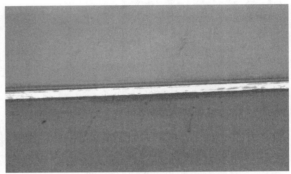

图 8-18 钢塔壁板单元门式多电极自动焊接

（2）埋弧自动焊棱角焊缝焊接技术

壁板与腹板间的角焊缝是连接成钢塔节段的主要焊缝，在截面上成对称或非对称布置。钢塔块体和箱体在组焊过程中，由于受结构形式所限，一般棱角焊缝箱内侧采用半自动气体保护焊，箱外侧在平位以埋弧焊为主；因钢塔截面大，加之棱角焊缝距离钢塔边缘仅有不到一个板厚的距离，又属于高空作业，从安全和利于施焊的角度考虑通常要在施焊部位搭建防护围栏，并且要给埋弧焊焊接设备留出足够的距离，必要时可以设计专用焊接工装，以保证焊接质量，如图 8-19 所示。另外，由于塔柱节段庞大，焊接量大、持续时间长，从翻身安全考虑，在节段组装定位后将纵向焊缝的两侧都采用气体保护焊打底，这样既防止了根部锈蚀，也能保证翻身时焊缝具有足够的强度。纵向焊缝的焊接顺序和方向对箱体的弯曲和扭曲变形影响很大，是变形控制的重点。

图 8-19 埋弧自动焊棱角焊缝焊接

(3) 全位置焊接技术

从理论和实践上来说，采用平位或横位焊接时其质量较为稳定，施工速度快，而采用仰焊则对焊工的操作水平和体力均有较高要求。但是对于像钢塔节段这样体积和重量都很大的构件，采用翻身来实现平位或横位焊接，对起重设备的要求较高，同时频繁翻身也需要占用较多时间，因此在实际施工中根据起重设备的能力或从工期考虑采用全位置焊接是不可避免的。随着逆变电源和数字控制弧焊电源性能的改善，短渣系焊条和药芯焊丝质量提高，完全可以满足仰焊技术需要，而且随着焊工培训和技能鉴定工作的成熟，全位置焊接技术也逐渐被越来越多的焊工所掌握。采用全位置焊接不仅方便焊接布置，且在焊接顺序上可以实现同步对称施焊，更有利于变形控制。

2) 超厚板焊接技术

钢塔与承台的连接多采用钢混结合埋入法和螺栓锚固法。其中，螺栓锚固法通过承压板与承台顶面传递压力、螺栓锚固承担由截面弯矩引起的拉力，塔柱与承压板采用焊接方式连接，承压板大都采用超厚钢板，国内多座大桥的钢塔承压板使用了厚度150mm 的超厚钢板。栓接和金属接触方式对节段的几何精度要求高，如何保证超厚板焊接的质量及焊接变形控制成为钢塔制造的关键技术之一，如图 8-20、图 8-21 所示。

图 8-20　拼装

图 8-21　配重焊接

在超厚板焊接中，常规焊接是从打底、填充到盖面全部完成，这种方式由于施工组织简便而使用普遍。但在超厚板的实际加工过程中，受钢板平面度、坡口加工等因素的影响，对接边间隙经常存在局部超差现象，不宜直接采用埋弧焊，所以在超厚板焊接时，需要增加打底焊道。在实际操作时发现，超厚板坡口小而深(为确保熔透，焊缝背面清根后，坡口进一步加深)，GMAW 干丝伸出过长，气体保护不好，且存在焊接可达性的问题。因此，对超厚钢板的焊接可以采用手工电弧焊和埋弧焊的组合焊接工艺。

打底焊采用 SMAW 焊条电弧焊，主要有两个目的：一是解决 GMAW 干丝伸出过长影响焊接质量的矛盾，提高打底焊缝质量；二是 SMAW 和 GMAW 相比，焊缝稀释率相对较低，这对提高焊缝金属的综合指标较为有利。

填充焊及盖面焊采用埋弧自动焊，主要目的是利用埋弧焊的高效和熔深相对较大的优点，在提高焊接质量和效率的同时，提高焊缝的表面质量。

(三) 大端面高精度机加工技术

1) 钢塔节段端面机加工的目的

钢塔节段端面机加工对保证"金属接触+高栓传力"钢塔柱的成桥线形具有重要意义，其目的主要有两个：其一，为保证相邻节段端面接触率；其二，为保证钢塔线形精度。钢塔端面加工对保证焊接钢塔的焊接质量及塔柱线形也至关重要。

2) 钢塔节段机加工精度要求

钢塔节段端面机加工精度要求见表 8-1。

表 8-1　钢塔节段端面加工精度技术要求

序号	项　　目	允　许　偏　差
1	节段长度	±2mm
2	端面垂直度	±20″
3	端面平面度	0.08mm/m
4	表面粗糙度 Ra	12.5μm

3) 钢塔节段端面机加工

(1) 温度管理

为克服温度变化对加工精度的影响,采取以下温度管理措施:

①将完成组装焊接的钢塔节段运至机加工车间放置一定时间进行均温,使其各部分温度趋于一致。

②做好加工环境温度的计量工作,绘制出不同季节、气候条件下机加工环境温度对时间的函数图形,确定一天中温差变化最小的时间段,划线、半精加工及精加工要放在温差 $\Delta T_1 \leqslant 2$℃ 的时段进行。

③在划线及加工找正前要对钢塔节段两端的壁板内外面、腹板用点温计进行温度测量,当各点温度差 $\Delta T_2 \leqslant 3$℃ 时方能进行找正及粗加工作业;各点温度差 $\Delta T_2 \leqslant 2$℃ 时方能进行半精加工及精加工作业。

(2) 支撑反力管理

为了保证钢塔节段端面的加工精度,防止由于各支撑反力大小设置不当引起工件扭曲变形,造成钢塔节段运离加工位置后端面精度丧失,须进行支撑反力管理。

(3) 工件均温安装刚性增强工装

将塔柱节段在加工前运至加工车间均温划线区,对工件进行均温。运输过程中要注意安全,以免碰伤工件。工件中心线须与平车中心线对正,以便于进行下道工序。在钢塔节段的加劲肋之间及壁板与腹板、腹板与腹板间安装增加工件刚性的专用支撑装置,现场安装时要使工装尽量适应工件,以免工件变形,工装固定螺栓需可靠拧紧。

(4) 工件控力支撑

在均温划线区检查工件中心线是否与平车中心线对正(允许偏差 ±10mm),确认后用液压调整系统对工件进行控力支撑(具体支撑部位由技术人员用有限元计算确定)。将工件平稳顶离平车面 30～50mm,检查并按反力管理的要求调整四个支撑反力的大小,调整到位后,经技术人员确认后进行锁紧,最后在控力支撑部位作出标记。

(5) 设定轴线

① 一次轴线设定

首先确认工件摆放姿态,使工件完成温度管理和支撑反力管理目标并按要求做好温度及支撑反力记录,然后在工件两端壁板处分别设置划线工装定位磁铁共 8 块、找正测量靶标座 4 个及转站测量靶标座 4 个(图 8-22),定位磁铁的位置不需准确布置。

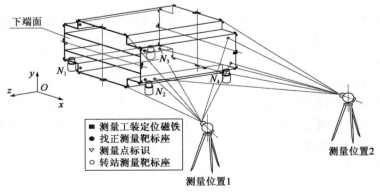

图 8-22　API 测量划线示意

采用 API 和专用测量划线工装,对工件端面轮廓上图 8-23 所示的测量点及下端口壁板 4 个找正测量靶标进行空间坐标测量,为了保证测量结果的可靠性,API 现场测量需进行两遍。由技术人员对两组测量数据进行处理,建立 4 个找正测量靶标到两个理论加工端面的几何关系,求出划线所需数据,若两组测量数据相符,用任意一组进行数据处理;若不符则需测第三组数据,直到得出正确数据。然后根据处理数据打印出划线定位纸样,再由划线操作人员用划线工装和定位纸样在工件表面划出轴线在壁板的投影线、塔段理论端口位置和加工观测位置线(图 8-24)。

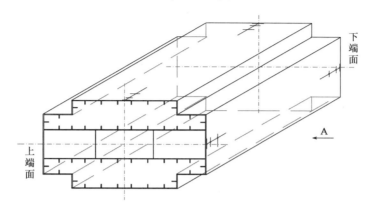

图 8-23 轴线位置

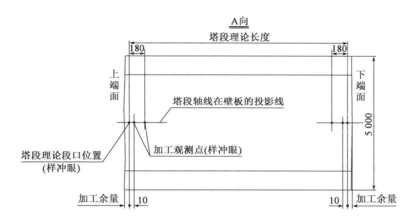

图 8-24 加工线位置(尺寸单位:mm)

测量完成后,保存好原始测量数据和处理数据。划线定位纸样一式两份,其中一份存档。划线完成后需根据所划轴线位置将节段找平,用线坠进行垂直度、扭曲度的复核;用钢尺进行长度检测,对划线精度进行复核。

②二次轴线设定

为了保证钢塔节段轴线位置的精度,在两端面铣削加工完成后需对节段上的轴线位置按照机加工后的形体重新布划,划线方法与端面铣削加工前的划线方法相同。

(6)下端面粗加工定位

步骤一:先将钢塔节段运至机床加工位置,使下端面面向机床并用数控液压支撑调整定位系统(主支承)对工件进行控力支撑,完成后用辅助支承在图 8-25 所示部位顶实工件;

步骤二:以所划纵桥向轴线为基准将塔段找水平(允许偏差 1mm);

步骤三:用安设在机床主轴上的找正划针(或钢尺)配合数控液压支撑调整定位系统调整工件姿态(图 8-26),使下端面侧壁板所划的加工线(理论位置平面)与机床座走行面平行,最后锁紧数控液压支撑。

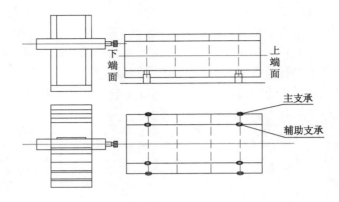

图 8-25 加工前支撑位置示意

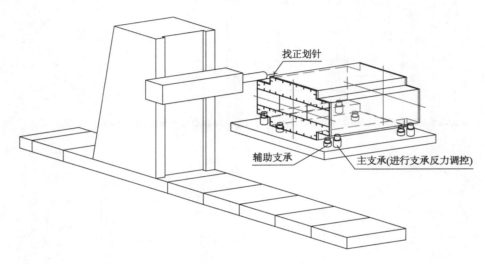

图 8-26 机床找正示意

(7)粗铣下端面

下端面粗铣分两次走刀完成。切削参数选用：

刀盘直径： $\phi 315 mm$

刀具齿数： 22

刀片材质： 进口涂层硬质合金刀片

切削速度： 178m/min（主轴转速 $n = 180 r/min$）

切削进给量： 500mm/min

切削深度： 5～6mm

切削前要对机床、刀盘进行检查，确认机床各部分的运转是否正常；主轴及附件等有无松动；刀盘对机床主轴的装配精度如何、有无倾斜；刀片型号、磨损及卡固情况是否满足端铣要求，确认无误后再开始加工。加工中需加强对机床运转、刀具使用情况的监控。

(8)加工位置精调，温度及支撑反力管理值确认

两次粗铣加工完后，用 API 测量工件相对于机床的位置(图 8-27)并进行精确调整：采用 API 激光测量仪对机床进行测量建立机床坐标系，然后测量下端面的 4 个找正靶标，求出它们到机床坐标系中 XOY 面的距离，将此距离与一次轴线设定时所测量的 4 个找正靶标与下端面理论位置的距离进行比较、计算，得出精确调整量，然后用数控液压找正装置根据此调整量进行精调，使塔段下端面相对机床处于正确的加工位置后再开始下一工序加工。同时须重新确认温度和支撑反力管理目标的实现，并按要求做好各项管理值的记录。

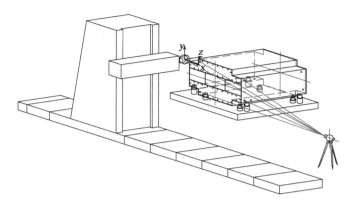

图 8-27　API 测量工件相对于机床的位置

(9) 半精铣下端面

下端面半精铣 1 次走刀完成。切削参数选用：

刀盘直径：　　ϕ315mm

刀具齿数：　　22

刀具材质：　　进口涂层硬质合金刀片

切削速度：　　237.5m/min（主轴转速 $n=240$r/min）

切削进给量：　600mm/min

切削深度：　　给精加工留量 0.1~0.3mm

半精铣加工前，按照粗加工时的要求对机床、刀具进行仔细检查，加工过程中对机床的运行及刀具的磨损情况进行监控。

(10) 精铣下端面

精铣加工 1 次走刀完成。加工前换装精铣刀具（片），走刀顺序同半精铣加工。切削参数选用：

刀盘直径：　　ϕ315mm

刀具齿数：　　22

刀片材质：　　进口涂层硬质合金刀片

切削速度：　　237.5m/min（主轴转速 $n=240$r/min）

切削进给量：　600mm/min

切削深度：　　0.1~0.3mm

(11) 下端面平面度、端面垂直度及粗糙度检查

端面 1 完成精铣工序后，进行加工精度检测，具体方法如图 8-28 所示。用 API 激光跟踪仪对加工端面上的特征点进行数据采集，为了能够真实反映全平面的加工精度，采集点须不少于 100 个，且采集点要尽量均布在加工端面。另外还需对 4 个找正测量靶标进行测量，以确定下端面的理论位置。完成数据采集后，用计算机进行计算处理，就可以立即得到下端面的平面度和端面垂直度检测数据报告；然后用粗糙度检验标准块对端面的粗糙度进行检测。

(12) 修整加工

对加工后的 2 个端面进行仔细检查，将进出刀引起的微小错台人工打磨平整。

(13) 最终加工精度检测（整体检测）

检测内容主要包括：上端面的平面度、粗糙度、两端面相互位置精度等各项加工精度的检测。

上端面的平面度、两端面相互位置精度及钢塔节段长度的检测：用 API 对已完成加工的上端面、下端面进行空间测量（图 8-29），用计算机程序依据测量结果进行计算，即能得到各项加工精度的检测报告。

上端面粗糙度检测：用粗糙度样板进行对比检测。

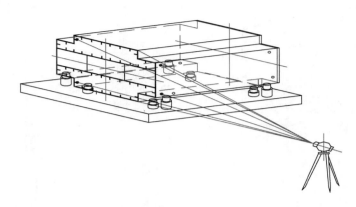

图 8-28 API 测量端面平面度及垂直度

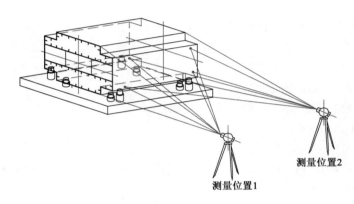

图 8-29 API 整体测量端面平面度及垂直度

4）预拼装

钢塔节段预拼装的目的是验证设计的正确性、制造工艺的合理性，实现节段接口的精确匹配、修正节段尺寸及箱口形状、调整拼装线形、避免桥位高空调整、减少高空作业难度和加快吊装进度，保证钢塔顺利架设安装。

预拼装在钢塔的制造中主要有四个方面的作用：一是验证图纸的正确性、制造工艺及工装的合理性，实现节段接口的精确匹配；二是为钢塔制造精度管理系统提供实测数据；三是调整拼装线形，为桥位安装设置基准，减少高空作业难度和加快吊装进度；四是进行拼接板制孔和配孔。

通常钢塔节段的预拼装有两种方式：一种是水平预拼装，另一种是立式预拼装。钢塔预拼装的技术要求和检测项点见表 8-2。

钢塔预拼装的技术要求及检测项点 表 8-2

序号	项 目		容 许 误 差	测 量 方 法
1	预拼长(高)度 L(mm)		±2N	钢尺
2	垂直度(mm)	桥轴向	1/10 000	全站仪
		垂直于桥轴向		
3	错边量(mm)		≤2（个别角点不大于3）	钢板尺
4	旁弯(曲线度)(mm)		≤3（匹配安装曲线中点）	经纬仪
5	端面接触率	壁板	≥50%	塞尺
		腹板	≥40%	
		加劲肋	≥25%	
6	孔径通过率		100%	试孔器

(1) 水平预拼装

水平预拼装是在水平位态模拟钢塔实桥的安装状态,检验、修正钢塔节段制造偏差,以保证钢塔在桥位实际安装的精度满足设计和规范要求,其核心技术是激光跟踪测量技术、计算机模拟技术和模拟加力技术。

① 水平预拼装工艺流程

钢塔节段的水平预拼装需在专用工装、设备上进行,将节段水平放置在预拼装胎架的控力支撑千斤顶上。水平预拼装示意见图8-30,工艺流程见图8-31。

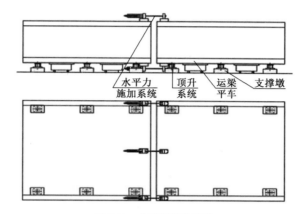

图8-30 水平预拼装示意

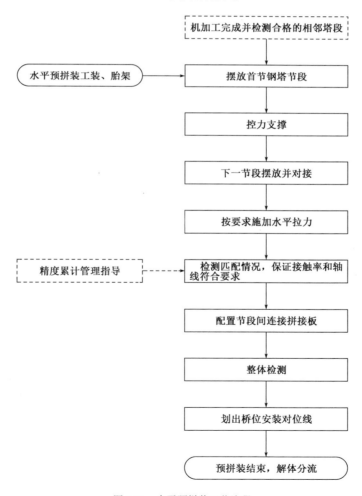

图8-31 水平预拼装工艺流程

②水平预拼装工艺过程

每次拼装前要对支撑设施进行检测,以保证纵横向平面度尽量控制在1mm以内,具体操作工艺如下:

a. 摆放控力千斤顶:按照工艺要求的位置摆放两节段的控力支撑千斤顶,并对所有千斤顶顶面的平面度进行测量,确保平面度在1mm以内。

b. 首节段就位:将机加工检测合格后的第一个节段,摆放在水平预拼装胎架控力千斤顶上的合理位置。调整塔段六支撑点受力及高低,使其达到工艺要求,用水准仪配合检测,确保侧壁板上机加工所划基线四点水平高差在1mm以内,节段在胎架的相应位置偏差在5mm以内。达到要求后,将控力千斤顶锁紧固定。

c. 下一节段粗就位:将机加工检测合格后的第二个节段用液压移梁平车运至预拼装胎架内,与前一节段粗对位,保证节段间的距离在50mm以内,对位后放置在控力支撑千斤顶上,液压移梁平车退出胎架。

d. 节段粗对位:利用节段的支撑液压千斤顶,调整第二节段的空间姿态,保证两节段的对应接口平行;然后,利用第二节段下的支撑系统移动节段,使节段间的距离调整到3~5mm,并检查接口匹配情况。

e. 节段精确对位及施加水平力:采用穿心油缸在两节段间施加水平拉力,将第二节段拉近,在匹配工装作用下实现节段精确对位,保证节段基本密贴。调整控力支撑千斤顶,用水准仪配合检测,调整节段侧壁板上机加工所划基线的高低,保证四点高低差在1mm以内,节段在胎架的相应位置偏差在5mm以内,就位后将控力千斤顶锁紧。精确对位时需考虑累积精度管理结果的指令,修整节段间的扭转,具体操作见累积精度管理部分。

f. 配制工艺拼接板:检查节段对位情况,达到密贴的端面接触率要求后,配置投孔用工艺拼接板。采用工艺拼接板的目的主要是减少实物拼接板配孔的不便和繁重的搬运作业。在水平预拼状态检测合格后,除桥位调整接口拼接板需待桥位架设定位合格后再量配外,其余接口拼接板均在厂内水平预拼装时,通过精确量测相邻两节段连接孔群位置进行精确配孔。量测时按照编号规则对孔群对应的拼接板进行编号,测量数据按照编号一一对应记录,并按照测量数据精确钻孔,钻孔完成后在拼接板外露侧上端中部打钢印号,以便在桥位正确安装复位,保证螺栓通孔率,提高在桥位架设安装的速度和精度。

g. 整体检测:整体检测在环境温度稳定时段进行,主要检查节段箱口匹配、轴线偏差、端面接触率等情况,必要时增加水平拉力,以保证达到工艺要求(如果出现较大偏差,则需对节段端面进行修正加工)。

h. 划桥位安装对位线:各项点整体检测合格后,在节段壁板上划出桥位安装对位线,作为桥位节段定位的基准。为提高钢塔桥位架设的速度和精度,恢复钢塔厂内水平预拼匹配状态,待水平预拼装拼接板复位整体检测合格后,在两节钢塔接口四个切角部位划出桥位安装对位线,对位线采用钢针刻划并打样冲眼,刻划完成后将冲眼用密封胶带封贴,桥位安装时直接对线安装。

(2)立式预拼装

钢塔立式预拼装是在工厂模拟钢塔相邻节段实桥安装匹配状态,检验、修正钢塔节段制造偏差,以保证钢塔在桥位的安装精度满足设计和规范要求。

①立式预拼装工艺流程见图8-32。

②立式预拼装工艺过程。

A. 匹配前准备

钢塔节段完成机加工后,对节段加工端面进行清理,清除掉机加工后残留的铁屑,同时对匹配胎架顶面也需进行清理。清理干净后方能进行匹配作业。

B. 节段匹配吊装

将T_n节段立起,利用门吊将节段平稳吊至匹配胎架上。借助匹配胎架四周的调节装置将T_n节段与胎架对正,将腹板上的单侧拼接板及所有纵肋单侧拼接板吊至T_n节段隔板上的相应位置,以便于进行后续的拼接板投孔作业。

8 试拼装、预拼装

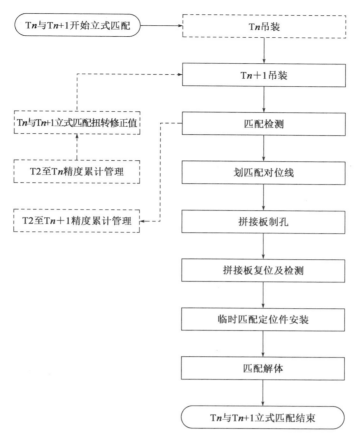

图 8-32 立式预拼装工艺流程图

在 Tn 塔段的上端口切角部位安装 8 个对正工装。将 Tn+1 节段用同样方法吊至匹配场地,与 Tn 塔段进行立式匹配(图 8-33)。利用对正工装将上下两个节段的壁板中心轴线对正,确认两节段准确对位后,拆除对正工装。在两节段接口 4 个切角部位划对位线(壁板内外侧均划线),具体位置由角壁板外边缘向内 80mm,对位线长 200mm 并打样冲眼。

a)

b)

图 8-33 钢塔节段立式匹配

C. 拼接板的配制

a. 拼接板的匹配栓合

钢塔外侧拼接板及腹板拼接板用冲钉与相应孔群定位并栓合牢靠,其中腹板拼接板在有纵肋一侧栓合,所有纵肋拼接板在纵肋左侧用冲钉与相应孔群定位并栓合牢靠;所有拼接板先出孔一端均与上塔段匹配栓合,倒角侧均朝外。

b. 拼接板投孔及打印编号

投孔位置、数量须满足拼接板钻孔时钻模定位要求。所有纵肋拼接板投孔前须先用工艺拼接板将壁板及腹板错边把齐,确认后方能进行纵肋拼接板投孔。工艺拼接板栓合完成后需检查节段接口切角部位的对位线是否偏移,若发生偏移须对节段进行调整,之后才能进行投孔作业。投孔的同时在拼接板正面、侧面及节段壁板上打同一拼接板编号。大拼接板两端打号,小拼接板一端打号,见图 8-34。

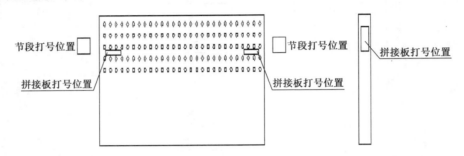

图 8-34 拼接板打号位置示意

同时在拼接板的节段匹配接口部位号出检查孔位置,所有检查孔须位于螺栓列间的中央。箱体外侧拼接板每栓群内开孔 2 个,箱体内侧拼接板每块开孔 1 个,其中与角壁板匹配的两块拼接板开孔 2 个,所有纵肋拼接板不开检查孔。

c. 拼接板划线钻孔

配对拼接板之间用定位冲钉根据已钻孔群定位并用法兰卡固牢靠,根据投孔位置精密钻制定位螺栓孔;配对拼接板与钻模之间用定位冲钉根据定位螺栓孔定位,确认无误后卡固牢靠,钻制螺栓孔群及 $\phi 20mm$ 检查孔;拼接板钻孔完成后,在配钻拼接板朝外一面的先出孔端打印编号,见图 8-35。

d. 拼接板复位及检测

所有拼接板钻孔完成后,依照拼接板编号进行复位。拼接板复位时打印编号一面均朝外侧(相对于复位处的壁板或纵肋)且打印编号在拼接板上端。在拼接板复位栓合时,定位冲钉数量不小于该拼接板螺栓孔总数的 15%,螺栓数量不少于该拼接板螺栓孔总数的 20%。所有纵肋拼接板在壁板及腹板拼接板栓合后再复位,见图 8-36。

图 8-35 拼接板匹配钻制

图 8-36 拼接板复位检测

D. 安装临时匹配件及匹配解体

拼接板复位检测后安装临时匹配件,然后将匹配状态解体,T_n 节段留在匹配胎架准备下次立式匹配。

9 成品尺寸检验与验收

9.1 一般规定

9.1.1 钢结构构件制造完成后应进行检验,出厂前应进行验收。

钢结构构件制造完成后,通常需要对成品构件的几何尺寸进行检验,以判断其制造尺寸是否能满足设计的要求,尺寸的允许偏差及焊缝的外观质量等是否能符合本规范的规定。如果在此时发现构件存在几何尺寸和焊缝质量方面的问题,就能在工厂内以比较方便的方式对这些质量问题进行及时的返修处理。若此阶段不对成品构件进行检验,则构件中可能存在的质量缺陷将会延续到下一工序,例如焊缝的外观质量不符合要求时对防腐涂层的寿命有较大影响。而如果在涂装或安装施工过程中才发现构件的几何尺寸不正确或焊缝的外观质量不合格,并须对这些质量缺陷进行处理时,就需要将构件返回工厂或在现场进行修复。将构件运回工厂进行返修不仅会造成浪费,也会影响工程施工的进度;现场返修则其各项条件均不如工厂方便和安全,返修的质量也不能得到有效保证。同样,出厂前的验收能够有效避免因质量不合格而导致的现场返修。

钢结构构件在制造过程中常见质量问题及产生原因见表9-1。

表9-1 制造过程中常见质量问题及产生原因

序号	制造工序	质量问题	产生的主要原因
1	下料	钢材气割面存在锯齿边、凹槽、断火引起的缺口等缺陷	(1)气割过程操作不规范; (2)未严格按气割工艺执行
2	下料	气割变形	(1)气割顺序有误; (2)不对称受热
3		剪切面断面粗糙、产生毛刺	上下刀刃的间隙过大
4		放样、号料精度不准确	放样、下料未按规定的工艺进行
5	组装(预拼装)	间隙和尺寸不符合规范、设计、工艺文件等的要求	(1)构件组装(预拼装)不到位; (2)未严格按组装(预拼装)工艺执行
6	焊接	咬边 (注:在焊缝边缘母材上被电弧烧熔的凹槽痕)	(1)焊接时选用电流过大; (2)焊接中焊条保持角度不当; (3)焊接操作的速度不当; (4)焊接电弧过长; (5)焊接选用焊条直径不当
7	焊接	未熔合 [注:指填充金属与母材之间,或填充金属相互之间的熔合状态不良(或没有熔合在一起)]	(1)焊接电流过小; (2)焊接速度过快; (3)坡口形状不当; (4)金属表面有锈或杂物没有清除干净; (5)焊接运条角度不当; (6)焊接区域热量不够
8		焊瘤 (注:指焊接过程中,熔化金属流淌到焊缝之外未熔化的母材上所形成的金属瘤)	(1)熔池温度过高,液体金属凝固较慢,在重力作用下下坠形成; (2)焊接电流过小; (3)焊条的角度不适当; (4)焊接中运条速度、方法不当

续上表

序号	制造工序	质量问题	产生的主要原因
9	焊接	焊缝过高 (注:由于焊接不当使焊道上突出母材表面的高度过高)	(1)焊接电流过小; (2)焊接速度太慢
10		未焊满(弧坑) (注:由于填充金属不足,在焊缝表面形成连续或断续的沟槽。弧坑也属于同一种类型)	(1)焊接层次控制不好; (2)焊接运条速度过快; (3)焊条收弧未填满弧坑
11		焊脚高度不符 (注:焊接中其焊脚高度未适当控制产生过高或欠缺)	(1)焊接时焊条直径选用不当; (2)焊接时焊接层次未控制好; (3)焊接时运条速度控制不好
12		未焊透 (注:电弧未将母材熔化或未填满熔化金属所引起,分根部未焊透、层间未焊透。未焊透有时和未熔合很难区分)	(1)采用的焊接电流过小; (2)焊接速度较快; (3)焊接根部未处理得当; (4)坡口加工角度过小; (5)装配间隙过小; (6)钝边过大
13		夹渣 (注:在焊接填充金属中或母材的熔合部中残留的熔渣、金属氢化物等)	(1)多层焊时,前道焊渣被后道焊接所保留; (2)焊接操作不当; (3)焊接电流过小; (4)使用不合适直径的焊条; (5)运条角度不对; (6)焊接速度不当; (7)母材冷却速度过快使焊渣缺乏流动性
14		裂纹 (注:在焊接应力及其他致脆因素共同作用下,焊接接头中局部区域的金属原子结合力遭到破坏形成新界面而产生的缝隙。裂纹依发生的时间不同而分为热裂与冷裂两种。其表现为纵向裂纹、横向裂纹、放射状裂纹、弧坑裂纹、间断裂纹、枝状裂纹。裂纹是焊接接头中最危险的缺陷,也是各种材料焊接中经常遇到的问题)	1.产生热裂纹的主要原因: (1)焊条质量不合格(含锰不足,含碳、硫偏高易产生热裂纹); (2)焊缝中偶然掺入超过一定数量的铜而造成; (3)在大刚度的焊接部位焊接、收弧过快,产生弧坑引起。 2.产生冷裂纹的主要原因: (1)焊缝金属中含氢量过多; (2)母材含碳量过高、冷却速度快引起的焊接区域硬化现象; (3)母材板厚过大以及焊接区刚度大,或作业顺序不当产生大的内应力
15		烧穿 (注:焊接过程中,熔化金属自坡口背面流出,形成穿孔的缺陷)	(1)焊接电流过大,热量太集中; (2)选用焊条直径过大; (3)装配间隙的质量问题
16		引弧、熄弧缺陷	(1)未按要求制作引弧板、熄弧板; (2)未按要求在引弧板、熄弧板上引弧和收弧
17		其他缺陷 (1)电弧擦伤; (2)飞溅; (3)表面撕裂; (4)磨痕; (5)凿痕; (6)打磨过量	(1)在焊接坡口外部引弧产生于母材金属表面的局部损伤; (2)不按操作规程及时清除焊接过程中熔化的金属颗粒和熔渣向母材飞散而黏附于母材焊缝区的颗粒、熔渣; (3)不按操作规程拆除临时焊接的附件时产生母材金属表面的损伤; (4)不按操作规程打磨引起的局部表面损伤; (5)不按操作规程使用扁铲或其他工具铲凿金属而产生局部损坏; (6)由于打磨引起构件或焊缝的不允许的减薄

9 成品尺寸检验与验收

续上表

序号	制造工序	质量问题	产生的主要原因
18	焊接	焊接变形较大	焊件受热不均匀,产生焊接应力,由于焊接应力的存在,使焊接接头区域产生不均匀的塑性变形,因此形成焊接变形
19	制孔	结构件制孔不准确	孔距位移、孔径尺寸不当、孔内有毛刺
20	高强度螺栓连接副安装施拧	高强度螺栓连接副断裂	(1)高强度螺栓连接副质量不合格; (2)扭矩系数检测不准确、扭矩扳手标定不准确或施拧过程不规范,在施拧过程中造成超拧; (3)扭矩系数检测不准确、扭矩扳手标定不准确或施拧过程不规范,在施拧过程中造成欠拧,从而在服役过程中产生对板束夹紧力不足而导致沿摩擦面滑动,造成高强度螺栓连接副承受剪力而产生断裂; (4)高强度螺栓连接副锈蚀产生断裂; (5)高强度螺栓连接副在服役过程由于疲劳或结构受力超出设计范围而发生断裂

9.1.2 对钢结构构件进行验收时,应具备下列文件:

1 合格证明书;

2 钢材、焊接材料、高强度螺栓连接副、高强度环槽铆钉连接副和涂装材料的出厂质量证明书及复验资料;

3 焊接工艺评定报告;

4 工厂高强度螺栓(环槽铆钉)摩擦面抗滑移系数试验报告;

5 焊缝无损检验报告;

6 焊缝重大修补记录;

7 产品试板的试验报告;

8 试拼装或预拼装检查记录;

9 涂装检测记录。

制造过程的文件主要包括原材料的质量资料、制造过程中的试验检测和质量检验记录等,这些文件能够反映出钢结构构件从原材料到制成品全过程的质量状况,是钢结构产品质量追溯的重要依据,因此在对钢结构构件进行验收时需要提交。

9.1.3 对钢结构进行计量时,钢板应按矩形计算,但大于$0.1m^2$的缺角及开孔应扣除;焊缝重量应按焊接构件重量的1.5%计。

对钢结构产品进行计量时需要遵循统一的规则,而合理的计量规则更加有利于提高钢结构桥梁制造厂的积极性。一般情况下钢结构产品多以重量单位计量,如钢板、型材等;其他特殊类的结构或材料则按相应的单位计量,如螺栓按套计、橡胶支座按数量计、塑料排水管按长度计等。

现行《铁路钢桥制造规范》(Q/CR 9211)对切角和焊缝的重量计量进行了规定,ANSI/AISC303 *Code of Standard Practice for Steel Buildings and Bridges* 对钢结构产品的重量计算规则也有相应的规定。

9.1.4 产品试板、抗滑移系数试件、吊耳、加固件、临时连接件等构件应纳入计量。

9.2 成品尺寸

9.2.1 板单元作为成品发运时,出厂前成品尺寸的允许偏差应符合表9.2.1的规定。

表9.2.1 板单元成品尺寸允许偏差(mm)

序号	名称		允许偏差	简图
1	顶板底板	长度L、宽度B	±2	
		对角线差$\|L_1-L_2\|$	≤4	
		U形肋与纵基线间距、U形肋间距S_1 端部及横隔板处	±1	
		U形肋与纵基线间距、U形肋间距S_1 其余部位	±2	
		横隔板接板间距S_2 上下对接形式	±1	
		横隔板接板间距S_2 其余形式	±2	
2	横隔板	长度L、宽度B	±2	
		对角线差$\|L_1-L_2\|$	≤5	
3	纵隔板	长度L、宽度B	±2	
		对角线差$\|L_1-L_2\|$	≤5	
4	腹板风嘴	长度L、宽度B	±2	
		加劲肋与纵基线间距、加劲肋中心距S 端部及横隔板处	±1	
		加劲肋与纵基线间距、加劲肋中心距S 其余部位	±2	

9.2.2 钢箱梁梁段(含大节段)成品尺寸的允许偏差应符合表9.2.2的规定。

表9.2.2 钢箱梁梁段(含大节段)成品尺寸允许偏差(mm)

序号	名称		允许偏差	简图
1	梁长L	L≤20m	±4	以梁段两端检查线为基准,合龙段长度根据实测结果确定
		20m<L<50m	±(4+0.3L)且≤20	
		L≥50m	±20	
2	梁高	梁段中心处H	±4	测量两端口,以底部为基准
		边高H_1、H_2	±4	

续上表

序号	名称		允许偏差		简图
3	腹板中心距		±4	测量两端腹板中心距	
4	梁半宽 $B/2$ 顶板半宽 $B_1/2$ 底板半宽 $B_2/2$	2车道	±2.5	在梁段两端口测量宽度	
		4车道	±3		
		6车道	±4		
		8车道	±10		
5	端口尺寸	对角线差 $\|L_1-L_2\|$	≤6		
		顶板与底板中心重合度	≤2		
6	锚箱单元	长度 L、宽度 B	±2		
		承力板间距 S	±1		
		承力板与锚垫板的垂直度	≤2		
		锚垫板锚下承压板同心度	≤1		
7	锚箱位置	同一梁段两锚箱高差	≤5		
		锚箱位置 L_1、L_2	±2		
		承力板角度 β	±0.1°		
		锚下承压板角度 $(90°-\beta)$	±0.1°		
8	吊点位置	横向中心距 S_1	±4		
		纵向中心距 S_2	±2		
		两吊点纵向错位 Δ	±2		
		相对高差	≤5		
9	顶板	四角(A、B、C、D)水平	±3		
		大节段四角不平(两端横隔板及支座隔板与外腹板交叉处)	≤5		
		相对高差	≤8		
		1/2对角线差 $\|L_1-L_2\|$ $\|L_3-L_4\|$	≤8		
10	板面平面度	横桥向 f	$S_1/250$		
		纵桥向 f	$S_2/500$		

续上表

序号	名称		允许偏差	简图
11	桥面横坡		±0.1%	
12	旁弯 f		$3+0.1L$ 且 ≤10	
13	扭曲	$L≤20m$	≤10	
		$20m<L<50m$	$10+0.2L$ 且 ≤20	
		$L≥50m$	≤20	
14	竖曲线或预拱度（高程控制点）		$+(3+0.15L)$ 且 ≤12，$-(3+0.15L)$ 且 ≥-6	
15	两端支座连接孔中心距		±20	对于整孔吊装的梁段，支座中心至中心

9.2.3 钢桁梁杆件成品尺寸的允许偏差应符合表9.2.3的规定。

表9.2.3　钢桁梁杆件成品尺寸允许偏差（mm）

序号	名称		允许偏差		简图
1	主桁构件	高度 H	插入式：-0.5，-2	测量两端腹板处高度	
			对拼式：±1		
2	主桁构件	宽度 B	±1（腹板有拼接）	每2m测一次	
			±2（腹板无拼接）		
3		长度 L	±4	测量全长	
4		箱形构件对角线差	≤2（边长<1 000）	测量两端箱口处两对角线	
			≤3（边长≥1 000）		
5	主桁构件	弯曲	≤2（$L≤4 000$）	拉线测量	
			≤3（$4 000<L≤16 000$）		
			≤5（$L>16 000$）		

续上表

序号	名称	允许偏差		简图
6	整体节点弦杆节点板内侧宽度 B（涂装后的尺寸）	+1.5, 0	测孔群部位	
7	整体节点弦杆端口高度 H	±1	测量两端腹板高度	
8	整体节点弦杆横梁接头板高度 H_1、H_2	±1.5	接头板外端腹板处高度	
9	整体节点弦杆节点板内侧中心线距横梁接头板外侧孔的距离 L	±1.5		
10	主桁构件 整体节点构件节点板平面度	$\Delta_1 \leq 1$ $\Delta_2 \leq 1$ $\Delta_3 \leq 1.5$ （栓孔部位）		
11	翼缘板对腹板的垂直度 Δ	≤0.5（有孔部位） ≤2（其余部位）	翼缘板宽度≤600	
		≤1（有孔部位） ≤2（其余部位）	翼缘板宽度>600	
12	翼缘板平面度	≤0.5	有孔部位	
		≤2	其余部位	
13	扭曲	≤3	构件置于平台上，四角中有三角接触平台，悬空一角与平台间隙	
14	箱形构件盖腹板平面度	S/750 且 ≤1	工地孔部位	
		S/250	其余部位	
		$L_1/500$ 且 ≤5	纵向	S-孔群部位宽度

续上表

序号	名称	允许偏差		简图
15	高度 H	纵梁：±1	测量两端腹板处高度	
		横梁：±1.5		
16	翼缘板宽度 B	±2	每2m测一次	
		±1（箱形腹板有拼接时）		
17	长度 L	纵梁：+0.5，-1.5	测量两端角钢背至背之间距离	
		横梁：±1.5		
18		L_1：±1	L_1：测量腹板极边孔距	
		L_2：±5		
19	纵梁横梁 旁弯 f	≤3	梁立置时，在腹板一侧距主焊缝100mm处拉线测量	
20	上拱度 f	+3，0	梁卧置时，在下盖外侧拉线测量	
21	腹板平面度 Δ	h/500且≤5	h-纵、横梁端面高度	
22	高差 H	±1.5	测量两端腹板处高度	
23	联结系构件 翼缘板宽度 B	±2	每2m测一次	
24	长度 L	±5	测量全长	
25	箱形构件对角线差	≤2	测量两端箱口处两对角线	

9.2.4 主桁桁片、横联桁片、桥面板块、桁梁节段（含大节段）成品尺寸的允许偏差应符合表9.2.4的规定。

表9.2.4 主桁桁片、横联桁片、桥面板块、桁梁节段(含大节段)成品尺寸允许偏差(mm)

序号	名称		允许偏差
1	主桁桁片	斜杆接口位置 H_1	±2
2		斜杆中心线长度 L_4、L_5	+2，-1
3		对角线差 $\|L_2-L_3\|$	≤3
4		节点中心距 L_1	±2
5		弦杆端部孔与节点中心距 L_0	±1
6		锚管间距 B_1	±3
7	横联桁片	桁高 H	±2
8		全长 L	±3
9		节点间距 L_0、L_1	±2
10	桥面板块	节间长度 L	±2
11		桥面板块宽度 B	±2
12		桥面板块高度 H	±2
13		横梁、横肋、横隔板间距 S_1	±2
14		纵梁中心距 S_2	±2
15		对角线差 $\|L_1-L_2\|$	≤3
16		横梁预拱度	+5,0
17		横梁位置桥面各点高程	±5
18	桁梁节段	桁高 H	±3
19		极边孔距 L	±1
20		锚管间距 B	±3
21		主桁中心线直线度(旁弯)	≤3
22		桁片纵向偏移 Δ	≤3
23		平面对角线差 $\|L_1-L_2\|$	≤5
24		桁宽 B_1	±3
25		锚点间距 B_2	±5
26		端面对角线差 $\|L_3-L_4\|$	≤5
27		桁片垂直度	≤5

注：检测点为杆件系统线与杆件极边孔中心线的交点

9.2.5 钢板梁节段成品尺寸的允许偏差应符合表9.2.5的规定。

表9.2.5 钢板梁节段成品尺寸允许偏差（mm）

序号	名称		允许偏差		备注
1	跨度L		±8		测量两支座中心距离
2	全长		±15		测量全桥长度
3	梁高	$H \leqslant 2m$	±2		测量两端腹板处高度
		$H > 2m$	±4		
4	纵梁长度		+0.5，-1.5		测量两端角钢背至背之间距离
5	横梁长度		±1.5		
6	纵梁高度		±1		测量两端腹板处高度
7	横梁高度		±1.5		
8	纵梁、横梁旁弯		≤3		梁立置时在腹板一侧距主焊缝100mm处拉线测量
9	纵梁、横梁拱度		+3，0		梁卧置时在下翼缘板外侧拉线测量
10	主梁拱度f		+5，0	不设拱度	梁卧置时在下翼缘板外侧拉线测量
			+10，-3	设拱度	
11	两片主梁拱度差		≤4		分别测量两片主梁拱度，求差值
12	主梁腹板平面度		$h/350$且≤8		用平尺测量（h为梁高或纵向加劲肋至下翼缘板间距离）
13	纵、横梁腹板平面度		$h/500$且≤5		
14	主梁、纵横梁翼缘板对腹板的垂直度		≤1	有孔部位	用直尺测量
			≤1.5	其余部位	
15	翼缘板平面度		≤1	有孔部位	
			≤2	其余部位	
16	钢板梁、纵梁、横梁腹板平面度Δ		$H/500$且≤5		

9.2.6 钢塔节段成品尺寸的允许偏差应符合表9.2.6的规定。

表9.2.6 钢塔节段成品尺寸允许偏差（mm）

序号	名称		允许偏差		简图
1	长度L、高度H		±2		
2	宽度B		±2		
3	端口对角线相对差$\|L_1 - L_2\|$		≤3		
4	扭曲δ		≤3	测点在两端横隔板与外壁板交点上	
5	旁弯		≤3		
6	板面平面度	纵向	$S/500$	W为纵肋中心距 S为隔板中心距	
		横向	$W/300$		
		栓接部位	≤2		

9.2.7 钢锚梁节段、钢锚箱节段成品尺寸的允许偏差应符合表9.2.7的规定。

表9.2.7 钢锚梁节段、钢锚箱节段成品尺寸允许偏差（mm）

序号	名 称	允许偏差
1	长度 L	±2
2	拉板中心距 B	±2
3	高度 H	±2
4	锚垫板角度	±0.15°
5	锚垫板坐标	±3
6	锚点高度	±3
7	箱口对角线偏差	≤3
8	旁弯	≤3
9	箱体扭曲	≤3
10	底板下表面平面度（与牛腿顶面接触范围内）	≤0.5
11	牛腿顶面垂直度	≤1
12	牛腿顶面平面度	≤0.5

9.2.8 钢箱拱拱肋成品尺寸的允许偏差应符合表9.2.8的规定。

表9.2.8 钢箱拱拱肋成品尺寸允许偏差（mm）

序号	名称		允许偏差	备注
1	长度 L		±4	
2	宽度 B		±2	
3	高度 H		±2	
4	对角线差 $\|L_1-L_2\|$		≤4	
5	曲线度		+10，-3	
6	扭曲 f		≤3	
7	锚拉板孔中心		±1	
8	吊杆锚箱中心线		±2	
9	平面度	腹板横向	≤4	
		腹板纵向	$h/500$ 且 ≤5	h 为腹板高度
		翼缘板横向	≤4	
		翼缘板纵向	$h/500$ 且 ≤5	h 为腹板高度

9.2.9 钢管拱节段成品尺寸的允许偏差应符合表9.2.9的规定。

表9.2.9 钢管拱节段成品尺寸允许偏差（mm）

序号	名称	允许偏差	简图
1	宽度 B	±5	
2	高度 H	±5	
3	横向对角线差 $\|L_1-L_2\|$	≤4	
4	拱肋内弧长度 L	0，-10	
5	节点板间距 L_3	±3	
6	纵向对角线差 $\|\triangle L_4-\triangle L_5\|$	≤4	
7	内弧偏离设计弧线 f	≤8	注：$\triangle L_4$、$\triangle L_5$ 分别是 L_4、L_5 的理论值与实际值的差值
8	节段平面度 Δ_3	≤3	
9	吊杆位置与设计位置的偏差	≤5	
10	扭曲	≤8	

9.2.10 钢管墩节段成品尺寸的允许偏差宜符合表9.2.9的规定。

9.2.11 钢箱墩节段、钢盖梁节段成品尺寸的允许偏差应符合表 9.2.11 的规定。

表 9.2.11 钢箱墩节段、钢盖梁节段成品尺寸允许偏差（mm）

序号	名 称	允许偏差	简 图
1	长度 L、高度 H	±2	
2	宽度 B	±2	
3	对角线差 $\|D_1-D_2\|$	≤4	
4	扭曲 δ	≤4	
5	横隔板间距偏差	±2	
6	旁弯	≤5	

9.2.12 钢箱梁、钢桁梁、钢板梁、钢塔和钢箱拱等的高强度螺栓孔、铆钉孔和主要零件上的螺栓孔孔径、孔距的允许偏差，应符合本规范第 5.6.3 条和第 5.6.4 条的规定。

9.3 检验

9.3.1 成品尺寸应符合本规范第 9.2 节的规定。

检验方法：采用直角尺、钢板尺、钢平尺、塞尺、游标卡尺、平台、拉线、钢卷尺、经纬仪、水准仪检查。

9.3.2 构件的内外表面不得有超标的凹痕、划痕、焊瘤、擦伤等缺陷，边缘应无毛刺。

检验方法：目视检查。

附：港珠澳大桥大节段钢箱梁制造技术

一、总体制造方案

大节段钢箱梁长细比较大，总体扭曲、旁弯、线形的控制是制造的重点。在制造过程中，从板单元制造、小节段组装及预拼装到大节段拼装每个过程都要严格进行监控，并要防止焊接变形影响其尺寸精度。

为控制大节段钢箱梁的焊接变形，保证产品整体质量，加快制造进度，结合钢材供应状况，将分段钢箱梁分为若干板块单元件，包括顶板单元、底板单元、斜底板单元、锚箱单元、腹板单元、翼缘块体等，并在工厂制作板单元。工厂制作板单元能充分发挥现有人员和设备的优势，有利于控制产品制造质量；在拼装场地总拼有短距离运输的优势，有利于缩短运输时间，降低海上运输的安全风险。

总体上采用如下制造方案：

钢板→工厂制作板单元→装船运输→分段钢箱梁→打砂涂装→制作拼装大节段→装船运输→桥位吊装→桥位连接→桥位补涂装。

二、总拼胎架设计

根据钢箱梁预拼装批次的划分及结构特点，结合以往经验计算出总拼胎架的基础承载力，在总拼胎架制作时充分考虑其位置的地质条件，确定总拼胎架的基础形式。总拼胎架基础在使用前进行沉降试验，避免在使用过程中产生不均匀沉降，影响预拼装制造状态线形。

为保证钢箱梁的外形轮廓尺寸及单元件位置的准确，针对该桥钢箱梁的结构特征，设计钢架式梁段总拼胎架（图 9-1）。总拼胎架横向以底板、斜底板外形为基准面确定胎架横断面尺寸，结合以往钢箱梁制造经验预留一定的反变形工艺量；总拼胎架纵向以钢箱梁制造竖曲线线形为基准确定纵向高度尺寸。

采用型钢制作支承钢架并与基础预埋件焊接,支承钢架分横向钢架和纵向连杆,每隔2.5m左右设横向钢架,用纵向连杆将横向钢架连接起来形成整体框架结构,使其具有足够的刚度,保证钢箱梁在总拼过程中不会因焊接收缩而发生变形。

图9-1 钢箱梁总拼胎架

钢箱梁组装时以总拼胎架为外胎,以横隔板为内胎,通过纵向测量塔和横向测量塔,即"三纵一横法"控制顶底板单元、横隔板单元、翼缘块体的位置。板单元马焊固定时,在保证连接牢固的条件下,尽可能减少马板约束下的施焊。在保证钢箱梁的长度、拱度符合规范要求的前提下,在每个接口处组焊定位匹配件。待胎架上的所有梁段组焊完成后,解除马板,将分段钢箱梁运出总拼胎架。

三、分段钢箱梁制作工艺

分段钢箱梁整体组焊是大节段钢箱梁制造的关键,其工艺的合理与否直接关系着钢箱梁的制造质量和工期进度,工艺上利用已成熟的研究成果进行钢箱梁的制造。分段钢箱梁整体组装采用立体、阶梯推进方式生产,在总拼胎架上采取"正装法"依次组焊。

(1)底板单元定位组焊:以中间测量塔为基准定位中间底板单元(需在温度比较恒定的条件下定位),再以中间底板单元纵基线和横向测量塔为基准,向两侧对称组装底板单元,并用马板与胎架弹性焊连接固定,检查合格后,对称施焊,依次组装至斜底板单元处。底板单元纵向焊缝焊接完成后,焊接分段钢箱梁底板横向连接焊缝。

(2)斜底板单元组装:以已组装的底板单元纵基线和横基线为基准定位组装斜底板单元,并用马板与胎架弹性焊连接固定,斜底板单元两端头暂用马板固定,斜底板和底板焊缝暂不焊接。

(3)横隔板和腹板单元组焊:以边测量塔为基准,先定位组装一侧横隔板单元,再以中间测量塔为基准定位组装腹板单元,最后以另一边测量塔定位组装横隔板单元,在组装过程中辅以顶拉工具控制隔板位置精度和垂直度等项点,使横隔板间距等项点满足标准要求。组装完成后焊接横隔板和腹板单元与底板单元的焊缝,同时焊接分段钢箱梁内腹板单元之间的焊缝,横隔板与斜底板单元暂不焊接。

(4)斜底板单元精确定位焊接:横隔板单元组焊结束后,将总拼胎架上的斜撑梁整体旋转,以边测量塔和横向测量塔为基准精确定位斜底板单元,利用预拼装胎架上的定位靠挡进行定位固定,然后焊接斜底板单元与平底板单元和横隔板单元的焊缝,同时将分段钢箱梁斜底板横向连接焊缝。

(5)顶板单元组焊:先以中间测量塔为基准组装中间顶板单元,然后依次组装各顶板单元,再以边测量塔为基准组装边侧顶板单元,最后配装封箱顶板单元。顶板单元纵向焊缝焊接完成后,焊接分段钢箱梁顶板横向连接焊缝。

(6)顶板单元组焊完毕后,以中间测量塔为基准修正纵横基准线,并以其为基准划顶板单元横向焊接边配切线,采用小车配切顶板单元。

(7)翼缘块体组焊:以边测量塔和横基线为基准组装焊接翼缘块体,同时组装箱内加劲及附属件。

(8)依据施工图纸,对需要安装临时吊点的梁段划线组装临时吊点,并划线组装防撞护栏预埋件基础、路缘带、检修道栏杆及灯柱底座等。

(9)分段钢箱梁段全面检测合格后,以纵横向测量塔为基准,对钢箱梁纵、横基线进行修正,钢箱梁与胎架解马后,复查相邻两箱段接口相对差,超差时进行修整,合格后方能参与预拼装。

分段钢箱梁组装过程见图 9-2。

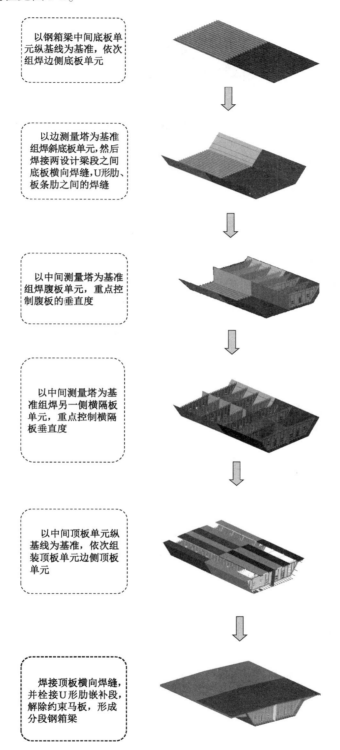

图 9-2　分段钢箱梁组装过程

四、分段钢箱梁预拼装

按照钢箱梁架设的顺序,在梁段预拼装胎架上进行多节段实桥预拼装(图 9-3),根据设计要求一联内每轮预拼装后保留一个复位梁段参与下轮预拼装,其余梁段直接运至涂装车间进行除锈、涂装。针对本桥的结构特点,采用"6+1"预拼装,即6节分段钢箱梁和1小节段钢箱梁进行预拼装,这样首尾相接完成所有预拼装作业。

图9-3 分段钢箱梁预拼装示意

分段钢箱梁预拼装的步骤和要求如下:

(1)严格以中间测量塔为基准,在总拼胎架上摆好端部复位梁段,通过胎架上的调整设备,纵向将复位梁段微调至桥轴线处。

(2)从一端向另一端依次微调其余各梁段,使各梁段按基线就位,用全站仪或激光经纬仪以中间测量塔为基准,控制其余梁段的位置,使桥轴中心线在允许偏差范围内,经检查合格后用临时连接件连成整体。

(3)待钢箱梁节段全部就位后,以顶板及翼缘腹板为基准检查拱度、长度及工地焊缝间隙等。拱度测量以设计图纸提供的测量控制点位置高程为准;梁段长度以边顶板单元横基线间距为准;预拼总长度以桥轴中心线处两端梁段横基线间距为准;以桥轴中心线两侧纵基线的直线度为准调整、控制旁弯在允许偏差范围内。

(4)待各项点检查合格后,组焊钢箱梁定位匹配件,量配U形肋、板条肋嵌补段,并编号标记。

(5)组焊测量控制点测量柱。

(6)钢箱梁段预拼装解体时,对梁段进行编号,运至涂装厂房进行除锈、涂装,待油漆实干后,将U形肋、板条肋嵌补段等按编号置于相应箱梁节段内,一起运输至大节段拼装区。

钢箱梁预拼装工艺流程见图9-4。

图9-4 钢箱梁预拼装工艺流程

五、大节段钢箱梁拼装

针对本项目大节段钢箱梁的结构特点,其制造方案为:先在总拼胎架上组装焊接分段钢箱梁,然后在大节段拼装胎架上组装焊接大节段钢箱梁,即分段钢箱梁环缝焊接。为保证大节段钢箱梁的制造质量,加快工程进度,在港池码头附近设置多幅大节段钢箱梁专用拼装胎架,进行拼装焊接作业。

(1)根据大节段钢箱梁的结构特点,将支撑墩布设于梁段接口处,支撑墩布置完成后,须整体检测各支撑墩轴线及相对高差,同时在支撑墩上布设分段钢箱梁初定位基准线,在支撑墩外布设分段钢箱梁纵横向定位基准点及检测大节段组焊测量塔。拼装胎架检测合格后将第 N 节分段钢箱梁摆放于相应预拼位置。

(2)严格按胎架设置的纵、横基准线摆好端部第 N 节分段钢箱梁,用水准仪测量梁段顶板(腹板位置处)检测梁段的高程,并用两侧腹板上的高程线予以检核。用千斤顶调整使其满足拱度要求,且使桥面板横坡达到设计要求,底板横桥向处于水平姿态。

(3)以第 N 节分段钢箱梁和测量塔为基准依次微调移位其余各梁段,特别是调整相邻梁段与前一梁段的间距。间距主要通过临时匹配件进行调整(间距值根据钢箱梁线形调整等因素确定),保证梁段环缝接口间隙匀顺,接口间隙达到组装标准要求。各梁段按基线依次就位,用激光经纬仪以胎架的稳固测量基准点为准控制梁段的位置,使桥轴中心线在允许偏差范围内。

(4)待分段钢箱梁微调定位后,以制造规则指定的位置检查竖曲线线形、平曲线线形、长度及横向焊缝间隙等。拱度测量以梁段顶板(腹板位置处)检测梁段的高程,并用两侧腹板上的高程线予以检核;梁段长度以梁段顶板横基线间距为准;预拼总长度以两端梁段顶板横基线间距为准;以桥轴中心线的直线度为准调整、控制旁弯在允许的偏差内。

(5)在大节段钢箱梁制造线形及焊缝间隙等项点检测合格后,及时用临时连接件和马板连成整体(仅底板、腹板接口连接,其他部位马固),焊接分段钢箱梁之间的环缝。为保证顺畅传力及结构的安全性,对接口之间的错台要严格控制。

(6)检测合格后,对分段钢箱梁间的焊缝进行补涂,将大节段钢箱梁移运至存梁区。

六、几何尺寸控制

几何尺寸的精度直接决定着钢箱梁的制造质量,因此在制造过程中控制几何尺寸精度尤为关键。对本项目大节段钢箱梁的几何尺寸,主要从零件控制、部件控制、总拼控制及大节段接长 4 个主要过程进行控制。

1)零件制作几何尺寸精度控制

针对不同部位零件的不同要求,采用相适应的下料、加工方法,保证零件制作的精度。

(1)对长方形板件,采用门切机对称切割下料,控制零件的尺寸和下料中的旁弯。对形状复杂,边缘不规则的零件及特殊节段板宽方向有曲线要求的零件,采用数控精密切割下料,保证零件的轮廓尺寸符合工艺要求。

(2)所有零件下料后需经过矫形工序,对厚度较大、轮廓尺寸较大的板件,采用辊板机进行辊平处理;对尺寸较小的零件,采用摩擦压力机进行矫形,保证下料后板件的平面度。

(3)对重要部位的零件及有边缘加工要求的零件,下料后采用双面铣床或刨边机进行边缘加工,保证零件轮廓尺寸及坡口加工要求。

2)部件制作几何尺寸精度控制

板单元加劲肋位置精度的控制:为了保证加劲肋组装精度,板单元加劲肋采用门架式无码定位组装胎型进行组装,并严格按纵、横基准线精确对线就位、按线组装,尤其要对横隔板和两端头的组装位置精度进行控制。若加劲肋位置组装精度不高,节段桥位安装时很可能出现两节段接口处加劲肋错位等现象。

(1)板单元精度控制:板单元组焊在专用胎架上进行,严格按板单元组装工艺进行,保证纵肋按线组装。焊接中采用反变形措施,在胎架约束下施焊,采用同方向焊接顺序施焊,防止焊接变形。焊后采用冷矫与热矫相结合的方法对板单元平面度、扭曲变形、纵肋垂直度进行修整,保证制作质量。

(2)焊接变形控制:利用反变形胎架设置反变形量,并在纵横向预留焊接工艺补偿量;采用线能量较小的 CO_2 气体保护自动焊接工艺,在约束条件下焊接;对残余变形采用冷、热矫相结合的方法进行矫正,在专用胎架上精密对称切割对接边坡口。

(3)横隔板精度的控制:横隔板是钢箱梁整体组装的内胎,其制造精度直接影响着节段的几何精度,故需对其制造精度加以控制。在隔板单元制造工艺设计中,先组装加劲肋,再采用数控火焰切割机精切周边,必要时采用刨边机加工周边及坡口。焊接时尽量采用线能量较小的焊接工艺方法,以减小焊接变形。

(4)板单元合件精度控制:板单元组装时严格按照两板单元焊后经过修整的纵横基准线对位组装,并预留板单元对接焊中的收缩量。设计合理的板单元对接焊坡口形式,焊接时采用约束变形与翻身焊结合,保证板单元制作质量。

3)钢箱梁总拼几何尺寸精度控制

(1)钢箱梁在专用的总拼胎架上进行组装、焊接,组焊胎架的基础要牢固可靠,胎架具有足够刚性,保证在钢箱梁焊接过程中不发生变形。在胎架四周设置独立的测量基准,便于组焊过程能随时测量监测。

(2)钢箱梁组装前,参照测量基准精确测量总拼胎架撑板的高度,保证钢箱梁外轮廓几何尺寸的精度。

(3)以纵横向测量塔为基准,综合考虑焊接收缩量后,按线组装钢箱梁顶底板单元。

(4)确定合理的焊接工艺方案进行施焊是保证制作质量的关键。

(5)采用"三纵一横"测量技术,参照测量基准对钢箱梁进行全方位检测。

七、大节段钢箱梁线形控制

大节段钢箱梁成桥线形包括竖向线形和平面曲线,在制造过程中,由于钢箱梁结构复杂,焊接工作量大,故其制造线形的控制难度大。大节段钢箱梁在桥位安装过程中,通过简支梁(或悬臂)到连续梁的体系转换,且由于大节段钢箱梁的受力点不一样,使得在各个不同阶段其线形也不相同。如何控制大节段钢箱梁的制作线形,以保证安装后的成桥线形,是施工控制的关键环节之一。

对大跨连续梁的线形理解为:首先在架设完成后有成桥线形(拱度或平面曲线);在制作过程的总拼胎架上有施工线形;在场地存放支撑时也有一个线形。

(1)通过计算确定大节段钢箱梁各阶段的竖曲线线形方程,进而确定钢箱梁制造时的竖向线形曲线和平面曲线。

(2)根据确定的钢箱梁竖向曲线,设计制作预拼装胎架,胎架纵向的高程主要通过横梁上的撑板进行调整。

(3)为控制钢箱梁预拼装的平面曲线,利用"三纵一横"测量塔,对钢箱梁平面曲线进行调整。

(4)钢箱梁批量生产前须通过总拼评定,并在制造过程中定期检查,预拼装胎架的基准线要在每次预拼装前检查一次。在分段钢箱梁总拼时按线形精确调整各节段,线形调整完成后对接口进行匹配,安装临时匹配件和附属件。

(5)大节段钢箱梁的拼装胎架需在纵向设置1对测量塔,对钢箱梁的制造线形进行调整,以控制大节段钢箱梁的平面曲线。

(6)大节段钢箱梁的竖曲线,通过支撑墩上的顶升设备进行调整,利用水准仪检测大节段钢箱梁顶板的竖向曲线。

(7)为控制大节段钢箱梁的焊缝间隙,分段钢箱梁制作时,顶板两侧预留20mm配切量,以减小因焊缝过大而产生的焊接变形,影响大节段钢箱梁的制造线形。

(8)为了保证大节段钢箱梁整体安装后的线形精度,要求在制作中接口匹配良好。单个梁段提高钢箱梁整体精度受到设备、工艺条件的限制,因此在钢箱梁制造过程中要采取精度管理的方法。

(9)首批大节段钢箱梁在存放和运输过程中,要对其进行应力应变监控,以保证和控制钢箱梁的制造线形不发生改变。

10 涂装

10.1 一般规定

10.1.1 钢结构桥梁的涂装应符合设计文件和现行《公路桥梁钢结构防腐涂装技术条件》(JT/T 722)的规定。

钢结构的防腐涂装体系通常由设计根据桥梁的结构特点和所处的环境条件等因素选择确定,设计文件中均会有明确的要求及相应的规定,因此钢结构桥梁的涂装施工需要按照设计文件的要求进行。

现行《公路桥梁钢结构防腐涂装技术条件》(JT/T 722)规定了公路桥梁钢结构防腐涂装的分类、要求、试验方法、检验规则、安全、卫生、环境保护和验收等方面的要求,是公路桥梁钢结构防腐涂装施工所依据的主要标准,需要在涂装施工中得到遵守。

10.1.2 涂装前应编制专项施工方案,并应依据专项施工方案编制工序作业指导书。

钢结构的防腐涂装是桥梁施工中重要的分部工程,且存在较高的环境污染风险,因此需要在施工前编制专项施工方案,根据工厂涂装和工地涂装的不同环境及不同要求,明确涂装的范围、施工工艺和质量标准,制定安全生产和环境保护的保证措施,并在施工过程中严格执行。

防腐涂装专项施工方案一般要根据设计对防腐涂装体系的要求、钢结构构件的构造特点、施工所处的环境条件等因素,并在借鉴以往施工经验的基础上进行编制。专项施工方案通常包括防腐涂装体系设计概况介绍及要求、冲砂涂装施工组织机构、车间和设备、涂装工艺试验、涂装作业流程、涂装测试、表面处理、涂层系统施工、桥梁构件分段涂装工艺、质量保证和控制程序、安全与环境、风险评估等内容。

为了能使涂装施工的质量更好地满足设计文件和本规范的要求,就有必要依据专项施工方案,进一步划分工序,并编制各工序的涂装作业指导书,用于指导具体的施工作业,在保证工序质量的前提下达到保证涂装施工总体质量的目的。

10.1.3 涂装前,应对施工人员进行涂装施工的专业培训并考核。喷砂、喷漆等关键工序的施工人员应获得涂装工中级及中级以上的资格证书,特种作业人员和质量检验人员应具备相应的职业资格。

操作人员的素质和技能对能否严格按照既定的涂装专项施工方案和施工工艺进行作业,并保证涂装施工的质量,有着非常直接的影响,而且涂装施工通常具有工作流动性大的特点,因此操作人员需要接受足够的专业培训并考核合格,并获得相应的资格证书后,证明能胜任涂装施工的工作要求,才能上岗作业。

涂装施工的专业培训通常要求培训师需由具有相应能力和丰富施工经验的人员担任,培训内容一般包括理论知识和实际施工操作两方面。

10.1.4 涂装施工所使用的设备和工具应保持良好状况、安全可靠。

使用安全可靠的设备和工具,有利于保证涂装施工的质量,所以对各种施工的设备和工具,需要具有良好状况,要能够顺利地使用,避免频繁发生故障,提高施工效率;检验工具则需有在有效期之内的校验证书,以保证测量的准确性。

10.1.5 涂装前,应对构件自由边的双侧倒弧,倒弧的半径应不小于2mm。

要求将锐边打磨至最小半径 2 mm,以满足 ISO 8501.3 中规定的 P2 级处理要求,目的是提高油漆在自由边的附着力,防止油漆开裂掉落。

10.1.6 密闭箱形构件的内部宜不涂装。

"密闭箱形构件"是指箱体成形封闭后内部空间较小,且箱体内部完全不与外界环境相接触的构件。由于这种构件的内部一般没有进行喷砂、除锈及涂装施工的作业条件,而且在密封的箱体内部也缺乏腐蚀的条件,因此没有必要浪费资源对其进行涂装。

10.1.7 涂装完成后应对构件进行标识,且应待涂层干燥后再进行构件的存放。

构件在涂装之后会将之前加工时所做的相应编码信息覆盖,所以需要进行信息移植,重新标识,以防止相关的信息丢失而无法跟踪构件。涂层未干燥时由于硬度不够,如果此时即进行构件的存放作业,在堆放的过程中很容易损伤涂层,故规定应待涂层干燥后再进行构件的存放。

10.2 表面处理

10.2.1 在喷砂除锈前,应对构件进行必要的结构预处理,并应符合下列规定:
1 应将粗糙的焊缝打磨光顺,对焊接所产生的飞溅物应清除干净。
2 切割边的峰谷差超过 1mm 时,应打磨到 1mm 以下。
3 表面有层叠、裂缝或夹杂物时,应对其进行打磨处理,必要时应先补焊再打磨。

进行喷砂除锈表面处理时,一般要求钢构件的表面不能有缺陷,但实际上构件在制造加工过程中,均可能会在某些局部遗留下一些缺陷,例如切割后其边缘处可能会有毛刺,切割面也有可能存在不平整的情况;焊接后焊缝的表面比较粗糙,有凹凸不平的现象,并可能会有层叠、裂缝、夹杂物以及飞溅物等。对这些表面缺陷,如果不及时清除,在喷砂除锈时将无法对其进行彻底的表面处理,并会在构件表面留下锈蚀的隐患,进而会降低涂层的防腐性能,使涂装达不到设计要求的使用年限。因此,在喷砂除锈前,需要对构件进行必要的结构预处理,以保证构件在涂装前的表面质量。一般情况下,对于结构的外部,所有焊缝、边缘和其他有表面缺陷的区域可以按照 ISO 8501-3 的 P3 级处理;箱体内部可以按 P2 级处理;狭窄空间的表面处理可以按 P1 级处理。

10.2.2 构件的表面有油污时,可采用专用清洁剂对其进行低压喷洗或软刷刷洗,并应采用淡水枪将喷洗或刷洗后的所有残余物冲洗干净;也可采用碱液、火焰等进行处理,但在处理完成后应采用淡水将残留的碱液冲洗至中性。小面积的油污可采用有机溶剂擦洗。

钢构件表面的油污将会严重影响涂层与构件之间的结合力,会造成涂层的脱落,而且油污在喷砂时也无法对其进行有效清除,因此在喷砂前就需要进行彻底的油污清洗。

对构件表面油污的检查通常有两种方法。一是粉笔试验法,适用于非光滑的钢结构表面,做法是:对怀疑有油污污染的区域,采用粉笔划一条直线贯穿油污区域;如果在该区域内,粉笔线条变细或变浅,说明该区域可能被油污污染。二是醇溶液试验法,适用于所有钢结构表面,对怀疑有油污污染的部位,采用蘸有异丙醇的脱脂棉球擦拭,并将异丙醇挤入透明的玻璃管中;加入 2~3 倍的蒸馏水,振荡混合约 20min;以相同体积的异丙醇蒸馏水溶液为参照,如果溶液呈混浊状,表明钢结构表面有油污污染。

10.2.3 钢材表面的可溶性氯化物含量应不大于 $7\mu g/cm^2$,超过时应采用高压淡水冲洗。当钢材不接触氯离子环境时,可不进行表面可溶性盐分的检测;当不能完全确定是否处于氯离子环境时,应进行首次检测。

氯离子的存在会降低钢材表面钝化膜的形成,并有可能会加速钝化膜的破坏,从而促进钢材的局部腐蚀;而且氯离子对缝隙腐蚀具有催化作用,因此需要对钢材表面的可溶性氯化物含量进行控制。

表面盐分过高会影响涂层的寿命,目前主要采用 Bresle 贴片法进行盐分测试,现行《涂覆涂料前钢材表面处理 表面清洁度的评定试验 第6部分:可溶性杂质的取样 Bresle 法》(GB/T 18570.6)、《涂覆涂料前钢材表面处理 表面清洁度的评定试验 第9部分:水溶性盐的现场电导率测定法》(GB/T 18570.9)对此有相应的规定。

10.2.4 涂装前,应对构件的表面进行喷砂除锈,除锈等级和表面粗糙度应符合现行《公路桥梁钢结构防腐涂装技术条件》(JT/T 722)的规定。

10.2.5 喷砂除锈的磨料应采用清洁、干燥的钢砂、钢丸或其混合物或铜矿砂,其粒度和形状均应满足对表面粗糙度及清洁度的要求。

清洁、干燥的磨料才能保证表面处理的质量,金属磨料需符合现行《涂覆涂料前钢材表面处理 喷射清理用金属磨料的技术要求》(GB/T 18838)的规定,以满足喷砂处理表面清洁度的需要。在磨料不易回收的地方进行涂装施工时,可以使用石榴石。一般不能使用球形喷丸或切割钢丝段磨料。

磨料中游离结晶二氧化硅的含量通常要求不超过1%,铅的含量不超过0.01%。含有放射性物质的材料和未经处理以尽量减少可吸入粉尘的回收材料不能用作喷砂介质。回收的金属磨料须无明显的灰尘和杂质,且每工作日要检查一次。

非金属磨料需要分析是否存在水溶性材料,包括盐。磨料样品中水溶性盐的最大允许含量为百万分之五十(按重量计),或根据 ISO 11127-6 进行评估时,电导率上限为 30mS/m。

所有用于喷砂清理、喷砂和喷涂后吹扫的空气管线上均需安装隔油器和隔水器。每天需维护存水弯,以保证为所有操作提供清洁、干燥的空气,维护需要记录。

10.2.6 喷砂除锈完成后,应清除喷砂后产生的表面残渣,并应采用真空吸尘器或无油、无水的压缩空气,清理构件钢材表面的灰尘,清理后的表面清洁度应符合现行《涂覆涂料前钢材表面处理 表面清洁度的评定试验 第3部分:涂覆涂料前钢材表面的灰尘评定(压敏粘带法)》(GB/T 18570.3)的规定。

在涂敷保护涂层之前,需要使用干净的刷子刷洗所有表面,并要采用干净、干燥的压缩空气进行吹扫或真空吸尘,以清除任何喷砂产品和碎屑的痕迹。用于吹扫表面的空气须无油和水分,且每工作日需要检查一次,并要记录在报告中。

10.2.7 表面处理工序完成后,底漆宜在4h内进行涂装。当构件所处环境的相对湿度不大于60%时,涂装施工的时间可适当延长,但最长应不超过12h。在上述规定的时限内,若钢材的表面已出现返锈现象,则应重新进行除锈处理。

间隔时间如果超过规定的时间,涂装表面可能会产生浮锈,因此需要在规定的时限内进行涂装。

10.3 工厂涂装

10.3.1 工厂涂装应在室内的封闭条件下进行。

从环保和施工质量的角度出发,要尽可能地在车间内进行涂装作业,配备 VOCs 治理设备,防止污染环境;在封闭的车间内还需配备除湿和温控设备,以有效地保证涂装施工环境的温度和湿度,从而保证涂装的施工质量,且使施工工期不会受到天气的影响。

10.3.2 涂装施工的环境条件应与涂料产品说明书的要求一致,并应符合下列规定:
1 对溶剂型涂料,施工环境温度应为5~38℃,空气相对湿度应不大于85%,且钢材表面温度应高于露点3℃。

2 对水性涂料，施工环境温度应为5~35℃，空气相对湿度应不大于80%。

在恒定的、规定范围内的温度中进行涂装施工作业，是保证被涂件涂膜质量的重要条件，并能保证涂膜质量的稳定，避免涂膜各种弊病的产生。施工环境温度过低时，会使涂膜干燥不彻底，从而影响涂膜的一系列力学性能，使其不能达到要求的质量标准；温度过高时，则会造成过度烘烤，对涂膜的性能也会起一定的破坏作用。

空气的相对湿度偏高会引起基材表面冷凝增加，冷凝会导致闪锈，造成涂层失效；基材表面产生的冷凝水汽，有可能会导致漆膜起泡和分层。

10.3.3 涂料的配制和使用时间应符合下列规定：

1 涂料宜采用动力搅拌装置经充分搅拌均匀后方可用于施工；对双组分或多组分涂料，应先将各组分分别搅拌均匀后，再按比例配制并搅拌均匀。

2 混合好的涂料应按产品说明书的要求进行熟化。

3 涂料的使用时间应符合产品说明书规定的适用期。

执行本条时需注意下列事项：

（1）正式施工前通常需由涂料生产厂的技术服务代表进行技术交底，施工时则需要严格按照涂料产品说明书的要求进行。

（2）涂料制造商需提供每批涂料的证书。所有涂料均需要按照涂料供应商的建议进行储存、处理和使用，包括储存条件、保质期和适用期限制，以及混合和过滤要求。

（3）施工时还需记录所用涂料的详细情况，包括制造商名称、产品名称和所有产品的批号。

10.3.4

对已涂无机硅酸锌、无机富锌等车间底漆的构件外表面，在涂装底漆前，应采用喷砂方法进行二次表面处理；内表面的车间底漆基本完好，且涂装采用非富锌类底漆时，可不进行二次表面处理，但应除去表面的盐分和油污，并应将焊缝和锈蚀处打磨至现行《涂覆涂料前钢材表面处理 表面清洁度的目视评定》（GB/T 8923）规定的St3级。

10.3.5 涂装施工应符合下列规定：

1 涂装时，构件的表面不应有雨水或结露，也不得出现返锈现象，否则应重新除锈。

2 大面积喷涂时，应采用高压无气喷涂工艺，滚涂或刷涂仅在预涂或修补时方可采用；对无机富锌涂料应采用空气喷涂或无气喷涂，不得采用滚涂或刷涂。

3 对小面积、细长以及复杂形状构件的喷涂，可采用空气喷涂或刷涂。

4 对不易喷涂到的部位，宜采用刷涂的方式进行预涂装，或在第一道底漆后进行补涂。

5 当涂装材料对工艺有特殊要求时，应执行其规定。

6 各道涂层的涂装施工宜在4h内完成；当所处环境的相对湿度小于60%时，完成涂装施工的时间宜不超过12h。

7 各道涂层的涂装间隔时间应满足材料的技术要求。

8 涂装施工完成后的4h内应对涂层的表面采取必要的保护措施。

2 对无机富锌涂料，由于采用滚涂或刷涂会产生滚痕和刷痕，考虑到大面积施工的漆面平整性，因此规定不得采用滚涂或刷涂，而应采用空气喷涂或无气喷涂方式施工。

10.3.6 对在施工过程中局部损伤的涂层，应先按本规范第10.2节的规定进行表面处理。当原涂层的底漆为环氧富锌涂料时，可直接作为新的底漆；当原涂层的底漆为无机富锌涂料时，则应补涂环氧富锌涂料作为新的底漆,再按原设计涂层补涂各层涂料。

无机富锌涂料对表面处理的要求较高,一般要求表面进行喷砂后才能进行施工,因此当局部修补不具备喷砂的条件时,可以采取打磨的方式进行表面处理后,再用环氧富锌涂料作为新的底漆进行修补。

10.4 工地现场涂装

10.4.1 工地现场涂装的环境条件除应符合本规范第10.3.2条的规定外,对构件接头的涂装和涂层的修补应在临时作业棚内进行,并应采取有效措施减少或避免对周围空气、水源等的污染。

在临时作业棚内施工除了可以较好地保证涂装施工的环境要求,同时能避免或减少对环境的污染。另外工地现场涂装要尽量避免大面积的喷涂,适当地采用滚涂和刷涂也可以有效避免对环境造成污染。

在桥位现场进行涂装施工时,需要做好相应的质量和环境保护措施,以防止不利的天气环境影响涂层的质量,并防止漆雾飘逸而污染环境。

10.4.2 构件和梁段的现场对接焊缝两侧各50mm范围内不宜在工厂涂装,宜待安装完成后进行,且该范围内的涂装总干膜厚度宜增加10%。对该范围进行涂装时,应对与之连接的各层漆面进行阶梯状打磨,每层涂层的重叠长度应不小于20mm,末道面漆的涂装范围宜为焊缝两侧各150mm。

焊接所产生的高温可能会损伤焊缝两侧的涂层,因此对接焊缝处一定范围内的涂装需要在现场安装后再进行。扩大受损处的涂装范围是为了保证受损部位全部得到修复,不致因施工偏差而遗漏。对接焊缝两侧各50mm在工厂内可以使用纸胶带或具有可焊性的车间底漆进行临时保护。

10.4.3 在运输和安装过程中损伤的涂层应进行修复,并应符合下列规定:
1 对涂层的局部损伤部位采用机械打磨时,其除锈等级应达到St3级。
2 在对对接焊缝处局部损伤的涂层进行修复时,其补涂的范围应比受损的范围大30mm。
3 当涂层有大面积损伤时,应对其进行重新喷砂、逐层修复。

运输和安装过程中要按照本规范第11章对包装的规定进行保护,如果发生损伤,则需根据破损面积的大小及现场施工条件的情况采取打磨或喷砂的表面处理方式,并按照修补程序进行涂层的修复。

10.4.4 在工地现场进行最后一道面漆涂装时,其施工应符合下列规定:
1 涂装前应对运输和安装过程中损伤的涂层进行修复处理。
2 对待涂表面,应采用淡水、清洗剂等进行必要的清洁处理,清除表面的灰尘和油污等。
3 应对涂层的相容性和附着力进行试验,涂装过程中有异常情况时应及时处理。

为使竣工后的涂层不产生色差,国内有些钢结构桥梁采取了在现场大面积喷涂最后一道面漆的做法,但这种做法可能会导致涂层的附着力不佳,施工质量也较难以保证,且会污染环境,还存在高空作业的风险。因此,要尽量避免在工地现场进行最后一道面漆施工,最好是在工厂将构件全部涂装完成,现场仅对焊接部位进行补涂,虽然当时会产生一些色差,但随着时间的推移,这些色差会在一定时间内逐渐弱化。国外桥梁项目的面漆涂装一般在车间内完成。

最后一道面漆涂装时,由于与前道涂层的间隔时间较长,为了保证面漆与前道涂层具有良好的结合力,需要对前道涂层的表面进行彻底地清洁后再进行涂装。正式涂装之前,要选取合适的区域进行相容性和附着力试验,以保证大面积施工时的质量。

10.4.5 工地现场的风力大于四级时,不得进行涂装作业。

风力过大时会造成油漆的额外损耗并污染周围环境,同时也会影响涂层质量。

10.5 摩擦面处理

10.5.1 在工地用高强度螺栓或高强度环槽铆钉连接的构件,其连接部位的摩擦面可采用无机富锌防滑涂料或热喷铝进行涂装处理。

防滑涂料与热喷铝对表面处理的要求都很高,需进行喷砂;热喷铝对粗糙度的要求更高,喷砂时需要保证足够的粗糙度以使结合力能满足要求。

热喷铝通常不能在涂装车间进行施工,因为容易在通风管道中堆积锌粉引起火灾事故。

10.5.2 摩擦面处理后的抗滑移系数应符合设计规定,设计未规定时,摩擦面涂层的初始抗滑移系数应不小于0.55,在工地安装前的复验应不小于0.45。摩擦面抗滑移系数试验方法应符合本规范附录G的规定。

10.5.3 构件出厂后,摩擦面涂层抗滑移性能的保质期应为6个月;超过保质期后,应重新检验其抗滑移系数,合格后方可使用。

摩擦面涂层的抗滑移性能保质期要求为6个月,与高强度螺栓的保质期是一致的,即构件在工地现场正常存放的情况下,摩擦面的抗滑移系数需不小于0.45。

10.6 检验

10.6.1 涂装施工前,构件的自由边应符合本规范第10.1.5条的规定。

检验方法:目视检查。

10.6.2 涂装施工前,构件表面的除油应符合本规范第10.2.2条的规定。

检验方法:目视检查。

10.6.3 涂装前构件表面的清洁度及粗糙度应满足设计条件。

检验方法:表面清洁度采用图谱对照检查,表面粗糙度采用粗糙度比较样板或粗糙度测量仪检查。

10.6.4 涂料品种、施工环境应满足设计及所用涂装材料产品说明书的要求。

检验方法:采用温度计、湿度计或摇表,露点仪等检查施工环境。

10.6.5 涂料涂层的表面应平整、均匀一致,无漏涂、起泡、裂纹、气孔和返锈等现象,允许有轻微橘皮和局部轻微流挂。金属涂层表面应均匀一致,不允许有漏涂、起皮、鼓泡、大熔滴、松散粒子、裂纹和掉块等,允许有轻微结疤和起皱。

检验方法:目视检查,采用涂层附着力拉拔仪检查。

10.6.6 涂层厚度应满足设计及所用涂装材料产品说明书的要求。每个测量单元应至少选取3处基准表面,每处基准表面应按5点法进行测量。干膜厚度可采用"85-15"规则判定,即允许有15%的读数低于规定值,但每一单独读数不得低于规定值的85%。对于结构主体外表面,可采用"90-10"规则判定。涂层厚度达不到设计要求时,应增加涂装道数,直至合格为止。漆膜厚度测定点的最大值不得超过设计厚度的3倍。

检验方法:采用湿膜对比卡检查涂层湿膜厚度,采用漆膜测厚仪检查涂层干膜厚度。

10.6.7 涂料涂层附着力,当检测的涂层厚度不大于 250μm 时,各道涂层和涂层体系的附着力宜按划格法进行,且应不大于 1 级;当检测的涂层厚度大于 250μm 时,附着力试验宜按拉开法进行,涂层体系附着力应不小于 3MPa。用于钢桥面的富锌底漆,涂层附着力应不小于 5MPa。

检验方法:划格法,拉开法等。

10.6.8 涂装完成后,构件的标识、编号应清晰完整。

检验方法:目视检查。

涂装施工常见质量问题及产生原因见表 10-1。

表 10-1 涂装施工常见质量问题及产生原因

序号	质量问题	特 征	产生的主要原因
1	脱皮/分层	涂层破碎成小片从物面上浮卷起来,并逐渐掉落。也称开裂、卷皮	(1)涂料品质低劣,易脆裂; (2)被涂装物面的基层处理不当,沾有各种油污等物质,成膜后附着不好或物面太光滑(如镀锌铁皮表面); (3)稀释剂掺加过度,涂装后涂层太薄,附着力差; (4)基层潮湿或底涂料未干透就涂装面涂料; (5)超过了最大涂装间隔期
2	流挂	涂料涂装后,因厚薄不匀,部分涂料在重力作用下向下流淌,形成流痕,严重者如帷幕下垂状	(1)涂装时厚薄不匀,流挂处涂装太厚; (2)加入过量的稀释剂; (3)被涂面温度过低; (4)表面处理不良,含有油污、蜡质等物质,或基层含水率过高; (5)喷涂时喷枪距离不一致,压力不匀;物面几何形状较复杂,操作不熟练
3	皱纹	涂层表面出现许多弯曲棱脊的现象,有皱纹的地方会使涂层失去光泽。又称皱皮	(1)涂装时或涂装后,遇高湿或太阳曝晒,施工现场环境条件差; (2)干燥快和干燥慢的涂料掺合使用; (3)涂装不匀或过厚
4	裂纹	在已固化的涂层上产生开裂的细小纹路。 按裂纹的形状和程度一般区分为:如头发丝般的裂纹称为细微裂纹;如龟甲状般的裂纹称为龟裂;如松树叶般的裂纹称为针叶裂纹;如玻璃裂开般的裂纹称为玻璃裂纹	(1)涂层涂料配套使用不适当; (2)物面沾有油污、蜡质或旧涂料未清除干净,造成涂层收缩不一致
5	起泡	涂层失去附着力,致使涂层脱离基层,出现大小不同的泡子	(1)未将附着力差的底漆除净即涂装新涂料; (2)挥发型底层涂料未干透即涂装上层涂料,再加上日光照射或较高的环境温度使底层的溶剂很快挥发而又不能通畅地逸去
6	针孔	在涂膜中存在类似于用针刺成的细孔	(1)湿膜中混入空气泡和产生的其他气泡破裂; (2)涂装不当,如稀释剂添加过多且涂层过厚,造成溶剂大量逸出
7	显刷痕	涂层表面留有油漆刷涂的印痕,涂层干燥后仍呈现出梳状纹路。又称刷痕	(1)涂料表面张力过小,流平性差; (2)底层物面吸收性较强,涂装困难

续上表

序号	质量问题	特征	产生的主要原因
8	涂层粗糙	涂料涂装后,涂层出现颗粒,形同痱子般的凸起物,分布于整个或局部表面	(1)施工现场不清洁,或涂料涂装时遇刮风,灰土飞扬黏结在物面上; (2)涂料中颜料过粗,含有凝结的油料,涂料结皮及杂质未去净; (3)喷涂施工时喷枪与被涂面距离太远或涂料黏度大,雾化不好,或风压过大
9	干喷漆膜表面粗糙不平	干喷漆膜表面呈颗粒状在表面附着而致	喷涂距离过远,或涂料干燥太快,高温下施工,喷涂压力过高,强风或通风过度等
10	漏涂	粗糙焊缝、切口、自由边和其他难以喷涂的地方局部没有涂上油漆	(1)喷涂操作不认真; (2)未采取必要的喷涂措施

11 包装、存放与运输

11.1 一般规定

11.1.1 本章适用于构件在制造或涂装完成后的包装,成品在制造厂和安装现场的存放、转运,以及成品出厂至安装地点的运输。

成品构件在存放和运输过程中要做好保护,以避免产生变形和表面涂装受损等情况。长途陆运、水运或海运的构件除需要做好包装外,海运过程中还要采取措施使其避免受到海水和盐雾的侵蚀,如果在运输过程中成品遭遇海水和盐雾侵蚀,可以采用淡水进行清洗。某桥钢箱梁装船发运前的实景如图 11-1 所示。

图 11-1 钢箱梁装船发运前实景

11.1.2 构件的存放、转运、装卸和运输等应编制专项施工方案,并应符合相关安全管理规定。

"转运"一般指将构件从车间运至存放场地、从存放场地运至码头,以及到达桥位现场后从码头运至工地临时存放场地、从临时存放场地运至安装现场等过程。

构件的运输主要有陆运、内河水运、海运等方式。

执行本条时需注意下列事项:

(1) 专项施工方案需综合考虑构件的结构特点、场地情况、作业的环境条件、装卸起重设备、运输工具、运输方式、运输路线、安全风险等因素,并借鉴以往工程的成功经验进行编制。

(2) 构件的存放要有管理规定,要划定特定的区域,并要采取防变形和防污染的措施;同时要求专人跟踪,构件还须有挂牌和维护保养记录。

(3) 转运时要做好构件的防护,并要有相应的受力计算。

(4) 装卸要有吊装方案,包括重心位置的确定及相应的受力计算,以避免构件在吊装过程中的不稳定。对质量超过 20t 的不规则构件,需在其适宜的部位标记重心位置和质量。

(5) 针对散件汽运、散件集装箱运输、大件江河运输、大件海运等情况,需要制定相应的绑扎方案和运输方案,包括相应的受力计算。

某桥整体转运的可靠性分析如图 11-2 所示。

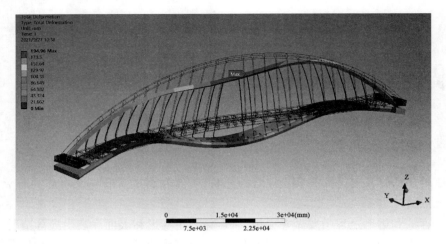

图 11-2　某桥整体转运可靠性分析

11.1.3　构件在包装、存放、转运、绑扎、装卸和运输过程中，应采取有效措施，保证其不变形、不损伤、不散失和不被污染。

对包装框架、运输绑扎等需进行结构受力计算，满足运输过程中的受力要求。钢框架的焊接要牢固。

11.2　包装与标识

11.2.1　构件在制造或涂装完成后宜进行必要的包装，包装应在涂装的涂层干燥后进行。

如果涂装在未干燥时即进行包装，由于面漆的残留溶剂挥发受阻，会使面漆和中间漆的附着力下降，而且如遇低温天气，钢材表面的温度会更低，容易产生冷凝水，因面漆涂层尚未完全固化，抵抗水汽的能力较差，长期"浸泡"在高湿度的水汽环境下，容易导致涂层软化失效。水汽还可能会反透过涂层，进入涂层内部，聚集于涂层层间，导致面漆涂层与中间漆涂层附着力差。

11.2.2　对构件进行包装时，应根据构件的类型和特点，选择适宜的包装材料和包装形式。

包装的材料主要有钢材、木材、橡胶、薄膜、帆布等，散件的包装形式主要有铁箱、铁框架、木箱、托盘等。托盘一般优先选用 1 200mm×1 000mm 和 1 100mm×1 100mm 两种规格的木质托盘。

11.2.3　构件的包装应符合下列规定：
1　大截面的工形和箱形构件、桥面板单元等可采用裸装。
2　细长构件应采用框架捆装，构件之间应加设垫层。
3　连接板应采用盘装，板件之间应加设垫层。
4　螺栓、铆钉、螺母和垫圈等较小零件应分类装箱，箱内应装塞紧密，并应采取防雨措施。
5　包装时应对连接部位的摩擦面进行保护。
6　当设计对构件的包装有特殊要求时，应符合其规定。

细长构件一般采用槽钢、螺纹钢等钢结构焊成的框架进行捆绑，构件之间可以使用橡胶、泡沫塑料、软木等做垫层，以保护涂层不被损坏。细长构件框架捆装如图 11-3 所示，托架绑扎运输如图 11-4 所示。

不规则构件之间可以使用气袋做垫层，以保护构件不受损。气袋垫层包装如图 11-5 所示。

海运一般采用薄膜和帆布进行包装。某桥第一层薄膜包装如图 11-6 所示，第二层帆布包装如图 11-7 所示。

图 11-3　细长构件框架捆装

图 11-4　托架绑扎运输

图 11-5　气袋垫层包装

图 11-6　第一层薄膜包装

图 11-7　第二层帆布包装

11.2.4　栓合发运的零件应采用螺栓拧紧,且每个孔群应不少于 2 个螺栓。

栓合发运有利于现场安装,无须寻找相应的连接板,特别是经过预拼装的桁架梁桥。使用不少于 2 个螺栓可以防止连接板的转动,提高安全可靠度。

11.2.5　对桥面板单元的 U 形肋端口、锚管孔以及构件上的工艺孔等敞开部位,宜采用适宜的材料封闭,防止水和杂物进入构件内部。

U 形肋板单元制造完成后,如需运往拼装工厂,为避免在运输过程中进水和杂物进入,可以对端头使用泡沫板和硅胶等材料进行密封。U 形肋板单元端头封堵如图 11-8 所示。

图 11-8　U 形肋板单元端头封堵

11.2.6　构件或其重要部位的包装应有醒目标识,标识不得形成构件表面污染,也不得影响构件性能。

构件的标识一般可以采用喷涂、吊挂或粘贴等方式设置,表现方式通常采用文字、图形、色彩和二维码等,以达到信息识别、标记和警示的目的。

构件标识的内容通常包括包号、施工图纸号、长度、宽度、高度、数量、体积、单重等。一般质量小于 5t 的异形构件和大于或等于 5t 的构件,需要将重心标识在构件上。

11.3 存放

11.3.1 构件存放应提前进行场地规划,其布置应满足存放、移运及架设安装时的作业要求。对大型或大节段构件,其存放场地布置应结合移运通道和出运码头设置进行总体综合规划;对山区的钢结构桥梁,在工地临时存放构件时,其存放场地布置应根据现场实际与其他大型临时设施综合规划。

构件的存放还需注意下列事项:

(1)对大型构件的存放,要考虑存放场地的地基承载力、移运通道的宽度和转弯半径、出运码头的承载力和水深等是否能满足要求。

(2)对山区的钢结构桥梁,构件的临时存放场地不能设置在易滑坡或有泥石流等地质灾害的区域。

11.3.2 构件存放场地应平整、坚实、稳定、通风,应根据地基情况和气候条件设置必要的防排水设施,并应采取有效措施防止场地地基沉陷。

地基经水浸泡后会降低承载力,局部受力不均匀,导致构件支墩不均匀沉降,影响构件的受力和稳定,因此需要采取有效措施予以防止。

11.3.3 存放时,构件之间的空间或空隙应满足设备作业和人员活动的要求。

11.3.4 存放台座应坚固,其基础及地基应有足够的承载力和稳定性,且不得产生不均匀沉降。

对特大型构件或整桥构件的存放,需要验算支墩的承载力、地基承载力以及地基的变形。例如某桥的整桥构件为1.2万t,整体存放,就需要考虑每个支墩的承载力、地基承载力以及变形能否满足要求。

11.3.5 构件存放时,支承点的位置与数量应符合设计规定;设计未规定时,应通过结构受力验算确定。构件在自重作用下不得产生永久变形。

某箱形梁结构和支墩受力计算如图11-9所示。

图11-9 箱型梁结构和支墩受力计算

11.3.6 构件存放应符合下列规定:

1 构件宜按移运或安装的先后顺序编号存放,且应分类码放整齐。

2 构件存放时,其支点处应采用垫木或其他适宜的柔性支垫材料进行支承,应避免其涂层受到损伤。

3 大节段构件在存放时，应设置足够的支承点，且支点应设在自重弯矩较小的位置，并应防止构件产生挠曲变形。

4 构件多层叠放时，各层之间应以垫木或其他适宜的支垫材料隔开，各层支垫位置应设在设计规定的支点处，上下层的支垫应在同一垂直面上；叠放时不宜过高，其高度宜按构件强度、台座地基的承载力、支垫材料的强度及叠放的稳定性等经计算确定，并应防止构件产生倾覆或变形损坏。

5 雨季或春季融冻期间，应防止地基软化下沉导致构件变形及损坏。

11.4 厂内转运

11.4.1 构件可采用轨道式龙门吊机、轮胎式龙门吊机或多轮胎液压平板车在制造厂内进行转运，且应预设相应的转运通道；大型或大节段构件可采用滑移方式进行转运。

11.4.2 转运通道的高度和宽度应有足够的安全距离，避免与其他物体发生碰撞、刮擦；转运通道的道路应平整、顺畅，地基应有足够的承载能力。

大节段钢梁场内转运如图 11-10 所示。

图 11-10 大节段钢梁场内转运

11.4.3 转运构件时，其吊点或支点位置应符合设计规定；设计未规定时，应根据计算确定。

11.4.4 采用多台液压平板车拼车转运大型或大节段构件时，在顶升脱离胎架过程中，应多点同步加载，且应避免单车过载或单点过载使构件产生局部永久变形。

11.4.5 采用滑移方式对大型或大节段构件进行转运时，滑道应设在坚固稳定的地基基础上，且应保持平整；滑移动力设施应经计算及试验确定；滑移过程中应防止构件受到损伤或产生永久变形。

采取滑移方式对大型或大节段构件进行转运时，尚需注意：滑移需要编制专项施工方案，并要对地基承载力、滑移动力设施、滑移支架和结构本身等进行受力分析，对船舶进行锚泊和调载等方面的计算，监测装船过程中主结构的变形，同时监控码头的设施及设备。

图 11-11 所示为某钢拱桥采取整体滑移方式转运装船。

图 11-11 整体滑移装船

11.4.6 起吊和转运时,构件及辅助件总质量不得超过起重机或转运设备额定承载能力。

11.5 装卸

11.5.1 装卸构件时,宜根据其结构形式、外形尺寸、质量以及装卸地点的地形特点等因素,确定适宜的装卸方式和装卸设备。

11.5.2 装卸大型或大节段构件时,应按装卸方式对构件进行相应的结构验算,采用的起重设备应满足构件装卸的承载能力和安全要求。

11.5.3 装卸起吊构件时,其吊点位置应符合设计规定;当需要在构件上设置临时吊点进行起吊装卸时,应对构件进行结构验算。

11.5.4 构件装卸作业应符合下列规定:
1 现场应具备足够的安全作业空间,避免构件产生碰撞、刮擦。
2 构件起吊宜在设计规定的吊点位置设置吊耳;利用螺栓孔进行装卸起吊时,应经受力验算通过后方可采用。
3 起吊构件时宜采用吊具和专用吊带,不得采用钢丝绳或钢抓直接接触构件进行起吊。
4 在运输设备上起吊或放置构件时,应保持其平稳、受力均匀。
5 装卸作业过程中,应保护构件的涂层。

11.6 运输

11.6.1 构件运输应编制专项方案,并应根据构件的形状、种类、质量以及桥位处地形和水域特点,确定适宜的运输方式、运输路线和运输工具。

11.6.2 构件采取公路运输方式时,应提前对运输路线进行现场实地踏勘,确认运输车辆能顺利通行;当有障碍时,应采取相应措施予以处置。

在山区公路运输时,还要考虑车辆的最小转弯半径和车辆的稳定性等情况。

11.6.3 构件采取水上运输方式时,应提前对运输船舶需经过水域的特点及通航规则进行调查,并应据此确定运输船舶的类型和吨位。

水上运输要区分是内河水运还是海运,同时需要制订专项运输方案。

11.6.4 构件运输所采用的运输设备应符合其额定承载能力,并应符合相应运输方式的安全管理规定,运输实施前应按规定办理相关手续。

11.6.5 构件在运输车辆和运输船舶上的装载应符合下列规定:
1 构件的支承应牢固、可靠,支承点的设置应考虑运输震动对构件产生不利影响,必要时应加密或对构件进行局部加固。
2 构件的装载应稳定,对高宽比较大的工形梁和不规则异形构件应采用辅助稳定的撑架,防止其在运输过程中倾倒。
3 钢箱梁宜按自然状态装载放置,避免变形。
4 开口槽型构件宜在两腹板之间设置剪刀撑予以加固。
5 对构件的焊钉连接件,装载时应采取可靠措施予以保护,避免在运输过程中与其他物体产生碰撞而损伤。
6 构件装载完成后,宜采用钢丝绳或其他适宜的材料将其固定牢靠,且应在钢丝绳下加设柔性垫层,防止损伤构件的涂层。
船舶运输时还需要进行货物的绑扎设计和计算。

11.6.6 公路运输构件时应符合下列规定:
1 构件的尺寸与质量应符合道路及交管部门的限制要求,超长、超宽等大型构件运输的专项方案应经运输主管部门批准。
2 运输车辆的起步和运行应缓慢,平稳前进,严禁突然加速或紧急制动。
执行本条时需注意下列事项:
(1)制造厂需保证每一构件均能符合道路及交管部门规定的长、宽、高(包括车轮尺寸)尺寸限制和重量限制,不能保证时则需按超限的相关规定进行运输。
(2)超长和超宽大型构件的运输有耽误时间和货物损坏的风险,且会造成成本的增加。
(3)车辆突然加速或紧急制动,加速度大,受到的惯性力也大,容易损坏货物。

11.6.7 水上运输构件时应符合下列规定:
1 应按运输条件下的各种工况,对运输船舶的强度进行核算和加固计算,并应对船体进行必要的加固处理;同时应对船舶的稳定性进行安全验算。
2 水上运输时,构件装船后船舶的抗倾覆安全系数应不小于1.5,并应采取防止船体摆动的有效措施,保证构件在风浪颠簸中不移位。
3 对大型和大节段构件,应根据其构造特点采取可靠措施,保证水上运输安全。
使用船舶进行大型或大节段构件运输时,需要编制专项运输方案,其内容一般包括工程概况、总体运输部署、运输方案、运输船舶安全航行、运输船舶抛锚定位方法及应急预案、运输船舶航行安全管理制度、船舶发生应急情况后的应急处理方案、防台防汛工作预案、贯彻绿色航运理念等。

11.6.8 运输构件时,不得使其在运输过程中产生任何形式的损伤及永久变形。

附:港珠澳大桥大节段钢箱梁的场内转运及装船技术

一、场内转运

由于大节段钢箱梁吨位较大,总拼结束后梁段下胎通常采用大型液压平车进行场内转运。大节段钢箱梁的转运方式需根据架设进度要求确定,若架设工期紧、梁段供应集中,则需将大节段拼装区和存梁区分开,采用"多台大型移梁平车同步转运";若架设工期长、梁段供应分散,可以将大节段拼装区和存梁区设为一体,采用"横向转运"方案。

(一)移梁平车同步转运

根据本项目大节段钢箱梁的结构特点和重量,新购或对现有平车进行改造升级,同时购置新的动力模块和从动模块及连接构件,可以充分发挥液压平车方便、灵活、安全和高效的特点。

1)移梁平车选择

对于新购移梁平车,通过对国内外大型移梁平车生产厂家的考察、比较,国内的移梁平车虽然造价较低,但其使用性能及后期维护费用较高;德国的哥德浩夫虽然造价较高,但其使用性能和后期维护费用较低。

2)场内转运

为便于大节段钢箱梁的场内转运,需对运梁通道基础进行特殊处理,根据移梁平车厂家要求,大节段钢箱梁转运通道的基础承载力为:载重吨位÷移梁平车投影面积=地基承载力,为保证运梁通道基础的承载要求,建议基础承载力不小于 $10t/m^2$。

当在场内转运分段钢箱梁时,分段长度不大于30m,重量不大于600t,因此可以选用1个动力模块带1个从动模块的组合方式,平车单轴承重为40t,单车承重40t/轴×12轴=480t,采用2车联动运输总承重480t×2=960t;共2个370匹马力的动力机组,实现2列组合同步行使和转向。为增加运输过程中的稳定性,可以在模块间用连接桥连接,这样既能满足承重要求,又能保持分段钢箱梁转运时的稳定(图11-12)。

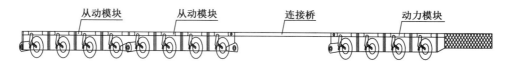

图11-12 移梁平车组

分段钢箱梁在拼装胎架上制造完成后,先由移梁平车转运至临时存梁区,然后进行修磨,安装附属构件,等待涂装。涂装完成后由移梁平车转运至正式存梁区,等待按照大节段需求计划上胎拼装。当分段钢箱梁在大节段拼装胎架上拼装完成后,进行环缝补涂,通过四台移梁平车将大节段钢箱梁转运至梁段存放区(图11-13),单车承重40t/轴×15轴=600t,采用4车联动运输总承重600t×4=2400t;共4个370匹马力的动力机组。

图11-13 大节段钢箱梁转运

(二)轮胎式行走模块转运

采用轮胎式行走模块转运,为实现行走模块的大吨位承载,模块的承载面为箱形梁组成的框架结构,再通过轮胎式行走模块的实心轴将压力分配到前后车轮,保证了各车轮受力平均,基本拥有与全液压板轮胎受压一致的特点。200t电动液压千斤顶置于行走模块中心的箱形梁中(图11-14),实现设备在行走模块的自由、自动升降。大节段钢箱梁质量为2 270t,采用26个行走模块,平均每个模块承载90t,考虑到有可能偏载,模块设计额定载重为100t,自重5t/个。

图11-14 行走模块

将行走模块前端作为定位基准,先在钢箱梁外侧以行走模块地面所做标记为基准,用汽车吊将模块车调整方向并与地面标记对齐,然后将前后两个模块用特制的连接杆刚性连接,缓慢将模块车置入钢箱梁底部,再用激光经纬仪校正,保证模块车在同一直线上。定位结束后,通过液压泵站起升千斤顶,将钢箱梁顶起,取出支架,接着缓慢降下千斤顶使钢箱梁与模块车紧密接触,检查整个动力系统及行走模块无误后,启动卷扬进行平移。

该作业方案对行走地面基础要求相对较低(一般公路要求),操作灵活,经过精确计算和充分论证,也完全能达到同步平移的要求,项目实施总费用较低。

移梁平车同步转运方案:大节段钢箱梁转运过程灵活方便、效率高、工序间相互影响小,但该方案设备成本投入过大,适合集中架设需要,建议根据大节段钢箱梁架设周期决定是否采用该方案。轨道式转运平车、轮胎式行走模块及滑移转运方案虽然成本投入较小,但操作复杂,工序间相互影响较大,不适合本项目大节段钢箱梁的转运。移梁平车与轮胎式行走模块并用方案,操作简便、经济合理,可以作为大节段钢箱梁的转运实施方案。

二、装船技术

目前国内外大节段钢箱梁装船主要采用滚装法和吊装法,两种装船方案各有优势和缺点。相比较而言滚装法对运输船和码头的要求较高,运输船要经过特殊改装,梁段装船要依靠潮汐和压仓水调节,造成码头使用效率低下,而且操作过程复杂、安全系数相对较低,针对大节段钢箱梁的结构特点和架设工期要求,该方案需将每台平车加到15轴长,且需要4台平车同时运输。采用吊装法装船,自然影响因素少,装船效率高,安全系数高,但由于要利用大型吊装设备,故投入相对较大。大节段钢箱梁吊装装船,可以采用"港池+门吊""岸式码头+浮吊"及"滚装法"装船的方式。

(一)"港池+门吊"方案

装船采用"港池+龙门吊"方式,港池尺寸为160m(长)×55m(宽),能满足现有运输船舶进出和停靠。港池配2台大型龙门吊,吊机跨度62m,起升高度45m,单台额定起重2 000t,两台龙门吊可以联机同步作业,主要参数见表11-1。

表 11-1　龙门吊主要技术参数

序　号	项　目	技术参数
1	额定起重量	1 000t + 1 000t（双小车）
2	工作级别	A4
3	轨距	62m
4	起升高度	轨上45m，轨下5m
5	起升速度	0～1.5m/min
6	大车运行速度	0～22m/min

大节段钢箱梁采用液压平车运至龙门吊下，两台龙门吊与大节段钢箱梁重心对称就位，连接吊具和吊装吊耳，检查无误后垂直稳步提升到安全高度后，匀速行走至船舶正上方，缓慢将大节段钢箱梁下落，当距离船上支撑托架上方约200mm时，停止下落，微调大节段位置使之与托架中心准确对正，然后平稳落梁。

首节大节段吊装发运前，编制专项试验方案并按程序审查通过后，进行吊装试验，主要内容和步骤如下：

（1）大节段钢箱梁起升200mm后静止20min，然后落下再提升200mm，反复3次。

（2）起升200mm后，龙门吊行走50m，反复3次。

（3）吊装试验结束后，安排专人检查梁体吊耳和内部结构情况。

（4）上述程序安全通过后，形成专项试验报告，报监理工程师备案。

对于单个小节段的吊装装船，采用一台龙门吊即可，其方法和要求与大节段相同。

（二）"岸式码头 + 浮吊"方案

目前大型钢梁构件采用浮吊装船、架设安装的工程实例较多，例如：日本千岁大桥钢桁拱质量4 500t，采用两台浮吊（3 700t、2 200t）架设，运输则采用16 000t驳船；崇启大桥大节段钢箱梁由14 000t海驳运至桥位区，采用起吊能力分别为2 200t、1 600t的两台浮吊进行抬吊架设。为保证吊装的同步性，采用自动平衡吊装系统。大节段钢箱梁检验合格后，采用移梁平车转运至出海码头，装载大节段钢箱梁的运输驳船抛锚定位后，使用两台2 000t以上浮吊（为舷外起吊方式）起吊（图11-15），通过铰锚移动浮吊，将钢箱梁缓慢安放在运输驳船上并固定，之后将装载钢箱梁的运输驳船拖移至出海码头附近海域，等待运输。

图 11-15　大节段钢箱梁吊装

（三）船上绑扎固定

大节段钢箱梁在船上采用两点支撑，每点支撑设置支撑托架，支撑托架直接焊在船甲板上。对于长度大于130m的大节段，每端设置4榀支撑托架，长度小于130m的每端设置3榀支撑托架。一端支撑设在大节段钢箱梁永久支座处对应的横隔板位置，另一端设在永久支座或靠近桥上接口的对应横隔板位置，两支撑托架的最远距离为105m。

为了保证大节段钢箱梁运输航行过程中绝对安全，在运梁支架上设置了横、纵向约束和绑扎装置。大节段钢箱梁平稳落在船上后，移动横向限位装置，使之与钢箱梁的斜底板顶紧，顶紧装置下端与支撑托架焊接牢固，严格限制大节段钢箱梁在运输过程中产生横向滑移。在运输过程中为防止大节段钢箱梁发生纵向移位，在钢箱梁底板和支撑托架间设置8副锁紧装置，锁紧装置在纵向上每端4副，均布在大节段钢箱梁的平底板上。大节段钢箱梁就位后，用千斤顶和$\phi 50mm$的PSB1080高强螺纹钢拉杆锁紧，每副锁紧拉杆可以提供不小于150t的纵向约束力，充分保证大节段钢箱梁在运输中不发生纵向移动。

12 安装

12.1 一般规定

12.1.1 本章适用于钢结构桥梁在桥位现场的安装施工。

12.1.2 安装施工前,应根据桥位环境条件和桥梁结构及构件特点,合理选择安装方法,制定专项施工方案;当专项施工方案在实施过程中出现意外情况时,应进行修改或完善,并应按技术管理规定进行论证和审批。对各施工工序应编制作业指导书。

对危险性较大的分部分项工程,均需在施工前制订专项施工方案。所谓危险性较大的分部分项工程,一般指工程在施工过程中,容易导致人员群死群伤或造成重大经济损失的分部分项工程,简称为"危大工程"。依据《公路工程施工安全技术规范》(JTG F90—2015),钢结构桥梁安装中的大型临时工程,梁、拱、柱等构件安装施工和起重吊装工程等,均属于风险等级较高的危大工程,因此按规定需要制订专项施工方案。

专项施工方案编制的一般程序如下:

(1)编制准备:编制专项施工方案之前,需要对设计图纸、技术专用条款、地方特殊要求、类似工程、四新技术等相关资料进行收集整理及消化吸收;进行施工现场实际踏勘;分析项目风险评估报告、地方行业主管部门及建设单位相关文件要求;分析工程施工的重点和难点,确定施工目标。

(2)编制方案:提出多种不同方案进行同深度比选,确定实施方案,选定主要设备和大型临时设施;编制施工图、计算书,编制各项计划,根据计算分析修改优化方案;对工程易发生质量、安全事故的部位或工序提出针对性措施;形成内容完整、资料齐全的专项施工方案。

(3)审批与评审:专项施工方案需由施工单位技术负责人审核签字并加盖公章,并由总监理工程师审查签字、盖章。对超过一定规模的危大工程,其专项施工方案还需要组织专家进行论证。

专项施工方案在实施过程中出现意外情况时,其背后往往隐藏着原方案没有考虑到的各种风险,如果对其不及时进行识别、评估,将有可能导致重大事故,因此需要根据实际情况及时地进行修改、完善。条文规定"并应按技术管理规定进行论证和审批",其实质是要按照管理制度及相应的管理程序,通过层层把关,以保证工程施工中的各种风险均能得到有效控制。

关键工序通常是指对工程的安全、质量和进度等有直接影响的工序。作业指导书主要是针对某一工序施工的方法、步骤,以及安全和质量等方面的要求,做出简明扼要的说明,用于指导该工序的现场施工操作,以达到规范施工操作程序、作业标准化的目的,从而更有效地保证施工安全、工程质量和施工进度。

12.1.3 应根据桥梁结构、施工条件、构件特点合理选择安装设备及配套机具;安装设备和配套机具应具有较好的适用性和足够的安全性,满足安装施工的需要。

安装设备一般包括起重设备及为配合构件的起吊、移位、就位、调整和固定等作业的其他机具。起重设备有通用和专用之分,通用起重设备有汽车起重机、履带式起重机、门式起重机、起重船和塔式起重机等,专用起重设备一般指架桥机、桥面吊机、跨缆吊机和缆索吊装系统等;用于构件安装施工的其他机具有卷扬机、滑轮组、轨道车、移位器、钢丝绳、起重葫芦、吊钩吊具、卡环和各种千斤顶等。

选择安装设备通常需要考虑桥梁结构、地形条件、构件特点、安装施工方法,以及安全、环保、成本、工效等因素,而适用性和安全性则是需要考虑的首要问题。一般情况下,设备的组合要合理,与采用的施工方法相适应,能满足安装施工的各项需求,并有足够的安全储备,能安全可靠地运行。

不同的安装方法所采用的安装设备也不同,表12-1所列是常规中小跨径钢结构桥梁上部结构的安装方法与相应的安装设备选择,可以供施工参考。

表12-1 公路中小跨径钢结构桥梁上部结构常用安装方法与安装设备

安装方法	安装设备	适用范围
支架上安装	起重机	(1)适用于桥墩高度较低、便于搭设支架,场地坚实平整,空间开阔,能满足起重机作业的场所; (2)没有吊装顺序的限制,可以跳孔安装
支架上安装	起重船	(1)适用于浅水水上施工,要求一定水深,能满足起重船吃水要求,空间开阔,能满足起重船作业的场所; (2)没有吊装顺序的限制,可以跳孔安装
整体(孔)安装	起重机	(1)适用于桥位场地坚实平整,空间开阔,能满足起重机作业的场所; (2)没有吊装顺序限制,可以跳孔安装
整体(孔)安装	架桥机	(1)适用于桥下障碍较多,起重机作业不便的场所; (2)须逐孔顺序施工,不能跳孔安装
整体(孔)安装	起重船	(1)适用于水上施工,要求一定水深,能满足起重船吃水要求,空间开阔,能满足起重船作业的场所; (2)没有吊装顺序限制,可以跳孔安装
整体(孔)安装	提升架、千斤顶	(1)适用于大型构件能运到桥位正下方,仅竖向提升即能就位的构件安装; (2)提升架需要专项设计,所需设备较少
顶推	千斤顶	(1)适用于桥下有障碍,起重机、架桥机作业不便的场所,不需要大型起重设备,不影响桥下交通; (2)桥头需要有组拼场地; (3)变高度梁不适用

12.1.4 对临时受力结构,应进行专项设计和安全性复核验算。对特别复杂的大型临时受力结构,应委托第三方进行复核验算。

临时受力结构主要包括工地运输构件用的临时码头、栈桥、便桥,用于临时支撑构件的支架、托架、平台、墩、吊索(杆),用于支撑提升设备的各种塔(架)体,用于起吊构件的提升架、龙门吊、缆索起重系统、缆载吊机、桥面吊机,用于转体施工的转盘及铰轴、扣塔、锚碇等。对这些临时受力结构,不仅要能满足施工的需要,更重要的是须保证其在使用过程中的安全性,因此就需要进行专项设计,并对其安全性进行复核验算。专项设计一般包括构造设计、结构受力分析计算,以及强度、刚度和稳定性验算等内容。

由于特别复杂的大型临时受力结构其受力状态和分析计算较复杂,在设计计算过程中存在的一些小失误,也有可能导致重大的安全事故,因此,为防止受力分析失误或计算错误,就有必要委托第三方进行独立复核验算,以保证万无一失。委托第三方进行复核验算时还需注意:受委托单位和负责人须具有相应的资质和经验,相关负责人需要在复核报告上签字并加盖单位公章。

12.1.5 安装过程中应进行安全风险管理,对作业活动、设备、人员、环境、设施和材料进行安全危险源辨识和风险评估,采取安全风险防控措施,制定应急预案,保证施工安全。对下列危险源或危险因素应制定安全技术措施:

1 起重吊装、水上、高空、受限空间作业、交叉施工、起重设备安装与拆除等作业；
2 各种支架(托架)、塔架(含地锚、风缆)、脚手架、栈桥、水上作业平台等临时设施；
3 起重设备、特种设备、机具、吊具、钢丝绳、结构用钢材等设备和材料；
4 特殊作业人员；
5 工地临时用电；
6 大风、暴雨、浓雾和洪水等。

条文列举了一些常见的危险源或危险因素，如果在安装施工中不对条文所列的危险源或危险因素加以防范，可能会导致安全事故，因此需要有针对性地制定安全技术措施，并在施工过程中加以实施。

在对安全危险源辨识和风险评估时，可以将安装施工过程进行工序分解，针对实际过程从作业活动、设备、人员、环境、设施和材料等方面着手进行，并根据评估结果来制定防控措施和应急预案。上述这些工作一般是根据实施方案和类似工程经验进行的，带有预测预判性质，故通常由主管部门组织有经验的人员进行，以保证风险评估结论可靠，防控措施和应急预案有效。

应急预案是针对可能发生的事故，为最大程度减少事故损害而预先制定的应急准备工作方案。应急预案分为不同的等级，《国家突发公共事件总体应急预案》中，将突发公共事件分为自然灾害、事故灾难、公共卫生事件、社会安全事件四类，并按照其性质、严重程度、可控性和影响范围等因素分为四级：Ⅰ级(特别重大)、Ⅱ级(重大)、Ⅲ级(较大)和Ⅳ级(一般)。

应急预案体系包括：

(1)突发公共事件总体应急预案。总体应急预案是全国应急预案体系的总纲，是国务院应对特别重大突发公共事件的规范性文件。

(2)突发公共事件专项应急预案。专项应急预案主要是国务院及其有关部门为应对某一类型或某几种类型突发公共事件而制订的应急预案。

(3)突发公共事件部门应急预案。部门应急预案是国务院有关部门根据总体应急预案、专项应急预案和部门职责为应对突发公共事件制订的预案。

(4)突发公共事件地方应急预案。具体包括：省级人民政府的突发公共事件总体应急预案、专项应急预案和部门应急预案；各市(地)、县(市)人民政府及其基层政权组织的突发公共事件应急预案。上述预案在省级人民政府的领导下，按照分类管理、分级负责的原则，由地方人民政府及其有关部门分别制定。

(5)企事业单位根据有关法律法规制订的应急预案。

(6)举办大型会展和文化体育等重大活动，主办单位制订的应急预案。

根据《生产经营单位生产安全事故应急预案编制导则》(GB/T 29639—2020)，生产经营单位应急预案分为综合应急预案、专项应急预案和现场处置方案。现场处置方案是指生产经营单位根据不同生产安全事故类型，针对具体的场所、装置或设施所制定的应急处置措施。现场处置方案重点规范事故发现描述、应急工作职责、应急处置措施和注意事项，体现自救互救、信息报告和先期处置的特点。

钢结构桥梁安装专项施工方案中的应急预案属于现场处置方案，需根据风险评估及防控措施逐一编制，并重点说明：应急处置程序；预警标准及发生意外、异常、触警后拟采取的处置措施(如监测、加固、加强、制动、警戒、人员疏散等)；报警等。应急处置方案要具体、简单、针对性强，做到相关人员应知应会，熟练掌握，并通过应急演练，做到迅速反应、正确实施。

制定安全技术措施时可以按以下顺序考虑降低安全风险：

(1)消除：改变设计以消除危险源，如避开不良环境和地质条件降低系统安全风险。

(2)替代：用低危害材料代替或降低安全风险，如采用机械化换人、自动化减人措施消除人工作业安全风险。

(3)工程控制措施：高处作业安全控制措施、起重设备安全控制措施、现场临时用电、消防、防雷控制措施、支架平台施工安全控制措施、夜间施工安全控制措施、主要风险施工安全控制措施。

(4)标志、警告和管理控制措施:安全标志、安全防护、安全警示等控制措施。

(5)个体防护:安全帽、安全防护眼镜、安全带、安全绳、安全网、防坠落装置、口罩和手套等。

12.1.6 安装时应设置施工安全保护设施。安全保护设施宜采用标准化设计,且应与施工方案同步设计、同步实施、同步使用与维护。

施工安全保护设施一般包括临边防护、通道防护、防坠网、安全绳、警示牌、机械及设备的超限保护器、防护罩、接地装置、临时用电保护装置、施工避雷装置、逃生通道等。

需要注意的是:条文所要求的保护设施,仅仅是现场安全防护最基本的、原则性的要求,从促进行业发展、提升安全防护水平、推动现场施工标准化的角度出发,要鼓励企业研发、设计和使用定型的防护设施,一方面可以增强安全防护设施的可靠性和规范性,减少损坏,改善现场的安全施工条件;另一方面也能增加安全防护设施的耐用性,降低成本,实现降本增效。但定型防护设施须由企业的技术部门负责设计,并通过可靠性评价,以防止因技术能力不足或其他原因而使用不合格产品,或擅自改动防护设施,形成安全隐患。

施工安全保护设施是安装施工中必要的安全保障,如果设置时间滞后,必然会造成部分施工环节的安全保障缺失,形成安全隐患。规定同步设计、同步实施、同步使用与维护,目的是使每一工序和每一步骤的施工作业均有安全保障,从而降低安全风险。

12.1.7 安装时应进行施工监控,使桥梁结构的内力和线形符合设计要求。对斜拉桥、悬索桥、拱桥、采用悬臂法施工的连续刚构桥和连续梁桥,以及采用顶推或转体方法施工的钢结构桥梁工程,应编制专项施工监控实施方案。

施工监控是指在施工过程中对桥梁结构的内力、线形进行监测与控制,以保证结构安全、内力与线形符合设计要求。条文所列的应编制专项施工监控实施方案的桥型和施工方法,其结构及施工过程较为复杂,需要通过对施工的模拟分析、现场监测、误差识别与预测、反馈控制等工作,达到结构安全、内力与线形符合设计要求的目标。

对桥梁的施工进行监控,通常是以设计期望的成桥状态作为实现目标。在施工过程中,通过实时监测结构的状态,量测实际状态与理想状态之间的偏差,运用现代控制理论和方法,对引起误差的各项参数进行识别、调整,并对下一阶段结构的状态进行预测、控制,使其能最大限度地接近理想状态,从而保证最终的成桥状态符合或接近设计期望的内力和线形要求。

随着计算机与物联网技术的发展、施工控制理论的不断完善以及新型高强材料的广泛应用,施工监控技术也在朝着针对结构体系复杂的桥梁,贯穿设计、建造施工和长期运营维护的全生命周期,以高精度、多维化和智能化等为目标的方向发展,当前的研发方向主要包括以下方面:

(1)研究以几何控制为核心的全过程自适应控制系统,针对特殊大跨桥梁显著的多维非线性效应,发展改善基于全时空考虑多影响因素的数值计算方法。

(2)研究现有桥梁施工控制理论方法在超大跨度缆索承重桥梁中的适应性。

(3)开发超高索塔结构、异形空间结构和超长拉索等结构状态参数监测技术。

(4)针对多拉索结构体系发展快速精准的调索方法。

(5)结合 BIM 等技术辅助设计和施工,发展提高施工效率和施工控制精度的工艺技术方法。

(6)针对复杂大型桥梁结构,开发自动无线监测系统和智能监测系统。

(7)开发考虑结构材料、环境和目标荷载作用效应,采用物理力学分析模型和大数据预测分析模型相结合的预测控制方法。

从上述情况可以看出,桥梁工程的施工监控技术正在从仅关注施工阶段向关注结构全寿命周期转变;从仅关注主要受力构件和关键截面转化为关注多元化复杂构件的全方位控制;从注重桥梁整体结构到注重各个施工细节的方案优化;从以现场人工量测为主的传统做法到自动化、远程化、实时化、智能化的转变。

12.1.8 安装时,未经批准不得对构件随意开洞、切割或焊接。安装时及完成后,应采取措施防止构件受到损伤、污染或锈蚀。

本条的规定是出于对安装过程中加强成品保护的考虑,以保证钢结构构件的质量。对构件随意开洞、切割或焊接,可能会严重损伤结构,导致其强度降低。安装施工确实需要在构件上进行开洞时,最好是在制造前征得设计的同意,且尽量选择对主体结构影响小的部位,并纳入制造工艺方案中,在制造时按照批准的工艺方案进行加工;如果构件制造完成后再在现场进行开洞、切割或焊接等作业,则需得到监理工程师的批准后方能进行,这些作业尽管经过审批后可以实施,但仍然会不同程度地对构件产生不利影响,因此要尽可能地避免或减少在现场进行此类作业。

在构件安装时及完成后,交叉或后续的桥面防水、桥面铺装、防撞设施、机电和交通工程等专业的施工作业中,可能会造成构件及连接的损伤、涂装的破坏和污染、钢材的锈蚀等情况,因此需要采取措施加以防止,常用的措施有防护、包裹、覆盖或封闭等。

12.1.9 钢结构桥梁的安装施工除应符合本规范的规定外,尚应符合现行《公路桥涵施工技术规范》(JTG/T 3650)和《公路工程施工安全技术规范》(JTG F90)的相关规定。

12.2 施工准备

12.2.1 安装施工前的准备工作应包括技术准备、资源准备和现场准备等。安装施工正式开始时,各项准备工作应充分、到位。

技术准备的内容主要有:熟悉设计文件、进行设计交底;施工调查和现场核对;进行专项设计;编制施工组织设计、专项施工方案及作业指导书;建立质量、安全和环保管理体系。

资源准备的内容主要有:建立施工组织机构、组建施工作业班组、组织施工人员进场;材料的采购、进场与存放;配备施工用机械、设备和工具等。

现场准备的内容主要有:平整施工场地、建造临时设施、拼装临时结构、进行标准化施工策划等。

安装之前做好各项准备工作,是保证施工能顺利进行的重要前提,如果准备工作不充分、不到位,一旦在施工过程中出现意外情况,就有可能使工程产生停顿或需要进行处理,这不仅会影响作业效率和施工进度,严重时有可能会发生安全事故或质量事故。

在现场准备中,场地通常会根据不同的施工需要划分成若干区域,用于临时存放钢结构构件、施工材料、机械设备,以及布置临时设施和临时结构等;同时会按照安装的要求设置作业场区。对场地总体上的要求是要能满足连续施工和安全作业的需要,具体包括下列内容:

(1)在陆地安装施工时,场地需要坚固、稳定,防排水设施完备。采用起重机安装构件时,场地要满足其最小安装作业空间的需求;采用支架法安装时,对地基要进行处理,使地基承载力满足施工受力要求。安装过程中还需要排除交通、架空电线等的干扰。

(2)水上施工时,场区要满足起重船和运输船的锚泊、作业需要。起重船吊装作业时还需要保证航道、泊位、锚地及码头的正常使用。

施工准备工作完成后,要进行检查验收,以保证安装施工的顺利进行。

12.2.2 安装施工前,应对施工测量控制网进行复测和加密,使其满足构件安装的测量精度要求;未经复测或不能满足测量精度要求时不得使用。

通常情况下,勘察设计单位交付的测量控制网不一定能满足施工测量控制的要求,因此桥梁工程在施工阶段需要建立施工测量控制网,而钢结构桥梁对安装精度的要求更高,所以条文规定应对施工测量控制网进行复测和加密,以满足构件安装的测量精度要求。除对测量控制网提出要求外,施工测量尚需注意下列事项:

(1)安装前需编制施工测量方案、选定控制测量等级、确定测量方法,以保证测量放样的精度。

(2)安装施工前需进行放样测量,确定墩(台)顶面的支座中心坐标位置及相应的高程。

(3)当需对墩台或支架的基础沉降、构件安装时的结构变形等进行监测时,要提前制订监测方案,确定监测方法,合理布置点位和监测元件,并在实施过程中保证监测的精度。

12.2.3 对重要、复杂的安装施工工艺,宜通过仿真或模拟试验验证其可靠性和安全性,必要时应进行现场工艺试验。

12.2.4 对专门设计的起重吊装装置等,应进行现场加载试验,并应符合设计要求。吊点及连接的形式、位置和方向应满足起重吊装工艺的要求。

12.2.5 对安装施工现场的组织管理,应确定各专业施工作业的内容和区域,且应明确职责和流程,责任到人,组织有序。起重安装作业应统一指挥。

12.2.6 安装施工使用的起重机械设备、运输设备及工具等应齐全、配套,并应经试车调试,保证其性能和状态满足施工要求。对专用设备和特种设备应完成验收和备案。

特种设备是指列入《特种设备目录》中的设备,其验收要求通常包括:①进场设备符合合同的要求及相关的技术标准;②具备生产许可证、产品合格证和出厂检测报告;③安装和拆除由有相应资质的专业单位实施;④经现场检验、验收并按规定办理验收交接和使用许可。

专用设备是指虽未列入《特种设备目录》,但涉及施工安全、专门用于桥梁危险性较大的施工作业的设备。其验收一般是采用荷载试验或试吊等方法,检验其基础、构件或机构的受力和变形情况,以此判断设备的整体可靠性和安全性。检验通常遵循先局部后整体、先静态后动态、逐步加载的原则进行,以策安全。

12.2.7 用于测量、试验和检测的仪器设备,其数量、规格和性能均应满足安装施工的要求,并应在检定周期内使用。

12.2.8 陆上安装时,应在施工前完成"三通一平"工作,场地功能区域的划分应合理,隔离、防护和警示等设施应完善。

12.2.9 水上安装时,应在施工前取得水上施工许可证;安装施工方案应得到相关管理部门的认可或批准;安装施工使用的船舶、平台、码头、通道、锚地及航道管理设施等,应齐备并验收合格。

12.2.10 安装施工前,应对已完工的墩台、索塔、拱座、钢混结合段、支座等基础部位的轴线、高程及桥梁跨径进行复测,且应与待安装构件的轴线、高程、纵横坡、边界尺寸等空间位置进行核对,确认其能满足安装作业和设计的要求。

12.3 支架上安装

12.3.1 本节适用于简支梁和连续梁的构件、拱桥的拱肋或梁的构件,以及斜拉桥索塔区梁和悬索桥无吊索区梁的构件在支架上分节段安装的施工。

支架法作为最基本的钢梁安装方法,适用范围较广,通常应用于各种中小跨径钢梁尤其是简支梁与连续梁的安装;当拱桥跨度不太大且环境适宜时,拱肋及梁均可以采用支架法安装;对于斜拉桥索塔区和悬索桥无吊索区的梁段或构件,也多数采用支架法进行安装。

12.3.2 用于构件安装的支架应进行专项设计,支架的设计和安装除应符合现行《公路桥涵施工技术规范》(JTG/T 3650)的相关规定外,尚应符合下列规定:

1 支架纵横向临时支点的高程应与构件底面的拼装线形基本一致,同时应考虑待安装构件的预拱度、支架受力变形和温度变形等因素;支架应具备构件就位后进行平面纠偏、高程及纵横坡调整的功能。

2 支架上临时支点的支承杆件、分配梁受力和构件的局部应力,应在材料设计强度之内;临时支点位置与施工设计规定位置的偏差宜不超过±20mm。

3 临时支座应水平设置,构件底部有纵坡或横坡时应采用楔形块调平,坡度较大时应将楔形块与构件底固定连接。

4 对支承斜拉桥和悬索桥构件的支架,其计算荷载应考虑桥面吊机、卷扬机或临时材料堆放等施工荷载;支架宜与桥塔等永久结构进行临时连接,增强稳定性。

5 施工作业处应设置通道、操作平台和安全防护设施。

6 跨路或跨航道布设支架时,应设置交通警示标志和防撞设施。在河道中设置的涉水支架应考虑防洪、防冲刷的要求。

7 当支架支承在软土地基或软硬不均的地基上时,宜通过预压或加大基础承载力等方式,消除不均匀沉降。

8 支架在使用前应进行安装质量验收;构件安装过程中应监测支架变形及地基沉降等情况,超过允许值时应暂停施工、查明原因并采取措施消除异常。

用于构件安装的支架是重要的临时受力结构,其安全性和可靠性需要得到保证,因此规定应进行专项设计。就当前情况而言,由于临时支架的设计计算尚无专用的技术标准,而且多数是由施工单位自行设计和安装,不仅所采用的材料多种多样,支架的结构形式和节点构造处理等也各不相同,其安全性和可靠性也往往取决于施工单位技术水平的高低。现行《公路桥涵施工技术规范》(JTG/T 3650)对支架有一些通用的要求,但构件安装的支架有其自身的特点,因此本条针对这些特点,对支架从设计、安装到使用均补充了若干规定,旨在能更好地保证其安全性,以尽量降低钢构件安装作业过程中的安全风险。在执行本条规定时,需要注意到:支架的设计和安装既要满足现行《公路桥涵施工技术规范》(JTG/T 3650)中相应的通用要求,同时也要符合本规范的规定。

1 规定支架纵横向临时支点的高程应与构件底面的拼装线形基本一致,主要是为了减少在支架顶面设置和安拆临时支垫的工作量。以往的工程实践表明,当支架顶面水平设置时,由于有的钢梁纵横坡较大,使得钢梁某一侧的临时支垫过高,而临时支垫的调整及拆除一般均在钢梁的下方进行,且受限于环境条件,基本都是采用以人工搬运作业为主的方式,一方面操作不易,另一方面过高的支垫也存在倾覆的风险。钢构件起吊安装就位时,受起重设备性能所限通常很难一次性达到要求的精度,因此起吊安装时仅能对构件进行初步定位;对构件的精确定位一般要采用三向千斤顶等小型设备来进行平面纠偏、高程及纵横坡调整等的微调,此时就要求支架的顶面要有足够的平面位置以便布置千斤顶及临时支垫,并具备进行各种调整的功能。

2 临时支点的位置与施工设计规定位置之间的偏差,可能会导致实际情况与设计计算情况有较大差异,故根据以往工程经验规定偏差不宜大于20mm。

4 支承斜拉桥和悬索桥构件节段的支架,一般在构件就位后尚需要在其上进行其他工序的施工,例如斜拉桥索塔区构件的节段安装就位后,后续的悬臂拼装施工需要在构件顶面拼装桥面吊机,而且桥面吊机工作时产生的荷载也会通过节段传递到支架,所以在该支架设计时就需要考虑后续工序施工的荷载。

5 要求设置通道、操作平台和安全防护设施的目的是保障操作人员有一个良好的作业环境,以有效降低施工的安全风险。

6 跨路、跨航道和在水中设置的支架,均存在较大的安全风险,因此需要考虑相应的风险因素,并分别采取必要的针对性防护措施,以保证其施工安全。例如支架抵抗水平荷载的能力一般较弱,尤其是在仅要求承受竖向荷载时其抵抗能力最弱,支架如果遭受车辆或船舶的碰撞、洪水冲击或冲刷等情况,可能会导致坍塌、倾覆等严重后果。

7 地基的不均匀沉降在支架设计阶段难以精确计算分析,而不均匀沉降实际上又存在。根据以往工程经验,当支架位于软土地基或软硬不均地基上时,所产生的不均匀沉降一般较大,严重时会影响支架的稳定性和安全性,因此当存在上述情况时,就需要采取措施尽量消除不均匀沉降,以保证支架承载的安全性能。

8 支架坍塌等事故的先兆通常是支架产生变形或地基有不均匀沉降,施工过程中对其实时监测,并在发现异常时进行及时处理,能有效地规避事故的发生。

12.3.3 起重设备应符合下列规定:

1 采用汽车吊、履带吊单机吊装构件时,设备性能应满足起吊高度、作业半径、荷载及容绳量的要求;地基应有足够的承载力,作业空间应满足吊装作业的要求。采用双吊机抬吊构件时,单机的实际起吊重量不得大于其额定起重能力的80%;作业时双机应协调一致、同步起降。

2 采用龙门吊机吊装构件时,龙门吊机应由具有资质的专业生产厂设计及制造,并应具备良好的行走性能,能与待安装构件的尺寸、重量以及起吊高度等相适应。龙门吊机轨道的地基承载力应满足要求,基础应稳定坚固。

3 起重设备的实际吊装重量和工作状态不得超过其额定能力范围。

4 采用桥面吊机、缆索吊机、专用提升系统和起重船吊装构件时,应分别符合本规范第12.4.3条、第12.5.3条、第12.7.3条的规定。

5 起重作业应统一信号、统一指挥,缓慢启动,匀速起降。吊装过程中吊机的臂架与邻近支架、建筑或其他障碍物的间距应符合安全要求。

在支架上安装构件时,汽车吊、履带吊是使用较多的通用起重设备,因其有较好的适用性和机动性,但要求吊机的性能需与施工的环境条件相匹配,以提高施工效率、降低作业中的安全风险。在起吊构件时,吊机作业范围内的地基需要稳定,不能产生明显的沉降,承载力须满足要求,如果在作业过程中吊机支腿或履带处的地基发生过大沉降,往往会带来比较严重的后果,这也是采用汽车吊或履带吊进行构件起吊安装作业时的最大风险点,需要予以足够重视;对于软弱地基或软硬不均地基一般要提前进行处理,以消除作业中可能产生的地基承载力不足的风险。

当构件质量较大、一台吊机不能满足起吊要求时,可以采用性能接近的两台吊机进行双吊机抬吊。双吊机抬吊最好选择同类型的起重机,作业时的起吊动作要尽量做到统一指挥、协调一致、同步起降,因为双吊机抬吊作业如发生动作不一致的情况或遇到意外影响,可能会导致其中的一台吊机受力过大而超过其额定起重能力,发生安全事故,要求单机的实际起吊重量不得大于吊机额定起重能力的80%是参照现行《建筑施工起重吊装安全技术规范》(JGJ 276)的规定,目的是保证吊装作业的安全。

起吊重量是指构件和吊索具的总重量。

12.3.4 支架上安装构件应符合下列规定:

1 构件应按设计或施工方案要求的顺序进行安装。

2 在起重设备能力足够的前提下,宜减少构件分段的数量,或通过采取预先组拼、扩大拼装单元的方式进行安装。

3 当构件过大或限于条件需将其横向分块进行起吊安装时,首次安装的块段应能自稳,否则应加设防倾覆装置;后续安装的构件应及时与已安装构件连接,形成稳定结构。

4 构件宜通过预拼装或采用匹配件的方式提高其安装精度。在安装过程中应及时对梁体进行纠偏,避免误差累积。

5 构件就位时,平面位置和高程的偏差应符合本规范第14.2.1条的规定。

6 对自身刚度较小的构件,安装时应加设临时固定杆件,防止其产生扭曲变形。

7 采用千斤顶顶升和下放构件时,应设置保护垛或使用自锁式千斤顶。

8 在支架上移动构件时,宜采用千斤顶、移位器、滑靴、轨道梁或滑道等专用工具,加力的支点或反力点宜设在轨道梁上;当采用支架以外的反力点移动或拖拉构件时,应对支架的强度、变形和稳定性进行验算。

9 在支架上栓接钢构件时,冲钉和普通螺栓的总数不得少于栓孔总数的1/3,且其中冲钉的数量不得多于2/3,其余栓孔应布置高强度螺栓并初拧,再逐步替换冲钉和普通螺栓。冲钉的直径应较栓孔设计直径小0.3mm,普通螺栓的直径应较栓孔设计直径小1.0mm,且其长度均应大于拼装板束的厚度。

10 在支架上焊接钢构件时,应先将构件准确定位并临时固定,定位时应预留焊缝焊接的收缩量和反变形量;焊接前,当构件的对接接口有间隙过宽、间隙宽度不一致、对接处钢板的错边量超差等问题时,应采用匹配件或定位件等临时工装对其进行矫正。

11 落架、体系转换和支架拆除应按设计及施工方案规定的方法和要求实施。对连续梁宜集中统一落梁。

在支架上起吊安装构件是重要的现场施工环节,也是安全风险较高的作业工序,本条主要对安装作业顺序、构件分块、安装初步就位、精确调整定位、固定、工地连接、体系转换及支架拆除等施工环节提出要求,旨在提高安装施工效率、保证安装精度、降低作业风险。

1 构件在厂内加工时一般采用匹配工艺控制其加工精度,而按照匹配工艺的顺序来进行安装则有利于精度控制的传递。规定构件应按设计或施工方案要求的顺序进行安装,可以保证对支架的实际加载顺序与设计计算时的加载顺序一致,以避免作业过程中支架出现设计未考虑的新工况。

2 本款的目的是充分利用吊装设备的能力,减少现场连接的工作量,这有利于连接质量控制,也能加快进度,但同时也要防止因构件过大带来的移运困难等问题。

3 由于构件的结构样式多变,对抗倾覆的具体要求也各不相同,难以统一界定,故本款仅提出原则要求,具体可以根据现场的实际情况自行掌握和控制。

6 自身刚度较小的构件,一般指钢桁梁、钢板梁及开口钢箱梁等在未形成梁体之前的单个构件。这些构件通常自身横向刚度较小,容易在起吊、移运、调整就位时产生扭曲或翘曲,导致难以精确安装就位,严重时还可能会发生塑性变形导致安全事故,对该类构件在安装前采取适当的临时加固措施,可以防止其变形,保证安装工作的顺利进行。

7 规定本款的目的是防止千斤顶在支承时产生倾覆或泄压等情况,如果发生这些情况,容易引起构件的失稳或倾覆,严重时将会导致安全事故。设置保护垛可以保证因千斤顶倾覆时构件的安全稳定,采用自锁式千斤顶则能规避由于液压千斤顶泄压带来的不利影响。

8 在支架上移动构件时,将会对支架产生一定的荷载,采用千斤顶、移位器、滑靴、轨道梁或滑道等专用工具或设施时,产生的水平荷载较小,安全风险也随之降低。加力的支点或反力点均设在轨道梁上时,产生的荷载也将全部作用于轨道梁上,此时仅在构件移动时由加速度产生的荷载作用于支架上,对支架的整体影响较小;当采用支架以外的反力点移动或拖拉构件时,支架除需要承受构件重力等荷载外,尚需要承受因构件移动而产生的摩擦力、加速度等水平荷载,这种情况在施工时容易被忽视,故特别规定予以强调。

10 钢梁构件尤其是钢箱梁的构件在支架上安装就位后焊接连接时,其焊缝在焊接后会产生收缩和变形,如果收缩量和变形量过大,可能会使钢箱梁的翼板外侧产生向上的翘曲,从而导致箱梁顶面横坡不足，因此需要预留焊缝焊接的收缩量和反变形量。构件在对接时其接口的偏差大是较为常见的现象，原因主要有：接口的边缘在切割或坡口加工时精度不够；焊接变形或在运输吊装过程中造成的接口处钢板变形；钢梁在预拼装时误差偏大等。因此除需要针对上述情况采取措施、减小制造时的误差、提高加工精度外，在安装连接时还需要借助一些临时工装来对其进行矫正。

11 落架、体系转换和支架拆除是桥梁钢构件安装施工中非常重要的工序，也往往是容易被忽略的一环，有些安全事故就是因为没有按照设计和施工方案既定的方法、程序、顺序和要求进行施工，而使临时支架结构承受不住突变的荷载，导致体系失效进而发生事故，因此条文要求应按规定的方法和要求实施，不允许随意调整。要求连续梁宜集中统一落梁，无论对于永久结构还是支架等临时结构，其不利影响都是最小的，安全风险也较低。

12.4 悬臂拼装

12.4.1 本节适用于梁桥、斜拉桥、拱桥的钢箱梁和钢桁梁，以及钢拱肋的悬臂拼装施工。

12.4.2 悬臂拼装的专项施工方案应根据构件的结构构造特点和施工的环境条件等因素进行编制，并应符合下列规定：
  1 悬臂拼装施工的方法和工艺宜结合安装设备的选择综合考虑确定。
  2 应对悬臂拼装施工过程中节段和梁体的受力进行模拟计算分析，计算所采用的施工荷载应与实际的重量和位置相符合，节段和梁体在各施工阶段的应力和变形应满足设计要求。
  3 双悬臂拼装节段时应对称平衡施工，各工况下整体抗倾覆安全性应满足设计要求；单悬臂拼装节段时最不利工况抗倾覆安全系数应大于1.3。
  4 拱肋采用斜拉扣挂法进行悬臂拼装时，扣塔宜在墩、台顶上拼装，且塔的纵横向宜设置风缆。扣索和背索宜采用钢绞线或高强钢丝束，且对投影面垂直的拱肋，各扣、背索的位置应与所吊挂的拱肋在同一竖直面内。钢绞线的安全系数应不小于2.0，钢丝绳的安全系数应不小于3.0；用于承受低应力或动荷载的夹片式锚具应具有防松性能。
  5 斜拉扣挂系统设计时，应对可能出现的各种工况进行强度、刚度和稳定性验算；扣、背索及扣塔受力应满足拱肋受力及变形的要求，并应有足够的安全储备。
  6 悬臂拼装应满足施工监控实施方案的要求。
  7 悬臂拼装应避免在不利的大风或台风季节进行长悬臂状态下的施工和合龙施工；当无法避开时，应对主体结构采取临时支撑、加设风缆等稳定措施，保证结构在施工过程中的安全。
  8 悬臂拼装施工处于台风、暴雨、高温等不利的气候条件下，或跨越公路、铁路和航道时，应采取针对性的质量安全保证措施。

  3 单悬臂拼装时，需要对主体结构的整体抗倾覆稳定进行验算，以保证结构的抗倾覆性满足要求，验算时需要按最不利工况条件并考虑自重、施工荷载及风荷载等的作用。当结构本身不能满足抗倾覆要求时，可以通过在另一侧或边跨采取配重、施加压重或边支点锚固等方式，以增大抗倾覆安全系数。配重、压重的荷载要合理配置，并需按监控指令的要求进行加载和卸载。
  4 在塔的纵横向设置风缆的主要目的是增加其抗风稳定性，但由于受到地形或环境条件的影响，可能会导致风缆设置困难甚至无法设置，如果通过验算证明塔自身确实能够满足横向受力及抗风稳定的要求，就可以不设横向风缆，否则需要通过优化塔的结构设计以满足各项要求。
  对投影面垂直的拱肋，扣索的位置如果与拱肋不在同一竖直面内，会使所扣挂的拱肋产生横向力并偏移设计位置，带来不利影响，故作此规定。
  6 施工监控实施方案内容包括制造和安装阶段，通常在制造前完成编制，从制造阶段开始直到安装完成和交工验收，均需要按照监控方案进行施工。

7 大跨径斜拉桥在主梁悬臂施工期间,长悬臂施工状态持续时间越长,危险性越大,因此需避免在不利的大风或台风季节进行长悬臂状态下的施工和合龙,或尽量缩短其持续时间;另外,悬臂施工尤其是长悬臂施工对风的影响敏感,因此需采取必要的临时措施减少不利影响,保证结构在施工过程中的安全。

12.4.3 悬臂拼装施工的设备应根据桥梁跨径、结构形式、工期要求和现场条件等因素进行选择,其数量和性能应满足施工的需要,并应符合下列规定:

1 起重设备的能力应满足构件吊装的要求,所有吊装工况均应通过安全性验算。配套所用的卷扬机、滑轮组、钢丝绳等机具和材料应采用状况良好的合格产品。

2 桥面吊机应符合下列规定:

1) 桥面吊机应具有足够的强度、刚度和稳定性,且应满足构件吊装的高度及回转半径等要求。
2) 安装桥面吊机时应进行平面布置设计和受力验算,锚固系统应安全可靠。
3) 桥面吊机在工作和行走时,其抗倾覆安全系数应大于1.5。
4) 悬臂拼装钢拱肋所用的桥面吊机除应具有足够的安全性外,其行走系统尚应适应拱圈外形和顶面坡度的变化。

3 缆索吊装系统应符合下列规定:

1) 缆索吊装系统在工作状态和非工作状态时均应有足够的稳定性。
2) 正常工作状态下,缆机的主副车自重、配重载荷和水平轮支承力所产生的稳定力矩,应大于小车、吊钩、主索、工作载荷等引起的主索张力和风载荷产生的倾覆力矩;非工作状态下,缆机的主副车自重、小车、吊钩和主索等引起的主索张力所产生的稳定力矩,应大于配重载荷和风荷载产生的倾覆力矩。
3) 主缆宜采用钢丝绳,安全系数应不小于3;牵引绳的安全系数应不小于3;起吊绳的安全系数应不小于5;钢丝绳扣索的安全系数应不小于3,钢绞线扣索的安全系数应大于2;地锚安全系数应大于1.5;抗风缆绳安全系数应不小于2。
4) 缆索吊装系统应设置电气保护、安全保护装置;牵引绳和起重绳严禁采用插接、打结等方法接长使用。

4 龙门吊机应符合本规范第12.3.3条的规定。

5 龙门吊机、桥面吊机和缆索吊装系统在使用前均应进行全面安全技术检查,并应进行1.25倍设计荷载的静荷和1.1倍设计荷载的动荷的起吊试验;试验应按先空载后重载、先静载后动载、逐级加载试吊的原则进行,起吊试验经验收合格后方可使用。

6 龙门吊机、桥面吊机和缆索吊装系统在使用过程中应设专人进行检查、检修和保养,发现异常时应停止使用,查明原因并及时处理,保证安装施工作业的安全。

7 采用起重船进行悬臂拼装施工时,起重船应符合本规范第12.7节的规定。

悬臂拼装施工常用的起重设备包括龙门吊机、桥面吊机、缆索吊装系统和起重船等。龙门吊机通常用于在桥位现场的场地上将构件组装或组拼成安装节段,桥梁高度较小且在陆地上安装时,也可以用于悬臂拼装。桥面吊机是悬臂拼装施工时采用最多的起重设备,有斜撑桅杆式、步履式和回转式等多种形式,步履式桥面吊机用于梁桥和斜拉桥主梁的悬臂拼装时使用平面行走型,用于拱肋的悬臂拼装时使用爬坡式;回转式桥面吊机配置有270°或360°回转吊臂,可以分别将侧方或后方的构件吊移至悬臂前方进行安装。缆索吊装系统多用于拱桥拱肋的悬臂拼装施工,在某些特殊地形条件下也可以用于其他桥型的悬臂拼装施工。起重船一般用于流速不大、水位平稳且风力较小等环境条件的悬臂拼装施工。

2 悬臂拼装钢拱肋的桥面吊机通常也称为拱上吊机,由于拱肋线形为曲线,因此桥面吊机行走系统需要适应拱肋顶面的曲线变化,在设备牵引移动过程中满足稳定性、同步性要求。

3 本款中各种材料的安全系数均针对未使用过的材料。如果使用旧材料,因其可能存在损伤而导致性能降低,为保证施工安全,需要对材料进行必要的性能检验,并在计算时对其承载能力予以折减。

12.4.4 悬臂拼装施工应按设计文件和施工方案规定的程序、步骤和要求进行,并应符合下列规定:

1 悬臂拼装施工宜按吊装就位、调整定位、复核坐标、临时固定、连接的顺序进行,其中复核坐标应包括复核轴线、里程和高程,对斜拉桥主梁尚应复核索力,坐标与索力应满足设计和施工监控的要求。

2 在同一墩或塔的两侧进行钢梁节段双悬臂拼装时应对称平衡施工,不平衡重量应控制在设计的允许范围内。相邻墩或塔的悬臂拼装施工进度宜保持基本同步。

3 钢桁梁主桁杆件的拼装顺序应满足设计要求,设计未要求时应左右两侧对称拼装成闭合三角形,并应尽快安装纵横向联结系,保证结构的空间稳定性。

4 栓接连接的钢桁梁在悬臂拼装施工时,连接处所需冲钉的数量应按承受荷载的大小经计算确定,但不得少于栓孔总数的50%,其余栓孔应全部或部分安装高强度螺栓。吊装钢桁梁构件时,起重吊钩应在构件完全固定后(梁段上安装50%冲钉和50%高强度螺栓,主桁杆件上安装50%冲钉和35%高强度螺栓,其余杆件上安装30%冲钉和30%高强度螺栓)方可松钩,松钩后应立即补足剩余栓孔的高强度螺栓并施拧。在已安装的高强度螺栓施拧后,再将冲钉分批替换成高强度螺栓并施拧,替换时一次拆卸冲钉的数量应不超过冲钉总数的20%。高强度螺栓连接副的安装和施拧应符合本规范附录H的规定。

5 采用栓接连接方式进行悬臂拼装施工时,所使用冲钉的公称直径宜小于设计孔径0.3mm,并应与制造厂试拼时的栓孔重合率相适应。冲钉在使用时应穿保险销,防止掉落。

6 采用焊接连接方式进行悬臂拼装施工时,构件或节段在对接时宜使用导向装置;钢箱梁宜采用组对匹配的连接件临时连接,允许误差应不大于1mm。临时连接的强度应依据所承受的荷载经计算确定,且起重吊钩应在构件或节段临时连接并完全固定后方可松钩。焊接连接应按设计要求的顺序进行,设计未要求时,横向应从中线向两侧对称进行。

7 拱桥的拱肋采用斜拉扣挂系统进行悬臂拼装时,锚固点、扣索和风缆的设置应满足设计方案要求,对其强度或承载力应进行检测,保证安全可靠。拱肋的安装应先从拱脚开始,依次向拱顶分段吊装就位;拱肋各节段的上端头均应通过扣索的调整使线形达到预拱度要求。

8 悬臂拼装施工过程中,应对各种临时荷载进行管理,使其位置、数量、加载时间等与施工方案一致。

3 钢桁梁采用单个杆件散拼施工工艺时,需要考虑杆件自重、温度、起吊力等荷载并对拼装顺序进行验算,以保证连接精度能满足安装要求。设计未规定拼装顺序时,建议按照两侧对称、从下至上,先下平面、后立面、最后安装上平面的顺序进行杆件的拼装,并尽快形成稳定结构。

4 悬臂拼装钢梁时,悬臂部分的重力由节点处的冲钉、螺栓承受,故所需冲钉和螺栓的数量要按所承受的荷载计算确定。

7 本款的预拱度是指根据监控分析得到的施工预拱度,拱肋的各个节段在拼装时均需按照监控指令,并通过调整扣索的方式,使节段上端头符合施工预拱度的要求;在全部拱肋节段拼装完成后合龙前,两侧拱肋悬臂端端头处的水平、竖向和转角位移等参数需要满足合龙时的线形要求,并要采取措施保证斜拉扣挂系统拆除后,成桥后的拱肋线形达到设计线形的要求。

12.4.5 采用桥面吊机进行悬臂拼装施工时应符合下列规定:

1 桥面吊机的前移应采用专门的牵引移动装置,牵引移动时应保持多点同步。桥面吊机前移就位后应在其后部进行可靠地锚固,锚固方式和措施应足以防止吊机在起吊构件或节段时产生倾覆。

2 悬臂拼装构件或节段时,桥面吊机的起钩应平稳,并应使各吊点受力均衡;起吊的构件或节段接近就位位置时,应缓慢减速使其略低于已有的梁体顶面,再对吊点位置进行微调,使构件或节段与已有梁体的边、纵对齐后,方可进行连接。

3 对斜拉桥主梁和采用斜拉扣挂法施工的拱桥拱肋,应在与已有梁体节段或拱肋节段连接完毕,并进行第一次挂索张拉后,方可进行桥面吊机的前移和拉索的二次张拉。拱肋的横撑宜与拱肋同时安装,必要时可加设临时横撑,保证拱肋的线形和安装过程中的稳定。

  4 采用斜拉扣挂法悬臂拼装拱肋时,扣、锚索的位置和高程应符合设计规定。
  5 桥面吊机在拱肋顶面移动时,应采取反拉钢丝绳或止推块等防滑动措施。
  桥面吊机的适用范围较广,而且类型也较多,无论是双悬臂还是单悬臂拼装构件均能适用。桥面吊机在悬臂拼装施工过程中,前移、锚固和起吊作业等是安全控制重点。
  4 扣、锚索的位置和高程一般由监控单位通过模拟体系转换过程,进行仿真计算,并提供扣、锚索的安装位置、安装时机及张拉索力。

12.4.6 采用缆索吊装系统悬臂拼装施工时,除应符合本规范第12.4.3条的规定外,尚应符合下列规定:
  1 采用缆索吊装系统进行跨江或跨线悬臂拼装施工时,应取得航道、海事、水上及跨线的施工许可。
  2 缆索吊装系统安装前,应编制安装技术方案和安全操作规程。
  3 缆索吊装系统在使用前应进行全面检验,并应进行整体式运转及试吊检查,确认全部满足设计要求后方可使用。
  4 在悬臂拼装施工过程中,应对缆索吊装系统主索垂度、塔顶及锚碇位移、拱肋线形等项目进行监测。

12.4.7 采用起重船悬臂拼装施工时,应符合本规范第12.7节的规定。

12.5 提升安装

12.5.1 本节适用于钢塔、钢墩、钢盖梁、悬索桥钢加劲梁和大节段钢梁的提升安装。
  提升法一般指采用起重设备将构件或节段垂直提升就位进行安装的方法,提升安装施工采用的起重设备通常有跨缆吊机、塔式起重机和专用提升系统等。
  钢塔与常规混凝土索塔相比,具有能工厂化加工、体积小(相对混凝土而言)、自重轻、施工进度快等特点。2005年10月建成通车的南京长江第三大桥是我国在斜拉桥中首次采用钢塔,随后钢塔结构在大榭二桥、泰州长江大桥、港珠澳大桥等工程中得到推广使用,取得了良好效果。钢塔属于高耸结构,其节段的安装需要有较大提升高度的起重设备,通常只有大型的塔式起重机或浮吊才能满足其节段安装的要求。
  钢墩、钢盖梁多数应用于城市快速化改造工程项目,由于受限条件较多,通常采用汽车吊或履带吊进行安装。
  悬索桥的钢加劲梁标准梁段一般采用跨缆吊机提升就位安装,塔区梁段及边跨无索区或岸区可以采用浮吊吊装滑移就位或跨缆吊机起吊荡移安装工艺。例如,虎门二桥坭洲水道桥的标准钢箱梁节段,全宽49.7m,高4m,长12.8m,设计梁重约270t,采用单台500t跨缆吊机进行提升安装(图12-1);五峰山长江大桥的中跨钢桁梁节段最大重量为1 432t,采用2台LZD900型跨缆吊机抬吊安装(图12-2);重庆万州驸马长江大桥岸区的钢箱梁由于受到地形的影响,采用了跨缆吊机加临时吊索连续荡移的方式进行安装(图12-3)。
  专用提升系统则多用于大节段钢梁的垂直提升安装施工,例如连续刚构桥中钢-混凝土混合梁的中跨大节段钢梁,就是利用设置在混凝土梁悬臂端上的提升系统将运至桥下的大节段钢梁垂直提升就位进行安装的。大节段拱肋也有采用专用提升系统进行垂直提升安装施工的工程实例。专用提升系统的组成主要包括支承架和提升机构,支承架有门式、悬臂式等多种结构形式,适用于不同的环境和条件,提升机构包括卷扬机或连续千斤顶等。典型的工程实例有:广州新光大桥重3 078t、长168m的主拱肋采用门架垂直提升工艺,提升高度达85m(图12-4);重庆石板坡长江大桥复线桥跨中1 400t的钢箱梁采用设置在悬臂端的起吊系统抬吊提升(图12-5)。

图 12-1　虎门二桥坳洲水道桥标准钢箱梁单台跨缆吊机安装

图 12-2　五峰山长江大桥钢桁梁 2 台跨缆吊机抬吊安装

图 12-3　重庆万州驸马长江大桥岸区钢箱梁连续荡移安装

图12-4 新光大桥大节段拱肋提升安装

图12-5 石板坡长江大桥大节段钢箱梁提升安装

12.5.2 提升安装的专项施工方案应符合下列规定：

1 提升安装施工的方法应根据桥梁的结构特点、设备的性能和作业效率、现场环境条件等因素综合确定；所采用起重设备的能力应满足提升重量和提升高度等的要求。

2 应对结构在施工阶段的受力状况进行分析和验算，并应控制已安装结构和待安装构件的应力和变形。提升安装过程中的临时结构体系应能承受结构自重、风以及偶然冲击等荷载的作用，必要时应增设临时支承或稳定缆绳。

3 利用永久结构作为提升的支承时，应就支承对永久结构所产生的影响进行分析和验算，控制永久结构的整体强度、变形及局部应力。

4 提升吊点低于构件或节段的重心位置时应进行抗倾覆验算。

5 采用多吊点提升系统时，应根据提升系统位移同步的控制精度，分析吊点的不同步效应；必要时，可采取分级加载和分级卸载进行控制，或设置平衡梁等措施，降低不同步效应的不利影响。

6 采用专用起重设备时，应进行专项设计和论证。

7 采用塔式起重机进行钢塔节段的提升安装时，应就塔式起重机的附墙等临时结构、风荷载、环境温度、日照对钢塔变形的影响等进行分析和验算；同时应分析钢塔节段安装时产生的竖向压缩变形对结构的影响，必要时，应根据影响的程度和钢塔的结构特点，采取预调高节段安装高程的措施。

2 构件或节段在临时支承、提升和就位过程中的受力，与在成桥后的结构中的受力有较大差别，为保证施工阶段的结构安全，需要进行相应的结构分析和验算。对强度、刚度和稳定性的验算，要涵盖全施工过程中起吊设备、待吊装构件和已安装构件的全部受力工况，对各关键受力部位如塔吊附墙、构件吊耳、吊具等需进行实体建模分析。

3 在实际施工中，有时会利用已施工完成的永久结构作为提升系统的支承，例如跨缆吊机一般利用悬索桥的主缆作为支承，而大节段钢梁的专用提升系统通常会支承在已完成的混凝土梁或钢梁的悬臂端上，此时，永久结构将会承受较大的施工荷载，为保证结构的安全，需要对结构的受力状况进行分析和验算，并采取相应的措施。临时支承点是应力集中的部位，需要通过分析验算后进行局部加强。

5 提升或卸载时产生的不同步过大会引起偏载，影响施工作业安全，故有必要对此进行分析并采取相应的措施。

7 在编制钢塔安装方案时还需要考虑对索塔内力进行验算，以便于控制钢塔安装线形。由于钢塔在设计阶段还未确定施工塔吊的型号、布置和附墙等信息，尚不能按钢塔与塔吊相互作用的工况进行验算，而钢塔自身的阻尼较低，在施工过程中钢塔和塔吊之间会发生相互作用的振动，且在钢塔安装完成后至斜拉索开始施工期间，钢塔处于裸塔状态，这时更容易发生风振。因此，有必要对塔式起重机的附墙等临时结构，以及风荷载、环境温度、日照对钢塔变形的影响等进行分析和验算，并根据验算结果分阶段对已安装完成的索塔采取必要的抑振措施,以保证后续施工中永久结构和临时结构的安全。

12.5.3 用于提升安装施工的设备应符合下列规定:

1 跨缆吊机和专用提升系统应进行专项设计,并应编制动、静载试吊方案,进行荷载试验。

2 跨缆吊机和专用提升系统应由具有资质的专业生产厂制造,并应有出厂合格证,由多家专业生产厂制造的关键部件应分别出具出厂合格证。

3 跨缆吊机和专用提升系统所用的卷扬机、滑轮组、千斤顶、油泵、钢丝绳、钢绞线、工具锚、吊具等机具和材料,应采用合格的定型产品。

4 采用液压提升系统进行提升安装施工时,各吊点液压提升油缸的额定荷载应不小于对应吊点荷载标准值的1.25倍;对受力复杂和不同步较为敏感的提升体系,宜不小于1.5倍。单根钢绞线的设计拉力值宜取破断拉力的25%~35%,特殊情况下应不超过其破断拉力的40%。由多个提升油缸组合的吊点,宜采用同一型号规格的提升油缸。

5 用于提升安装作业的钢丝绳和钢绞线应具备质量证明文件和抗拉试验复测报告;对重复使用的钢绞线,应检测其外径及夹片的啮合深度,并应根据钢绞线受荷的大小确定能否重复使用,当有硬弯、松股、断丝、肉眼可见的较深麻点锈蚀及被电弧灼伤时,不得使用。

6 对各种起重设备的提升系统,应具备在出现停电及有故障时能自动制动的安全保护功能。

7 塔式起重机应采用具有资质的专业生产厂制造的定型产品,并应有出厂合格证。

8 提升安装采用的汽车吊、履带吊、龙门吊等起重设备及使用应符合本规范第12.3节的相关规定;采用缆索吊装系统等时起重设备及使用应符合本规范第12.4节的相关规定;采用起重船进行提升安装时设备及使用应符合本规范第12.7节的规定。

9 所有起重设备在使用前均应进行全面安全技术检查;专用提升系统在使用前尚应对主要构件进行无损检测,经验收合格后方可投入使用。起重设备在首次吊装前均应进行试吊。

1 对跨缆吊机进行专项设计时,要对其使用工况进行全面分析,需要考虑的主要参数有:主缆紧缆后的实际直径、最大主缆倾角、索夹尺寸、荡移角度、最大起重量和最大起升高度等。跨缆吊机安装完成后,要在使用前对主要部件及相应设施进行全面检验,并进行整体试运转和试吊荷载试验,确认全部符合设计要求后方能使用。由于跨缆吊机和专用提升系统一般是专门为提升单一、特殊的大型构件或大节段钢梁而设计,设计起吊重量大,对其进行一次性荷载试验的难度较大,故需要编制试吊方案以指导荷载试验,方案的内容需要涵盖从零件、构件到整体,从空载运转到首件安装的全过程,分步骤验证其安全性。

4 采用液压提升系统提升安装施工时,提升油缸的额定荷载是指油缸在额定压力下的承载能力。对受力复杂和不同步较为敏感的提升体系,将提升油缸的额定荷载取高值,是为了保证提升能力,防止意外因素的干扰而影响提升施工。通常情况下,单根钢绞线的设计拉力值取破断拉力的25%~35%时,锚具夹片与钢绞线之间的自锁作用较强且能灵活脱锚,钢绞线拉力值过小时锚具夹片与钢绞线在低应力下的自锁作用较弱,过大则脱锚不灵活,考虑到钢绞线提升时受挤压作用,其受力不同于单纯受拉,拉力值需要大些,但又不能过大,因此规定钢绞线的抗拉设计值不超过其破断拉力的40%。

9 对专用提升系统主要构件进行无损检测,是为了保证构件的强度和吊装的安全。试吊是为了检验起重设备的系统安全性和可靠性,是保证提升作业安全的重要措施。

对提升安装施工的设备及使用,尚需注意下列事项:

(1)如何选择提升设备是钢结构构件安装施工非常关键的因素,正常情况下要优先选用定型产品,以保证起重安装施工的安全可靠;选用非定型产品作为起重设备时,则需编制专项方案,并经评审通过后再组织实施。

(2)起重设备要根据起吊构件的结构特点、现场环境条件及作业效率等因素综合确定。当起重设备需要附着或支承在永久结构上时,须得到设计单位的同意,并要进行结构安全验算。

（3）吊装作业须在起重设备的额定起重量范围内进行，一般情况下，起吊安装尽量不要采用抬吊的方式，仅当构件重量超过单台起重设备的额定起重量范围而又无其他可靠方案时，方考虑采用抬吊的方式，且须满足下列要求：

①要进行合理的负荷分配，以保证构件重量不超过两台起重设备额定起重量总和的75%，单台起重设备的负荷量不超过额定起重量的80%。

②施工前须有经批准的抬吊作业专项方案，且需进行安全验算并采取相应的安全措施。

③吊装操作时要保持两台起重设备升降和移动的同步一致，两台起重设备的吊钩、滑车组均须基本保持垂直状态。

12.5.4 提升安装施工作业应符合下列规定：

1 提升作业前，应在已安装结构和待提升的构件或节段上分别做好定位标记，清除构件表面的油污、泥沙等杂物，排除提升通道的障碍，并应对提升系统、提升吊点、加固部位和导向限位等进行检查和验收。

2 宜选择在风力、能见度和气温等各项指标较好的气象条件下进行提升作业。

3 提升时应对各关键部位的应力应变、结构变形及基础沉降等进行监测。

4 构件或节段移运到桥下时应保证垂直提升。采用荡移法或其他有特殊需要的斜向提升时，应根据专项施工方案规定的允许偏差进行控制。

5 在桥下组装构件时，提升作业应在构件与胎架之间的连接解除之后进行，且宜通过分级加载的方式进行试提升；宜将构件吊起200~300mm高度后悬停，对吊点、吊具和绳索等进行全面检查，确认无异常后再正式提升。

6 多点提升时，应对提升过程中各提升点的负荷、高差等进行监测，实测偏差应在允许范围内。

7 用于保证提升系统结构稳定的缆风绳在提升作业过程中不得进行拆除、转换。

8 将构件提升到设计位置后，应对其进行平面位置和高程的校正，并应及时固定，防止构件失稳或倾覆。

9 提升安装过程中的高空作业、交叉作业应遵守相关的安全规定。

1 提升安装施工前，对构件需要根据制造厂所提供清单中的编号、重量等信息进行复核，以避免吊装错误而导致安全或质量事故；同时还需除去构件上可能存在的飞边、毛刺及焊接飞溅物，并对连接面和栓孔内的污物采用细钢丝刷和干净棉纱进行清理，以免构件在运转、翻边等操作中造成连接面不清洁而影响端面接触率。钢丝绳、钢绞线、吊装带、卸扣、吊钩和吊具等在使用过程中可能存在局部的磨耗或其他缺陷，使用时间越长存在缺陷的可能性越大，因此需要在作业前进行检查，使其在额定许用荷载的范围内使用；电气液压系统、安全装置等也需要在作业前对其可靠性进行检查，以保证提升作业的安全。

2 在恶劣天气条件下进行提升安装作业存在较大的安全隐患，因此需要充分考虑天气的影响，尽量选择在较好的气象条件下进行安装施工作业，以保证施工安全。同时温度变化对钢构件提升安装时的测量定位影响较大，通常可以选择在日落后4h至日出前2h且温度较为稳定的时间段进行精确定位控制测量。

4 通常情况下，构件的起吊需要保持垂直提升，以防止被提升的构件在脱离支承时产生过大的晃动或冲击。悬索桥施工中的荡移法及专门设计的多点转向提升、空中斜向移运提升等是经特殊设计的工艺，提升吊点与提升点并不在铅垂线上，需要依据设计允许偏差进行控制，防止受力超过要求。

5 试提升的目的是检验提升系统和被提升构件的安全性，提升加载一般按照20%、40%、60%、80%、90%、95%、100%的荷载比例分级加载。在提升船上的构件时，为减少构件与台架碰撞，可以减少分级。

6 多点提升时容易产生不同步现象，会影响结构和施工的安全，因此需要进行监测。

7 对提升系统中高耸的塔架或门架,为保证侧向稳定通常会在其顶部加设缆风绳,并分级对称施加预拉力使其达到一个相对平衡状态,如在提升过程中对缆风绳进行拆除或转换,容易使架体产生较大的不平衡力,严重者会导致架体坍塌,借鉴以往发生类似事故的教训,本款予以强调。

12.5.5 钢塔节段的提升安装作业除应符合本规范第12.5.2条~第12.5.4条的规定外,尚应符合下列规定:

1 安装首节钢塔节段时,应采用定位支架、垫块和限位板等进行辅助定位,校正合格后应及时连接固定。

2 吊装节段时,应设置节间定位导向装置及节间匹配锁定装置。节段就位、连接施工作业应在作业平台上进行。

3 每一节段安装后应形成稳定结构,并应在完成连接确认结构安全后方可安装下一节段。

4 钢塔节段在安装过程中应进行监测,控制结构的变形和偏位,保证结构的安全及钢塔的最终线形。

5 钢塔每一节段的定位轴线应从基准控制轴线的转点引测,不应从相邻下节钢塔的轴线引测;应对风荷载、环境温度和日照、自重对结构变形的影响进行分析,并应采取措施减小或消除其影响。

1 首节钢塔是其余节段安装的基准,安装精度要求较高,所以有必要采取辅助定位措施。

首节钢塔与混凝土塔座之间的锚固主要有螺栓锚固式、埋入式或两者结合等方式,其安装需要注意下列事项:

(1)螺栓锚固式

塔柱根部的压力是通过承压板传递到混凝土塔座的,因有强度和刚度的要求,承压板一般采用较厚的钢板,而且承压板与混凝土之间需要保持密贴接触以能均匀地传递压力。另外,由于首节钢塔的位置和高程是否准确会影响索塔的整体架设精度,因此对承压板就需要有很高的安装定位精度。为了保证承压板与混凝土表面密贴接触,一种方法是将塔座的混凝土表面抛光磨平并对承压板进行机械加工切削,以保证混凝土与承压板光面接触时其表面有较高的光洁度,将首节钢塔起吊直接安置于承压板上后进行螺栓的紧固。另一种方法是将承压板先行定位安装后,再在承压板与混凝土面之间灌注水泥浆或微膨胀混凝土,但需要保证浆液均匀且无空隙,工程实例有:港珠澳大桥的江海直达船航道桥采用了灌注水泥浆方式,宁波大榭二桥则采用灌注微膨胀混凝土方式。

(2)埋入式

埋入式是将首节钢塔的一部分埋入混凝土塔座中,采用这种方法时,如何使钢塔的壁板和塔座混凝土充分结合在一起,且能使荷载均匀地进行传递,是设计和施工需要考虑的主要问题,常用的做法是在壁板上设置剪力钉或采用开孔剪力键。另外,在埋入首节钢塔时,需要事先安装底座并严格控制其定位精度,因为底座的定位精度将会对钢塔的整体安装精度产生较大的影响。埋入式的传力机理是:通过塔座混凝土与剪力钉或与开孔剪力键之间的结合,将钢塔的轴力以剪力的形式传递给基础,这种方法虽然可以避免螺栓锚固法中接触面混凝土的磨光作业和大块厚钢板的使用,但在施工时可能会影响普通钢筋的排列和安装,并受到混凝土收缩变形的影响,因此需要进行认真研究并采取相应措施,以保证其施工质量。

工程实例1:

宁波大榭二桥的主塔采用钢-混凝土混合结构,上塔柱(包括拉杆)采用钢箱结构(最大节段质量45t),中、下塔柱为混凝土结构。首节钢塔采用浮吊安装,其余节段则采用塔吊安装。混凝土塔柱施工到与钢塔连接的节段时,预埋设置首节钢塔的定位支架,该支架采用25b工字钢双拼,并在支架上焊接一定数量的短钢筋以改善与混凝土之间的连接,且其定位要求准确、牢靠,同时要求能对支架的锚固箱进行三个方向的调整定位(图12-6)。

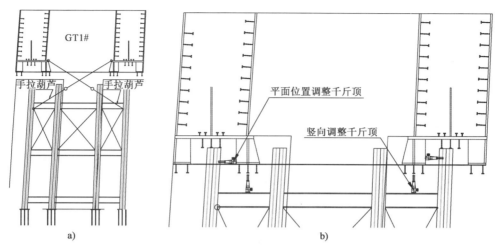

图12-6 大榭二桥首节钢塔安装定位示意

首节钢塔的定位工序为:

(1)先在定位架顶面的钢板上测量定出钢塔的平面位置,再根据各定位点测量数据,用不同厚度的薄钢板作为垫板对高程进行微调。

(2)测放出首节钢塔的边线大样,浮吊起吊钢塔并通过手拉葫芦及缆风绳进行初步定位后,四周用磨光的30mm厚钢板压线焊接以控制其平面位置。

(3)采用调位千斤顶精确调整锚固箱的平面位置和高程,精度满足要求后,将钢塔底板与承重定位支架垫实并焊接固定(图12-7)。

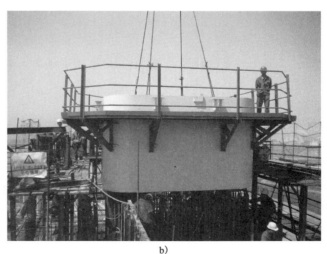

图12-7 大榭二桥钢塔安装

为消除混凝土收缩徐变及钢结构弹性变形的影响,索塔通常需要适当设置一定量的预抬高。对钢混混合塔,可以在混凝土塔柱施工至其顶部时对高程进行预抬高的调整,抬高的数值一般根据中、下塔柱的实际压缩变形和基础沉降等情况综合考虑确定,且在施工控制时需要动态监控该数值,以保证斜拉索在塔上锚固位置的准确。相应地,定位架及首节钢塔的绝对高程也要根据监控单位提供的数据适当提高。

3 本款的规定是为防止下一节段起吊安装时因碰撞等意外造成已安装节段偏位、滑落等事故。

4 钢塔的最终线形需通过对每一个节段的变形、偏位进行监测和控制来实现,表12-2列出了钢塔安装精度控制的相关指标,可以作为参考。

表12-2 钢塔安装施工允许偏差

序号	项目		允许误差	测量方法	备注
1	安装高度(H)		$\pm 2n$,且全部≤10	全站仪	n为钢塔节段数量
2	垂直度	桥轴向	1/4 000	全站仪	
		垂直于桥轴向	1/4 000		
3	塔柱中心距(B)(接头部位)		± 4.0mm	全站仪	
4	对接口错边量		$\delta \leq 2$mm	钢尺测量	个别角点处≤3mm
5	横梁中心处高程的相对量		± 6mm	水平仪测量	
6	端面接触率	塔柱壁板	≥50%	塞尺测量	0.04mm塞尺检测
		塔柱腹板	≥40%		
		塔柱腹板	≥40%		
		加劲肋板	≥25%		

5 要求每一节段的定位控制轴线从基准控制点进行引测,是为了避免产生累积误差。风荷载、环境温度和日照等因素对钢塔结构的变形影响较大,因此需要对这些影响进行必要的分析,并采取措施抑制这些影响。《公路桥涵施工技术规范》(JTG/T 3650—2020)第20.2.5条第5款规定:"对钢索塔节段安装的精确定位控制测量,宜选择在日落后4h至日出前2h且温度场较为稳定的时段进行。"受测量仪器的仰角限制和大气折光的影响,钢塔结构的高程和轴线基准点需逐步从地面向塔上转移,因转移到高空的测量基准点经常处于动态变化的状态,一般情况下若此类变形属于可恢复的变形,则可以认为高空的测量基准点有效。

工程实例2:

泰州长江公路大桥是三塔两跨悬索桥,中塔采用纵向人字形、横向门式框架形钢塔,以该桥为例,介绍钢塔安装施工的技术和工艺。

一、钢塔安装施工的关键技术

钢塔安装施工的关键技术包括:钢塔柱大节段吊装技术,关键节段吊装及线形调整技术,钢塔安装精度及误差管理的系统和方法,钢塔施工敏感性分析(风荷载、温度、沉降及塔吊的影响);钢塔全过程施工监控。

钢塔大节段安装总体方案:通过对采用国内最大塔式起重机MD3600塔吊吊装和采用大型门式吊机吊装两种方案的比选,综合考虑经济和安全等因素,确定最优的总体安装方案。

钢混结合处施工方法:钢混结合处具有双面倾斜度,可以采用混凝土表面抛光磨平,并对承压板进行机加工切削,或直接在混凝土表面和承压板之间压注水泥浆,通过试验对比研究,确定最优施工方法。此外,由于锚固螺栓单根长且重,双向倾斜,定位精度要求高,需对锚杆定位方法进行深入研究。

包括首节段、合龙节段及横梁在内的关键节段安装与调位方法:首节段安装精度要求高,施工工序和影响因素复杂,精确定位难度大。合龙节段需要同时匹配两个端面,匹配难度陡增。上下横梁需保证无应力连接,减小赘余应力,安装调位难度大。以上关键节段的安装调位,需进行深入研究。

钢塔安装全过程控制需从钢塔节段的制造到安装,实施全过程控制。节段安装阶段,通过采用追踪棱镜的方法监测索塔线形,对索塔线形误差进行识别,同时修正钢塔节段的制造和安装误差,从而保证钢塔安装线形的精度。

二、钢塔安装

(一)首节段安装

1. D0段锚杆定位架施工

承台底模安装完成后,在预埋钢板上测量放样,标记定位架平面位置,用塔吊吊装定位架底梁,放置于预埋钢板上。然后精确调整其平面位置和高程(保证定位架的安装精度在±50mm),再将其焊接固定在承台底模的预埋钢板上。待底梁吊装并定位完成后再将其接高、焊接成整体,见图12-8。

图12-8 安装塔柱定位架

2. D0段锚杆安装及调整

在定位架限位型钢上放样,安装半边弧形定位钢板,然后依次吊装136根CrNiMoA锚杆。通过测量观测,依靠顶升螺杆将锚杆精度调整到与设计偏差2mm之内,复测锚杆底端及顶端定位精度,合格后,锚杆底端安装并拧紧止退螺母,锚杆顶端安装另一半限位弧形板。复测锚杆中间部位坐标,合格后,安装中间限位型钢上的另一半限位弧形板,见图12-9。

图12-9 安装136根锚杆并用定位支架固定

3. 牵引装置设置

承台和塔座上设置定位及调位装置的预埋件,在D0段四周焊接牵引吊耳,定位牵绳,长钢丝绳和手拉葫芦与牵引吊耳及调位埋件相连接,见图12-10。

4. 导向架

导向架采用型钢焊接而成,安装于首节钢塔内侧,其倾角和锚杆倾角一致,承台和塔座施工时在顶面安装预埋件,导向架在后场分块加工后运输到现场安装,测量放样,焊接于导向架预埋件上。节段吊装时利用导向架及预埋牵引装置等进行定位和辅助安装。导向架结构如图12-11所示。

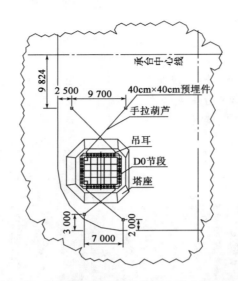

图 12-10 牵引装置及其预埋件布置图(尺寸单位:mm)

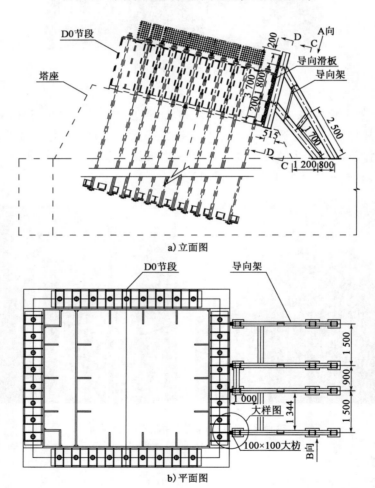

图 12-11 D0 节段导向架结构示意图(尺寸单位:mm)

5. 调位系统

D0 节段是通过设置在节段底部上下游方向的 4 个反力牛腿和塔座上 4 个三向调位千斤顶来进行精确调位的。当 D0 节段定位满足要求后,将支撑在塔座上的钢垫块与定位牛腿焊接固定。调位牛腿见图 12-12。

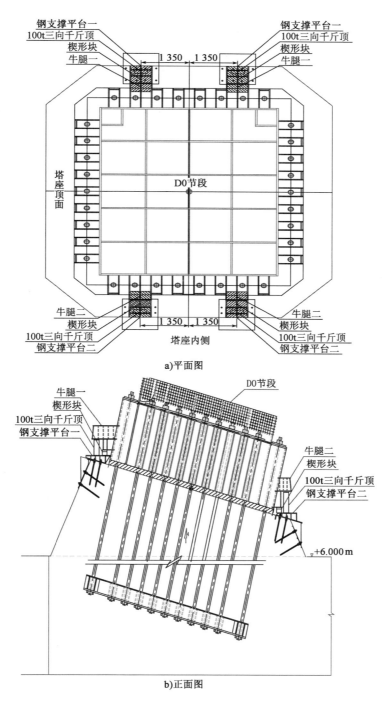

图 12-12 调位牛腿布置示意(尺寸单位:mm)

6. 操作平台施工

在 D0 节段四周用脚手管搭设与其高度一致的操作平台,节段安装时,用于观察锚杆和承压板上螺杆孔对位情况,并作为测量复核 D0 节段顶口的操作平台。操作平台采用 $\phi 48 \times 3.5$ 的脚手管搭设,高 6m,见图 12-13。

7. D0 节段吊装

D0 节段采用 1 200t 起重船吊装,吊装时起重船分别停靠在沉井上下游,运梁船停靠在沉井北侧,分别吊装 D0 上下游节段,见图 12-14 ~ 图 12-16。

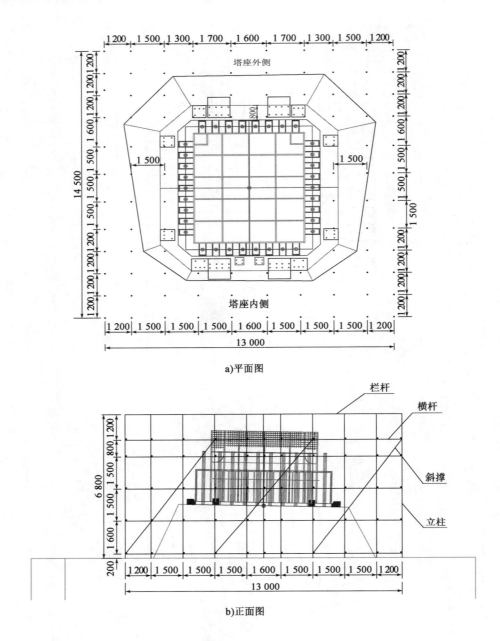

a) 平面图

b) 正面图

图 12-13 操作平台结构图(尺寸单位:mm)

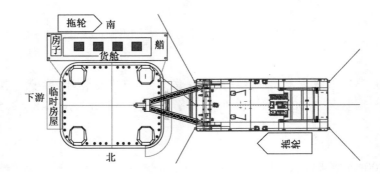

图 12-14 D0 节段吊装时船舶布置

图 12-15 锚杆对位

图 12-16 D0 节段吊装

8. D0 节段调位

在 D0 节段上设置调整反力梁(反力牛腿),在测量控制下,通过 4 个三向千斤顶和反力梁共同作用,来调整 D0 节段位置及高程,见图 12-17。

图 12-17 三向调位千斤顶

(二)下塔柱安装

1. 浮吊布置

钢塔吊装时浮吊横江向和顺江向抛锚定位。吊装 D1~D4 节段时浮吊顺江抛锚定位,吊装 D5 节段时浮吊横江抛锚定位。浮吊顺江向定位见图 12-18。

2. 下塔柱定位支架

下塔柱支架材料为钢管,支架顺桥向设 3 层平联,3 道水平撑,分别在每层水平撑和对应的塔肢上设环形走道,支架立柱上设置爬梯作为安全通道,水平撑两端做成可调整的连接。下塔柱定位支架如图 12-19 所示。

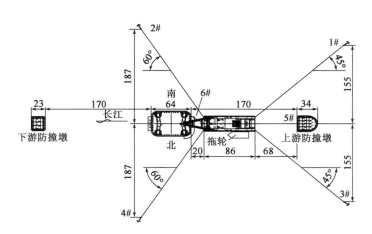

图 12-18 浮吊顺江向定位示意(尺寸单位:dm)

图 12-19 下塔柱定位支架

3. 吊具、吊索

D0～D3节段为双向倾斜，4点吊装，结合起重船双钩头分别提升的特点，吊具由两个钢横梁扁担组成；吊索选用4根等长（7.5m）R01-200型圆环软吊带，参数见表12-3。

表12-3 R01-200型吊带参数表

产品编码	载荷(t)	近似厚度(mm)	近似宽度(mm)	长度(m)	重量(kg·m)
R01-200	200	120	450	7.5	64.0

4. 限位及调位工装

为使下一节段能够较容易地插入就位，在已安装节段与待安节段四边安装限位板。吊装过程中在牵引系统的配合下，待安节段下落时利用导向装置和限位板对位。限位装置如图12-20所示。

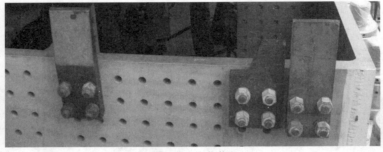

图12-20 限位装置

调位工装包括竖向千斤顶和设置在接口上下的水平千斤顶，以及设置在支架上的横桥向水平撑和纵桥向水平撑。支架上水平调整工装如图12-21所示。

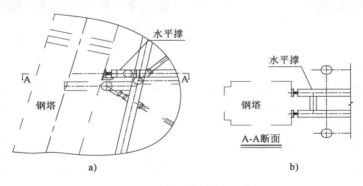

图12-21 支架上水平调整工装

5. 大节段吊装

钢塔大节段吊装见图12-22。

图12-22 钢塔大节段吊装

（三）合龙段安装

1. 合龙段测量和吊装时间的选择

（1）钢塔对温度的变化极为敏感，每次测量的时间需选择在夜间进行。在测量前先采集钢塔四个侧面内外壁板上的温度，并在温度差小于2℃时进行测量。

（2）采取24h对合龙口形态的连续观测，通过连续观测选择钢塔节段温度场较为稳定、温差较小、合龙口形态稳定的时段，作为合龙节段的吊装时间。

2. 合龙段顺桥向调位方法

（1）在节段吊装之前，通过设置在塔柱支架上的顺桥向支撑调位千斤顶来调整合龙口尺寸及平面位置。

（2）合龙段（D4节段）吊装后，对合龙段底口与D3顶口连接位置错台进行调整，通过第三道顺桥向水平撑精确调整，见图12-23。

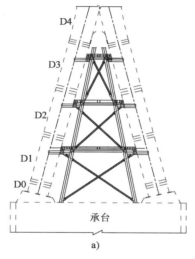

图12-23 合龙口顶推试验

3. 合龙段吊装

合龙段（D4节段）采用1 000t浮吊抛锚就位于承台北侧进行吊装，见图12-24。

4. 合龙段横桥向和高程调位方法

人字形合龙段（D4节段）具有双向倾角，并在高空合龙，定位精度高，安装难度大。在合龙段底口和D3节段顶口安装调位牛腿，通过三向千斤顶与调位牛腿共同作用调整合龙段的横桥向位置及顶口高程。牛腿、千斤顶布置及结构如图12-25所示。

图12-24 合龙段吊装

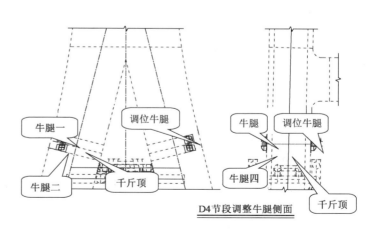

图12-25 合龙段横桥向和高程调位示意

(四)下横梁安装

1. 横梁开口间距确定

下横梁吊装之前,通过安装在下横梁支架上的第二道、第三道横桥向水平撑两端的千斤顶,预先将两钢塔向外侧顶开,使两塔肢间的距离大于下横梁的长度60mm。横桥向千斤顶布置如图12-26所示。

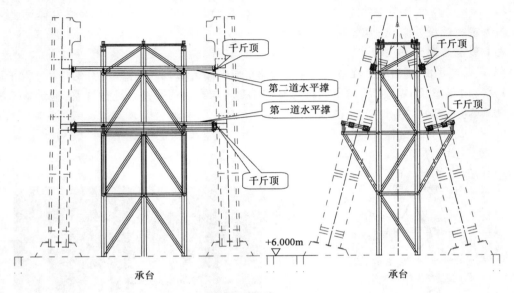

图12-26　横桥向千斤顶布置

2. 下横梁吊装

下横梁质量为496.96t,采用1 000t起重船进行吊装(图12-27)。横梁吊装选择在一天温度变化较小时进行。

图12-27　下横梁吊装

3. 下横梁调位

下横梁安装时,横梁先水平搁置于横梁支架临时支座上,横梁的精确调位通过设置在下横梁支架上的4台三向调位千斤顶来完成,见图12-28、图12-29。

(五)上横梁安装

1. 上横梁节段吊装顺序

吊装上横梁下游段并与下游钢塔临时连接→吊装上横梁上游段并与上游钢塔临时连接→吊装上横梁下游中间段并与下游段临时连接→吊装上横梁上游中间段并与下游中间段临时连接→释放上游段临时约束,调整上游段至设计位置,并与上游塔肢和上横梁中间段同时临时连接→测量钢塔偏位,调整钢塔误差至满足设计要求后现场匹配投孔,制造厂加工永久拼接板→永久螺栓连接,上横梁与上下游钢塔形成整体,见图12-30。

图 12-28 下横梁平面位置调位

图 12-29 下横梁高程调位

2. 上横梁吊装

(1) 选择在风速较小的情况下进行合龙段吊装施工,减小外界环境因素的干扰。在进行该节段吊装前,先进行试吊试验,观测节段在起吊过程中摆幅的大小,以确定是否满足吊装条件,用水平尺进行检测,节段顶面保持为水平状态。

(2) 合龙段采取自上而下的方式进入合龙口,使节段在竖直面内上下移动,避免节段在同一高度内前后移动,有利于防止节段在吊装过程中的摆动。为保证该节段顺利合龙,在相邻节段侧面安装有限位装置和导向装置。由于横梁较高,在合龙过程中要做到"慢下钩、多观察、勤调整",降低上横梁合龙时的风险。

(3) 调整合龙段至设计位置后,先进行中间两节段上横梁临时连接(即3号梁和4号梁),保证两节段梁的接缝间隙为10mm;然后进行该节段与上游侧节段的连接,在连接前释放上游侧节段与上游塔肢的约束,调整上游侧节段使两节段的接缝间隙为10mm,再次进行所有接缝的临时连接,保证上横梁与上下游塔肢临时约束,增强上横梁永久连接前的抗倾覆性。在满足所有控制要求后,进行上横梁与上下游塔肢拼接板的现场匹配钻孔。

(4) 合龙段与其相邻节段的连接选择在温度较为稳定的夜间或阴天进行,减少因温差造成上横梁的不均匀变形。上横梁吊装见图12-31。

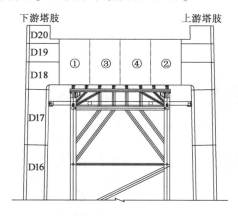
图 12-30 上横梁节段吊装顺序示意

图 12-31 上横梁吊装

3. 吊装控制方法

(1) 顶推量的确定

在满足钢塔偏位和横梁安装的前提下,横梁开口顶推到设计位置。通过安装在水平撑端部的千斤顶对水平撑施加主动撑力,施工过程中采用顶推量为主要控制依据,顶推力为次要控制目标,顶推力是通过油压表显示吨位和安装在水平撑上的传感器来进行实时监测的,见图12-32。

图12-32 安装在水平撑上的传感器

（2）上横梁轴线控制方法

①将上下游D20节段突出部分轴线中点作为定位控制点，全站仪架设于下游D20节段控制点（K1点）上，前视上游D20节段控制点（K2点），见图12-33。

②吊装第一段上横梁时，利用三向千斤顶对节段进行微调，通过全站仪观测，直至该节段轴线中点（K3点）与上下游节段控制点（K1点、K2点）在一条直线上为止。

③后续节段采用同样的方法对纵桥向定位进行控制，直至上横梁全部吊装完成。

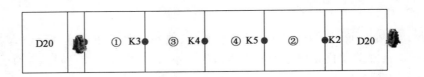

图12-33 上横梁吊装节段轴线控制点示意

（3）上横梁高程控制方法

横梁节段的高程通过在每个节段上设置一定数量的高程控制点（图12-34）来对单个节段的高程进行监测，通过安置在下横梁底部4台千斤顶来调整节段的高程。

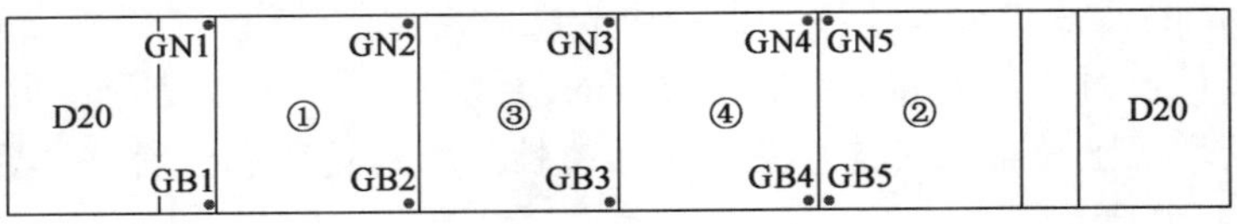

图12-34 上横梁吊装节段高程控制点示意

（4）上横梁调位

通过安置在上横梁单个节段底部的4台千斤顶和安装在横梁顶面的千斤顶来调整节段的高程与平面位置。千斤顶布置位置见图12-35、图12-36。

图12-35 单个上横梁节段底部千斤顶布置

图12-36 上横梁节段顶面的千斤顶布置

三、钢塔安装施工控制

（一）安装阶段钢塔几何监测

1. 控制点布置

钢塔节段厂内制造加工时，在其外壁设置相应的监测控制点，节段吊装后安装监测棱镜，见图12-37。

图 12-37　钢塔外壁的监测棱镜

2. 测量控制网布置

采用基础施工用沉井上的 4 个控制点组成小网并与两岸组建大网,见图 12-38、图 12-39。

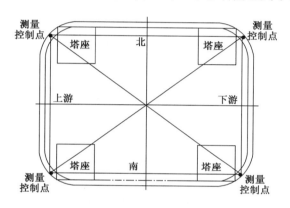

图 12-38　沉井上大地四边形测量控制网

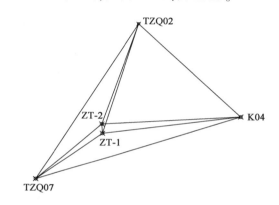

图 12-39　GPS 加密网点位图

在进行中上塔柱吊装施工时,因沉井上的控制点距离太近,仰角过高,因此在上、下游的防撞墩上加密控制点,并与现有沉井上的控制点进行联测平差,见图 12-40。

沉井顶面绝对高程的传递采用全站仪跨河水准方法测量。全站仪跨河水准测量的基本思想是根据由测站向照准点所观测的垂直角(或天顶距)和它们之间的水平距离,计算测站点与照准点之间的高差。这种方法简便灵活,受地形条件限制少,适用于测定三角点的高程。在使用全站仪的情况下,同时测定边长和垂直角,作业效率高,使用相当普遍。跨河水准测量示意见图 12-41。

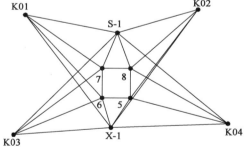

图 12-40　控制网加密点位图

全站仪跨河水准测量因视线离江面较近,考虑采用对向观测的方法,此方法可以有效地减小球气差对高程的影响。跨河水准按三等水准的要求测量,即闭合差小于 $\pm 12\sqrt{L}$。施测时分别在沉井和岸上加设一台仪器和棱镜,同时观测,以减小球气差对测量精度的影响。起闭路线见图 12-42。

为了保证中塔高程和两岸的统一性,在两岸各利用一个控制点进行跨河水准对向观测,进行闭合传高,提高高程传递精度。观测时严格量取棱镜高度,量取两次,两次高差不超过 1mm。观测中长边测量(即岸上仪器测量沉井上棱镜或沉井上仪器测量岸上棱镜),进行 15 个测回测量,内业计算时将粗差剔除,加入温度气压改正进行平差计算。

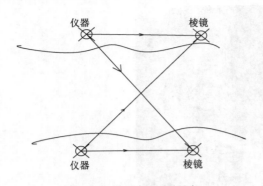
图12-41 跨河水准测量示意

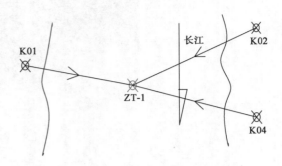
图12-42 跨河水准起闭路线示意

沉井上4个控制点的高程则由跨河传高水准点用NA2水准仪采用二等水准精度联测传递,以保证沉井上小控制网的相对精度。

3. 节段安装竣工测量

(1) 主塔节段安装几何测量方法

节段安装完成后,以TCA2003全站仪三维坐标法为主。高程测量以采用NA2精密水准仪几何水准测量法和ZDL-700精密电子水准仪法,并以全站仪三角高程法检校。

(2) 节段控制点布置

安装节段控制点与制造时采用的控制点相同,控制点布置示意见图12-43。

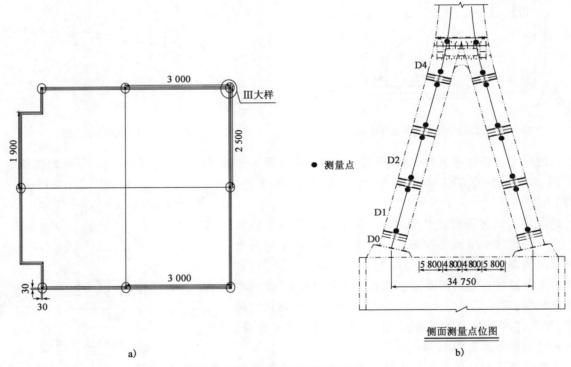

图12-43 测量点平面示意图(尺寸单位:mm)

4. 竣工测量步骤

(1) 钢塔节段吊装就位后,将监测棱镜安装在钢塔外壁的预留孔位上,同时测量棱镜和外壁的两个控制点,求得其相对关系。

(2) 对下塔柱节段,直接在承台上加密控制点架设仪器,后视承台上另一控制点采用TCA2003全站仪三维坐标法进行定位,实测钢塔上顶面各控制点坐标,用水准仪测量顶面各点高差,并以全站仪三角高程数据复核。

上塔柱节段的定位根据其高度及控制点布设情况,采取在上、下防撞墩上加密控制点的措施进行吊装定位。

每节段吊装后,直接测量钢塔顶面上的所有能够通视的测量点(根据塔身高度为 3～5 个),均采用多测回法测定,以消除仪器及环境影响所造成的误差,然后在节段顶面采用自由设站的方法测量各控制点的相对关系。两次测量有 3～5 个公共点,可以将顶面上各点的相对坐标换算成绝对坐标,采用精密水准仪进行相对高差测量,从而求得本节段的偏位及倾斜情况。所有测量数据均需经过地球曲率改正(可以使仪器自动改正,若仪器没有自动修正功能,则需要人工改正)。

每个节段在工厂加工时已经对顶面相对坐标进行过测量,当钢塔节段进场后对其相对关系进行检查,若无变形则可以直接将工厂加工时节段顶面各测量点的相对坐标换算成绝对坐标,以减少现场安装时测量工作,提高作业效率。

钢塔节段直接定位测量示意见图 12-44,钢塔顶面相对关系测量示意见图 12-45。

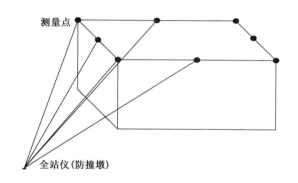

图 12-44　钢塔节段直接定位测量示意

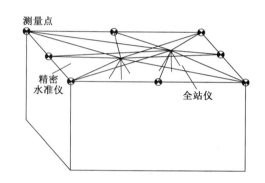

图 12-45　钢塔顶面相对关系测量示意

5. 基础沉降和变形监测

钢塔安装阶段,由于基础所承受的荷载不断增加,其平面位置和高程会不断发生变化,因此需要根据现场实际情况,经常测量承台上加密控制点的相对高差,以检测中塔是否有不均匀沉降,并需对控制网进行复测。

中塔基础随着自身荷载及施工进程的影响而一直处于一个缓慢运动的状态,其空间点在大地坐标系中的绝对空间位置是不断变化的,但基础上各点的相对关系保持不变。此处定义 3 个不同施工阶段的平面系统:

A:锚杆安装时期;

B:钢塔吊装前;

C:钢塔吊装到一定阶段(下横梁)。

沉井下沉到位,锚杆安装前,在沉井上加密了 4 个测量控制点,以此作为锚杆安装时的控制依据,此为 A 系统。

锚杆安装完成后即进行承台混凝土的浇筑施工,在前两次浇筑后发现中塔基础发生了一定程度的不均匀沉降,因此在钢塔 D0 节段吊装前须对现有沉井上 4 个加密控制点进行复测,此时得到的平面系统即为 B 系统。

在钢塔吊装到一定阶段有一定高度后,因为沉井上 4 个加密控制点距离塔身较近,利用沉井上 4 个加密控制点难以对钢塔吊装起到控制作用,因此考虑在上、下游防撞墩上建立测量控制点,并与中塔上的加密控制点进行联测,此为 C 系统。

3 个系统均为中塔基础沉降所致,从承台浇筑混凝土过程中基础的沉降值可以大致得知 A 与 B 系统的差异不大,对承台及塔座混凝土浇筑施工不会产生过大影响。

塔座施工完成前使用 A 系统;D0 节段吊装时及以后钢塔节段安装则使用 B 系统;中塔吊装到一定阶段复测得到的 C 系统则改化到 B 系统中使用。具体操作如下:

在 D0 段吊装之前,将中塔承台上的 4 个加密控制点与岸上首级控制网联测,所测的 4 个加密控制点成果即为 B 系统,定义为中塔塔柱坐标系统。塔柱特征点的设计坐标也是中塔塔柱坐标系下的坐标,即无论中塔基础是否下沉,利用 B 系统成果为塔柱安装定位,能保证中塔塔柱上所有点的相对位置不变。当钢塔安装到一定高度后,须使用其他加密控制点(上、下防撞墩上新加密点)定位,再次用岸上首级控制网联测承台加密控制点,此时加密控制点成果即为 C 系统,定义为大地坐标系。上、下防撞墩上的控制点也属于 C 系统,当使用上、下防撞墩上加密控制点为钢塔进行定位时,就须将其转换到 B 系统中,其转换即为三维直角坐标变换。

在整个钢塔吊装过程中采用 B 系统保证钢塔结构的相对关系,同时也用 C 系统控制钢塔的绝对偏位,使其在允许的偏差之内。坐标系统转换示意见图 12-46。

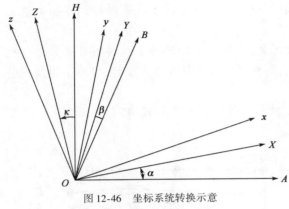

图 12-46 坐标系统转换示意

(二)安装阶段钢塔温度监测

1. 钢塔温度荷载

(1)自然环境的影响

自然环境中的结构,受大气温度变化的作用,如太阳辐射、夜间降温、寒流、风、雨、雪等各种气象因素作用。这些因素每天甚至每时每刻都在发生变化,一般在每年的 7~8 出现最高气温,并且在每天的 12:00~15:00 出现最大值,其极值总是在无云、无风、干燥的高气压的日子里出现。而最低气温一般在每年 1~2 月份的夜间出现,这些情况表明最大温差与不同季节的气候特征有密切关系。

结构中发生的温度变化,还与结构的方位、表面朝向有着密切的关系。结构的水平表面最高温度发生在中午太阳辐射最强烈时刻之后,约在 14:00 左右出现。同时,在向阳面与背阳面之间,发生最大温差。垂直表面的最高温度随表面朝向不同,在不同时刻出现。一般,朝东表面在上午 10:00 前后出现当天的最高温度,朝西表面则在下午 17:00 前后出现当天的最高温度,而背阳面没有受到日照,温度变化相对较小。

(2)结构形式的影响

结构形式对于温度分布。也有明显的影响。例如在箱形结构中,沿箱形截面桥梁顶板表面的温度分布比较均匀,沿腹板表面的温度分布,随时间变化而变化。

对于索塔结构而言,一般仅考虑自然环境条件变化所产生的温度荷载,可以分为以下三种类型:日照温度荷载、骤然降温温度荷载和年温变化温度荷载。日照温度变化主要是太阳辐射作用所致,其次是气温变化影响,再次是风速影响;骤然降温温度变化主要是强冷空气的侵袭作用和日落后在夜间形成的内高外低的温度分布;年温变化则是由于规律的季节更替所产生的。这三种类型的温度荷载具有不同的特点:

①日照温度变化

结构受日照影响温度变化很复杂,影响因素众多,主要有以下几个方面:太阳的直接辐射、天空辐射、地面反射、气温变化、风速及地理纬度、结构的方位和壁板的朝向、附近的地形地貌条件等。因此,结构物由于日照温度变化引起的表面和内部温度变化,是一个随机变化的复杂函数。从工程应用角度考虑,并分析大量的实测资料可以认为:结构所在地的地理纬度、方位角、时间及地形条件确定的情况下,影响其结构日照温度变化的主要因素是太阳辐射强度、气温变化。

②骤然降温温度变化

引起骤然降温温度变化,主要有两个原因:一是结构在冷空气侵袭作用下,使结构外表面迅速降温,结构形成内高外低的温度分布状态;二是日照降温,由于日落等因素致使结构外表面温度迅速下降,而结构内表面温度几乎没有什么变化,形成较大的内高外低的温差状态。这两种降温温度变化,一般只要考虑气温变化和风速这两个因素。

③年温变化

结构由于年温变化所引起的结构温度变化,因其是长期的缓慢作用,使得结构物整体发生均匀的温度变化。所以,在考虑年温对结构的影响时,均以结构的平均温度为依据。

在索塔施工控制中,需要关注的是索塔日温度场,包含了以上三种类型的温度荷载。

2. 钢塔温度监测

钢塔温度监测通过两种途径进行,一种为通过布置在钢塔内部的温度传感器 BGK4000 进行测试;另一种为采用红外线温度测试仪对钢塔外表面温度进行测量,见图 12-47、图 12-48。

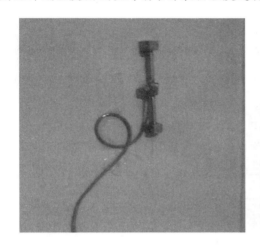
图 12-47 钢塔内壁温度传感器

图 12-48 温度传感器数据采集

(1) 钢塔温度日变化

夏季晴天天气对应的钢塔平均温度为一天 24h 变化及南北向温差的变化、上下游温差的变化。由于钢的热传导比混凝土快,因此和混凝土索塔相比,钢塔日均温度变化与大气温度变化更一致且更同步,日均温度变化幅度为 4℃。钢塔截面温差最大的时候出现在中午 12:00 到 17:00,最大温差达 5.4℃,而到凌晨 1:00 以后,钢塔截面温差均小于 1℃。因此,每个节段安装完成后的竣工测量均安排在凌晨进行,可以将温差影响降至最低。

(2) 钢塔温度年变化

对本工程历时 1 年多的温度监控显示,钢塔的平均温度变化见图 12-49。钢塔平均温度最高为 31℃,最低为 1.3℃。

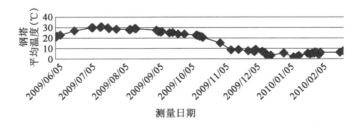
图 12-49 钢塔温度年变化

(三) 安装阶段钢塔应力应变监测

钢塔在 D0 节段、D5 节段、下横梁节段和 D8 节段均安装应力应变传感器,对钢塔吊装施工过程进行应力监测。其中 D0 节段塔座和传感器编号如图 12-50 所示。

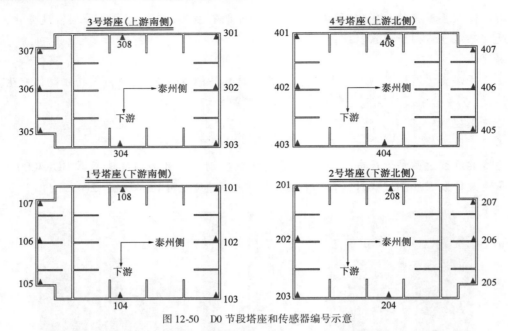

图 12-50 D0 节段塔座和传感器编号示意

图 12-51～图 12-54 为 4 个 D0 塔座在钢塔节段吊装后的应力监测汇总曲线。

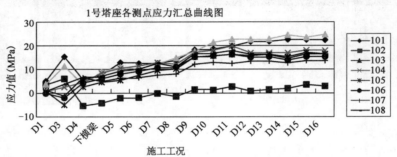

图 12-51 D0 节段 1 号塔座在各种工况下监测点应力变化曲线

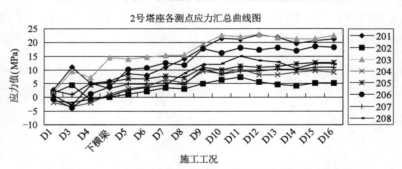

图 12-52 D0 节段 2 号塔座在各种工况下监测点应力变化曲线

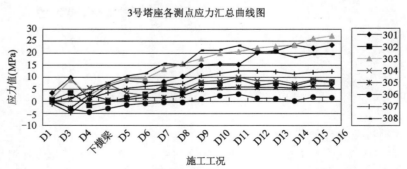

图 12-53 D0 节段 3 号塔座在各种工况下监测点应力变化曲线

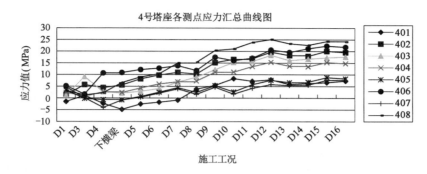

图12-54 D0节段4号塔座在各种工况下监测点应力变化曲线

四、钢塔安装竣工线形

结合钢塔几何测量数据,扣除温度、风速和塔吊等外荷载因素,扣除D0节段定位误差后,钢塔在两个方向上的垂直度远远小于设计规定1/4 000精度要求。上下游塔肢相对距离比理论距离大3mm,小于设计规定的4mm。上下游两塔肢高程相对高差为2.5mm,小于设计规定的4mm。整体高程误差大于10mm,可以通过在D20顶面设置垫板进行补偿,见图12-55。

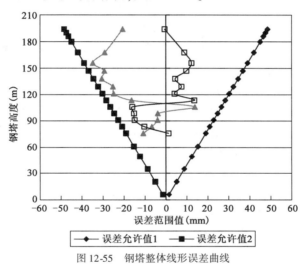

图12-55 钢塔整体线形误差曲线

钢塔节段除了顶面的8个控制点之外,上下游侧壁还设置2个棱镜监测点来对钢塔整体线形进行监测。其测量原理为:在节段安装完成之后,通过全站仪测量节段顶面8个控制点与侧壁棱镜测点之间相对关系(此时节段顶面中心位置确定),在钢塔安装完成后,通过棱镜测点的变化值来推算该节段顶面中心点位置的变化值,从而确定钢塔的线形。

12.5.6 钢墩、钢盖梁的提升安装作业除应符合本规范第12.5.2条～第12.5.4条的规定外,尚应符合下列规定:

1 采用汽车吊、履带吊等起重设备安装前,应对地基承载力进行验收。
2 安装钢墩、钢盖梁时,宜设置定位导向及调节装置。
3 钢墩、钢盖梁安装就位并完成连接确认结构安全后,方可解除吊钩。
4 安装过程中应监测钢墩和钢盖梁的位置、高程及垂直度。
5 高空作业宜采用专用高空作业车,或设置具有外围护的操作平台及连接可靠的上下通道。

2 设置定位导向及调节装置的目的是能快速、准确地将构件安装到位。
3 钢墩安装过程中,采用临时稳定缆绳和柱间支撑对于保证施工阶段结构安全稳定非常重要,因此每一施工步骤完成时,结构均需具有临时稳定的特征。

5 使用专用高空作业车能提高劳动生产效率,有效降低劳动强度和安全事故率,减少支架平台及人员上下通道安拆作业。

12.6 顶推施工

12.6.1 本节适用于等截面钢梁的顶推或拖拉就位施工。

12.6.2 钢梁顶推或拖拉的专项施工方案应符合下列规定:

1 应根据设计图纸分析计算施工所需的顶推力、拖拉和制动牵引力、各支点反力,以及钢梁的应力、稳定性和悬臂挠度等;钢梁处于竖曲线时,应计入纵坡变化的影响。

2 应合理布置拼装平台、顶推平台、临时墩和支承等设施;对主要临时结构应进行专项设计,在不同受力状态下的强度、刚度和稳定性应满足使用要求。

3 钢梁的拼装平台应具备纵坡调整的功能;应使待拼装钢梁节段能与顶推梁体尾端的转角顺接,保证钢梁梁体的线形与制造线形一致。

4 当需要设置临时墩时,其数量和位置应按顶推跨径的要求确定。临时墩应满足承载、梁体纵横向移动和高程调整的要求,在平曲线上顶推施工时,尚应适应曲线半径较小时产生的横坡和横向超宽。在水中设置临时墩时,其基础应考虑水流的冲刷作用以及可能出现的流冰、洪水作用。

5 在桥梁墩台附近设置顶推用千斤顶的支承架时,宜将其支立在承台顶面,且宜与墩台身进行临时连接固定,增强稳定性;对高支架则应控制水平力作用下的变形。

6 顶推所用的导梁宜采用变截面钢桁梁或钢板梁,且宜分段设计、分段采用栓接连接方式拼装;导梁的长度宜为顶推跨径的 0.6～0.8 倍,前端的最大挠度应不大于施工设计的规定;导梁与钢梁梁体连接处的刚度应协调,连接强度应满足梁体顶推时的受力要求。

7 导梁应由具有资质的专业生产厂制作加工,并应在厂内完成预拼。导梁节间的拼装应平整,其中线偏差应不大于 5mm,纵、横间底面的允许高差为 ±5mm。

8 导梁与钢箱梁连接时,连接接头范围内钢箱梁的 U 形肋、纵隔板加劲肋可暂时不焊接连接,待钢箱梁顶推到位、导梁拆除后再在现场进行焊接。

9 直线顶推时,导梁的拼装线形可与钢梁梁体的线形保持一致。平曲线顶推时,导梁宜为直线,在与钢梁梁体的连接处设折角,并宜将导梁前端的中心落在桥梁设计线形的中线上;顶推施工时梁体宜沿设计线形前行。

10 钢梁在制造时应根据现场拼接的要求,在梁体节段上设置匹配定位的标记和匹配组对件,定位标记和匹配组对件的精度应不超过 1mm。

11 顶推过程中应采取措施保护钢梁的防腐涂层。

钢梁顶推前要对已建成的墩台进行测量验收,墩台的位置、尺寸、高程、中心线均符合设计要求后方能进行顶推施工。专项施工方案中需要结合现场情况对顶推施工所需的临时结构、临时设施和作业场地等进行合理规划;要对施工过程中的风险源进行辨识,并制定防范风险的相应措施。

1 对顶推施工过程进行分析计算的目的是保证永久结构和各种临时结构的受力均能满足顶推施工的要求。

6 导梁与钢梁梁体连接处的刚度如果不协调,可能会造成导梁的个别杆件局部变形,或使连接处的焊缝开裂,影响顶推工作的正常进行。

8 导梁与钢箱梁连接的范围内,需有足够的空间用于布置连接接头,但接头处可能会占据钢箱梁部分 U 形肋、纵隔板加劲肋的位置,因此该处钢箱梁的 U 形肋、纵隔板加劲肋可以暂时不焊接,留待顶推完成连接件全部拆除后再焊接。

12.6.3 顶推施工所用的设备应符合下列规定：
1 同一顶推工程宜采用同一型号的顶推设备进行施工。
2 对多点式顶推施工，在每个支承墩的墩顶均应布置两台连续千斤顶。
3 采用步履式顶推方式施工时，应配备三向千斤顶，并应根据计算分析确定千斤顶的台数、顶升能力及行程距离。单台千斤顶的承载能力应不小于最大反力的1.2倍，步履式顶推系统的同步精度应不低于5mm。
4 用于钢桁梁顶推的设备宜具有跟随桁梁节点前移的功能，桁梁受力点宜设置在节点位置。
5 顶推设备宜采用计算机自动控制系统。
6 顶推设备进场时应进行验收，并应编制设备操作规程。

3 步履式顶推施工时，同步性及对线形的精度控制非常关键，如果发生较大偏差，可能会使钢梁产生次应力，对钢梁的受力不利，因此在顶推前要按照理论计算与试验相结合的方式进行必要的验证。

12.6.4 顶推施工作业的一般要求应符合下列规定：
1 钢梁应在平台上进行拼装，拼装线形应满足设计或监控的要求。
2 支承架安装完成后，应经检验合格后方可投入使用；对位于软弱地基处的独立支承架，在顶推前可进行预压检验，必要时宜沿顺桥方向采取钢丝绳捆绑、设置撑拉杆等措施，增加其纵向稳定性。
3 钢梁与顶推设备之间的支承处宜设置橡胶垫块或其他适宜的缓冲材料，并应防止不当的支承方式导致构件局部应力的超标。
4 钢梁在竖曲线上顶推时，拼装台座及过渡段应处于同一圆弧曲线内，梁体的拼装曲线应满足设计要求；沿平曲线顶推钢梁时，梁体应满足设计要求的平面线形。
5 正式顶推施工前，应先进行预顶调试，全面检验顶推系统的性能和可靠性，满足要求后方可按设定的顶推力和行程进行顶推作业。
6 采取多点方式顶推施工时，导梁前端到达并支承于前方的桥墩或临时墩后，应及时使该墩上设置的连续千斤顶参与顶推作业，尽早实现多点顶推。
7 多点顶推时，应对顶推千斤顶的同步性进行集中控制，并应对顶推过程中的顶推力或行程突变等情况进行监测、预控和调整。
8 顶推时应使梁体保持匀速前移，并应保证对称和各点同步。顶推过程中，应及时纠正梁体在横向和竖向的偏差，应力和变形不得超过设计或施工监控允许的范围；顶推完成一孔或一联后，应对梁体进行一次线形复核。
9 顶推时至少应在两个墩上设置保险千斤顶。宜在墩台顶上设置导向装置，防止梁体在顶推过程中产生偏移。顶推过程中，宜对梁体的轴线位置、墩台的变形、主梁及导梁控制截面的挠度和应力变化等进行施工监测；发生异常情况时，应停止顶推，查明原因并进行处理后方可继续施工。
10 对钢梁梁体进行最后一次顶推时，千斤顶宜采取小行程点动，使梁体能精确就位。
11 顶推到位后的梁体在落梁时，应根据钢梁的受力情况，对分批落梁的次数和顺序进行控制；曲线梁落梁时，应控制曲梁的几何偏心扭转。

9 在顶推过程中，往往由于左右两条顶推线不能完全同步，各墩顶滑动装置的摩阻力也不一致，会使梁体偏离中轴线，因此需要采用导向装置纠偏。

12.6.5 单点和多点顶推作业除应符合本规范第12.6.4条的规定外，尚应符合下列规定：
1 拼装平台和临时墩的顶面均宜布置滑道，且宜在滑道顶面涂硅脂或其他适宜的润滑材料减小其摩擦系数；滑道的侧面宜布置侧向限位导向滑轮和横向水平千斤顶，防止钢梁梁体在顶推过程中产生偏移，以及在产生偏移后进行横向纠偏。应控制钢梁构件底部与滑道接触位置的应力，必要时应对构件进行局部补强，防止其局部受力过大产生变形。

2　牵引钢绞线的数量应根据考虑安全系数后的牵引力确定，下料长度应根据牵引长度、支承墩长度、油缸工作长度、固定端工作长度和张拉端预留长度等确定。
　　3　顶推过程中应保证滑道上的滑板完好平整，排列紧密有序，钢梁与滑道间不得脱空，滑板损坏时应及时更换。
　　4　顶推过程中，当钢梁中线偏位超过40mm时应进行纠偏。

12.6.6　步履式顶推施工作业除应符合本规范第12.6.4条的规定外，尚应符合下列规定：
　　1　拼装平台的长度宜不小于3个钢梁节段的长度，同时应满足顶推配套设备的布置、人员操作及钢梁节段连接作业等要求。拼装台座的顶面高程应以钢梁的竖向线形为准进行设置。
　　2　多点步履式顶推施工的设备宜布置在各个顶推点上，桥梁左右幅两侧的每两套顶推装置中间宜布置1台液压泵站，主控台宜设置在拼装平台上。
　　3　顶推设备安装完成后，应对其进行全面调试，应保证手动和自动两种模式在工作状态下均能正常运行，且系统在自动模式下各千斤顶应满足协调性和同步性的要求；对所有设备的纵向轴线均应进行测量与标定，并应保证顶推时能与钢梁梁体的轴线保持平行。
　　4　顶推过程中，宜按"分级调压，集中控制"的原则对顶推的进程进行控制；对竖向偏差的调整宜以支点反力控制为主、高程控制为辅。

12.6.7　拖拉法施工除应符合本规范第12.6.4条的规定外，尚应符合下列规定：
　　1　正式拖拉施工前应进行试拖拉，并应检测牵引动力系统的机械性能和启动牵引力。
　　2　水平牵引拖拉时应保证对称、同步，且应能拉动梁体匀速前移。当滑道的纵坡为平坡或下坡时，应设置反向卷扬机作为牵引拖拉的制动装置。
　　3　钢梁梁体的中线相对于设计中线的偏移值应不大于50mm，且前后端不应同时偏向设计中线一侧，否则应进行纠偏。
　　4　在曲线上拖拉钢梁时，墩台的承载力和宽度应满足安装要求。牵引拖拉时，单孔梁的拖拉中线可取桥梁设计中线；多孔梁的拖拉中线可取设计中线的平均值或采用接近的梁跨中线，纵向拖拉到位后再横移到位。

12.7　整孔与大节段安装

12.7.1　本节适用于采用架桥机、起重机或起重船对整孔钢梁与大节段钢梁进行安装的施工。
　　跨径50m左右的钢梁通常可以采用架桥机整孔进行架设；桥梁位于陆地时也可以采用大型起重机单台或双台抬吊进行安装；对大节段钢梁，当水深条件满足要求时可以采用起重船进行安装，工程实例有：港珠澳大桥（图12-56）江海直达船航道桥引桥110m钢箱梁节段、深中通道（图12-57）110m钢箱梁节段的吊装。

图12-56　港珠澳大桥钢箱梁吊装（1 600～3 500t）

图 12-57 深中通道 110m 钢箱梁吊装（1 500t）

12.7.2 整孔与大节段钢梁的安装施工除应符合现行《公路桥涵施工技术规范》（JTG/T 3650）和本规范第 12.1 节、第 12.2 节的规定外，尚应符合下列规定：

1 编制安装方案时应进行专项设计，并应根据安装的顺序或步骤对钢梁结构进行施工受力和体系转换的计算分析；钢梁的受力和变形应控制在允许范围内；起重设备和吊具等均应满足安全要求。

2 应选择适当的时间段和环境条件进行钢梁的安装、连接或合龙施工，并应采取相应的技术措施减小环境温度、风、浪、水位和水流变化等对吊装施工安全的影响。

3 起吊安装时，最大起重量应不大于起重设备的额定能力。

4 采用起重船安装施工时，桥址作业区应具备通航条件，且通航水深和施工作业面应能满足大型起重船舶施工的要求。

1 安装施工前，需在详细了解施工水域的水深、流速、潮位、水下管线和障碍物、河（海）床地质等情况的基础上，编制安装方案，进行专项设计，制定相应的施工应急预案，以保证安装施工能顺利进行。

对连续梁的体系转换，一般的做法是在整联的多个大节段钢梁吊装完成后进行转换，即将一联的钢梁由临时支座支承转换至永久支座支承；也有为加快临时支座及调节千斤顶的周转，在大节段钢梁架设至中间的固定支座墩后，提前进行体系转换的做法。

2 为保证安全，钢梁的起吊安装通常要求在风力小于 6 级时进行，而且起重船的移位和大节段钢梁的就位要尽量选择在高、低平潮时进行，因为平潮时对船舶的稳定性和大节段钢梁的起吊、准确就位较为有利；但由于高、低平潮的持续时间较短，起吊安装不可能完全在平潮时段进行作业，这就需要升级改造起重船锚泊系统的能力，或采取其他措施以增加起重船的有效作业时间。

3 对钢构件起吊安装的起重设备，须在其额定起重量范围内进行作业，以保证施工安全；如果超出其额定起重量进行吊装作业，容易发生安全事故。

12.7.3 整孔与大节段钢梁安装施工所采用的设备应符合下列规定：

1 应根据钢梁的结构形式、桥梁跨径大小、安装施工方法、工程进度要求和现场条件等因素选择安装设备，设备的数量和性能应满足施工的需要。

2 整孔与大节段钢梁安装施工所用的架桥机应是由专业厂设计生产的定型产品，状况良好，并应有出厂合格证。架桥机在安装作业时的抗倾覆稳定系数应不小于 1.3，过孔时的抗倾覆稳定系数应不小于 1.5。

3 起重船应具备船舶证书，符合船舶管理规定，并应根据钢梁吊点距离及重心偏离、施工水域船舶通航、风、水流、波浪等因素进行安全性验算；起重船在首次吊装前应进行试吊。

4 采用两台起重机或起重船进行联合作业时，宜选择负荷能力相同或接近的设备，分配给单起重机或起重船的重力不得超过其允许起重力的 80%；钢梁及吊具总重力不得高于两起重机或起重船额定起重量之和的75%，并应采取措施保证各起重设备的同步性。

5　吊具应经无损检测并定期检查。

3　大节段钢梁在水域安装时，需要动用数量较多的各类大型船舶，如大型运输驳船和起重船，且多为非动力船舶；施工作业需要的锚艇、拖轮等辅助船舶也较多。起重船与运输船的锚缆易相互干扰，并会影响其他辅助船舶的作业；同时由于水域环境条件的复杂性，如风量、水流流速、涨退潮等均会对各种船舶的作业产生不利影响。如何使各类船舶能在统一指挥下协调一致地进行安装施工作业，做到进退有据、互不干扰，且能保证安装作业的安全，需要在正式安装前进行必要的模拟试验，以获取相应的施工参数，用于指导正式安装施工。

4　抬吊适用的特殊情况是指：施工现场无法使用较大的起重设备；需要吊装的构件数量较少，采用较大起重设备经济投入明显不合理。当采用双机抬吊作业时，需编制专项作业指导书，在条件许可时也可以事先采用较轻构件模拟双机抬吊工况进行试吊。采用两台起重船对大节段钢梁进行抬吊安装时，总重力及各船所承受的起吊重力需要有一定的限制，超过其承载能力将会导致事故；两船抬吊安装时，保持基本同步、协调一致作业是保证平稳起吊安装的前提。

5　吊装用的钢丝绳、吊装带、卸扣、吊钩等材料和工具，在使用过程中可能存在局部的磨耗或损伤等缺陷，使用时间越长存在缺陷的可能性越大，而整孔与大节段钢梁安装的安全要求高，因此规定应对吊具进行无损检测并定期检查，目的是保证其质量合格，满足吊装要求，防止发生安全事故。

12.7.4　整孔与大节段钢梁安装施工作业应符合下列规定：

1　安装作业应按施工方案规定的顺序和步骤进行，一孔或一个大节段钢梁的安装宜在一天内完成。

2　多吊点安装时，各吊点受力的相对偏差值应在允许范围内，且钢梁的移动加速度应控制在0.1g以内。

3　钢梁在起落过程中应保持水平；在接近安装位置时，钢梁底部应高于支座500mm以上，在支座的正上方缓慢下放。临时支承钢梁时，临时支座的形式和位置应符合专项方案的设计规定，梁底与支座应密贴，各临时支座顶面的高差不得超过4mm。

4　应根据钢梁的结构特点和安装施工方法对安装过程进行监测和控制，监测的内容宜包括钢梁的移动位置、移动速度、运动同步差及牵引力、关键部位的应力应变、结构变形、环境参数等，监测的各项指标应在方案设计的允许范围内。

1　整孔和大节段钢梁安装施工时，不利环境对安全的影响程度与作业持续时间有关，时间越长，不利影响越大；跨越航道、道路时，安装时间受限，一般不具备设置应急停留的条件，所以整孔与大节段钢梁的安装施工需要选择各种环境条件比较有利的时间段，尽快完成，以降低风险。

2　整孔与大节段钢梁的安装质量较大，瞬时加速会对安装设备和支承等产生较大的冲击，因此需要加以控制。

工程实例1：崇启大桥大节段钢箱梁安装施工技术

一、安装主要技术难点

（1）大节段钢箱梁长185m、质量2690t，为变截面，最大梁高9m，钢箱梁制作精度及线形控制难度大；大节段钢箱梁长且重，装船浮运难度大。

（2）桥区位于长江口，呈双向流，涨落潮变化快，现场架设时间紧，风险大；采用大型起重船进行吊装，投入船舶多，受潮流影响架设要求时间短，施工管理难度大；大节段钢箱梁长且重，吊装安全风险大；安装精度要求高，调位难度大；现场钢箱梁对接与误差调整要求高。

（3）采用大节段吊装，两跨之间只有一道拼接缝，连接缝采用栓焊组合方式连接，施工控制难度大，对控制质量要求高,制造和架设过程多种因素不确定性均会导致误差累积,误差调整困难。

(4)大桥所处地段,气象复杂多变,灾害性天气频繁,桥位处风大浪急且台风期长。台风、强风、龙卷风等出现的频率较内陆明显偏多,严重威胁大桥施工安全。大跨径钢连续梁桥由于刚度较小、自重较轻,在风荷载作用下,很容易产生风致振动。

二、吊装顺序及合龙方案确定

通过对国内外大节段连续箱梁整体安装技术的调研,大跨连续箱梁整体逐跨安装时,其节段划分大体可以分为三种方式:

(1)接缝设置在墩顶,即整跨进行吊装,在各永久墩位置进行连接,例如上海长江岛隧连接工程引桥、杭州湾大桥70m混凝土箱梁、香港后海湾大桥等。

(2)接缝设置在反弯点,吊装时箱梁通过设置在反弯点附近的牛腿及墩顶进行支承,在反弯点位置进行连接,例如日本东京湾横断道路桥海上部分等。

(3)T构加挂梁,即先施工悬臂结构,然后进行挂梁整体安装,例如石板坡大桥、加拿大联邦大桥等。

对于变截面钢箱连续梁,相比混凝土结构自重较轻,在相同的起重条件下,大节段的长度可进一步增加,从而现场连接的接缝数量可以进一步减少,此外,将接缝设置在反弯点附近,可以得到近似于一次落架施工的成桥内力状态,对结构整体受力更有利,综合考虑,崇启大桥大节段整体吊装大节段接缝选择布置在反弯点附近(图12-58)。

图12-58 接缝设置在反弯点处

参照国内外同类桥梁施工经验,依据设计图纸及大节段钢梁整体架设施工思想,结合施工工艺和现场钢箱梁节段调位能力,提出了两种大节段钢箱梁施工方案:

(1)中跨合龙方案(分段方案一),即钢箱梁由两端往跨中架设,至跨中合龙。

(2)边跨合龙方案(分段方案二),即钢箱梁由一端往另一端逐节架设,最后在另一端合龙。

对两个方案进行比选分析,考虑到施工风险及临时支座顶升反力的大小,拟采取方案二不升降支座的施工方案,但是这种方案最后两跨主梁应力峰值较高。

三、整体吊装技术

大节段钢箱梁吊装最大质量为2 600t,最长185m,吊装过程中需要解决的问题主要包括起重船的选择和布置、吊索具系统的优化、吊点布置优化等。

(一)起重船选择

大节段钢箱梁吊装时最大吊重约2 600t,梁顶至水面高度46m,要求船舶吃水深度不超过6m。通过对国内1 000～3 000t的大型起重船资料调研可知,满足该桥吊装要求的大型起重船有限,能够满足单台起吊能力的起重船但不能满足桥区吃水要求,且使用费用昂贵。为保证梁段安全吊装,采用2台或3台起重船组合起吊。

考虑到起吊过程中采用2台起重船组合作业较3台起重船组合作业受力明确,安全风险相对较小,初步拟定采用2台大型起重船抬吊。利用2台起重船进行抬吊作业,在国外已有成功先例。如日本的正莲寺桥,最大吊重为5 608t,最长节段为224.9m,采用4 100t和3 600t起重船起吊。另外在日本临海大桥的施工中,最重主桁达8 000t,受起重船起吊能力限制,采用了3台大型起重船抬吊架设,对控制过程要求极为严格。

初步拟定起吊质量2 700t(包含梁体自重、施工荷载、加固件、吊索具等),梁顶至水面高度46m、吊索具高度35m,经过起重船快速选型系统筛选,采用"振浮5号"2 200t起重船及"振浮4号"1 600t起重船共同进行钢箱梁大节段整体安装。

(二)吊点布置及吊耳结构研究

大节段钢箱梁采用1 600t+2 200t起重船组合抬吊,吊点布置的基本原则是通过改变两台起重船至大节段钢箱梁重心的距离来调整起重船的分配荷载,保证每台起重船的分配荷载均小于其额定荷载。当起重船中心位置确定后,先由吊重估算出吊耳个数,再根据吊高、吊幅及吊索的最小倾角等因素,确定吊耳的布置。

四、船舶布置方案

大节段钢箱梁吊装采用的是两艘大型起重船和一艘大型驳船联合作业,吊装作业现场三者能否协调作业是能否安全吊装的关键问题,具体难点如下:

(1)参与现场吊装的两艘起重船由于定位和移动需要,每艘起重船要抛8根定位锚缆,而运输驳船定位也需4根锚缆,在现场这20根锚缆存在交叉干扰。

(2)大节段钢箱梁运输驳船长110m、宽32m,在吊装时驳船与水流方向成90°,所以,现场存在驳船从顺江方向旋转为横江方向的工况,由于驳船较长,加之现场江水流速较快,驳船转弯半径较大,需要约150m的作业空间。

(3)大节段钢箱梁吊起后,运输驳船需要在较小的空间提前安全撤场,撤场时不允许碰撞桥墩。

以上这3个难点须得到妥善解决,才能保证大节段钢箱梁实现顺利、安全吊装。

五、接缝连接形式及匹配措施

大节段钢箱梁节段之间的连接采用以栓为主、栓焊结合的方式,即节段之间连接处钢箱梁的顶板U形肋、腹板、底板采用栓接,顶板采用焊接。由于栓接对接缝连接的两个大节段的相对位置精度要求高,因此,大节段精确调位除顺桥向、横桥向及高程以外,接缝处相对夹角的精确调整是保证大节段顺利连接和实现设计结构体系的关键。

日本东京湾大桥节段间的连接采用了力矩连接工法。在将大节段由起重船装吊着的状态下,使连接部的接口在无应力状态下加以连接,将连接部位的全部高强度螺栓拧紧,然后起重船将节段放下搁置在桥墩上,将弯矩传到连接部位。这种调节方法对起重船提出很高要求,需要较长的作业时间,根据桥位处的潮位情况,吊装作业时间有限,需结合崇启大桥自身特点研究接缝调整的措施。

导致接缝处夹角误差的因素主要包括结构自身参数(如自重、弹性模量、焊缝收缩)和环境因素(如温度、风、施工荷载)。选择风速较小的时机进行大节段调位,对调位期间的施工荷载采取详细统计和管理等措施,可以减少其中一些因素对接缝夹角误差的影响。首先针对自重、弹性模量、顶底板温差,以及焊缝收缩等因素进行敏感性分析,确定接缝夹角误差的敏感因素,然后研究提出调整接缝夹角误差的措施,结合接缝连接工艺,最终确定匹配口的调整方案。

(一)接缝误差敏感性分析

计算工况:1号梁段已架完,架设2号梁段,2号梁段一端顶板搭接在1号梁段上,固接,另一端支撑在主3号临时墩上。计算各敏感因素对梁段夹角和顶底板接缝宽度的影响。

根据表12-4所列的4个参数进行敏感性分析。

表12-4 敏感性参数

序 号	分 项	幅 度
1	自重	±0.03
2	刚度	±0.05
3	顶底板温差	±5℃
4	顶板焊缝收缩	1mm

梁段间缝宽受各个敏感因素的影响量见表12-5。

表12-5 各敏感因素对缝宽变化量影响

敏感性因素	1.03倍自重	0.95倍刚度	顶底板温差5℃	0.97倍自重	1.05倍刚度	顶底板温差 −5℃	焊缝收缩 1mm
转角变化量（rad）	0.000 10	0.000 17	0.001 87	−0.000 10	−0.000 17	−0.001 87	0.003 73
底板接缝宽度变化量(mm)	+0.58	+1.02	+11.0	−0.58	−1.02	−11.0	+22.3

注："+"表示底板缝宽增大，"−"表示顶板缝宽增大。

由表12-5可见，最不利工况下底板接口缝宽增大35mm，顶板接口缝宽增大13mm。各参数影响量所占比重如图12-59所示。

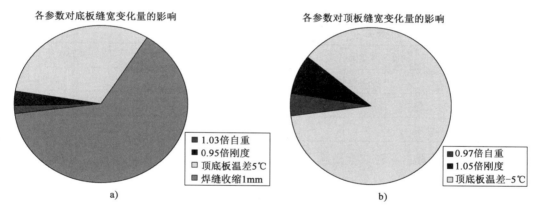

图12-59 各种参数对焊缝宽度变化量所占比例

通过敏感性分析可以看出，顶底板温差对接缝夹角影响最显著，是最敏感因素；其次，顶板焊缝收缩对接缝夹角的影响较显著，为接缝夹角误差的次敏感因素。针对这两个敏感因素需进行重点控制，加强对施工阶段大节段钢箱梁的温度场监测，同时对各阶段顶板连接的焊缝收缩量进行监测统计，尽可能减少参数识别误差。

(二) 接缝缝宽调整措施研究

梁段高程及水平调位结束后，则进入梁段匹配口调整阶段，由误差引起的接缝开口形态有两种，详见图12-60。

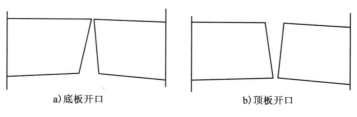

图12-60 接缝开口形态

缝宽调整措施包括三种:①升降临时支座;②在接缝处底板(或顶板)设置对拉设施;③临时压重。表 12-6 中分别列出了三种调整措施可以调整的缝宽量。

表 12-6　各调整措施可以调整的缝宽量

调整措施	升降 3 号墩临时支座 5cm	底板接缝处施加 100t 对拉力	前一跨跨中加 100t 临时压重	接缝处加 100t 临时压重
转角变化量(rad)	-0.000 42	-0.000 62	-0.000 96	0.001 854
底板接缝宽度变化量(mm)	±2.5	-3.7	-5.7	+11

说明:"+"表示顶板缝宽减小,"-"表示底板缝宽减小。

最不利工况下顶板缝宽将增加为 13mm,可以升高 3 号墩临时支座 50mm,同时在接缝处施加 100t 临时压重的调整措施,这样可以完全解决最不利工况下顶板缝宽增加的 13mm。考虑到施工的便利,推荐采用在接缝处施加 120t 临时压重的调整措施,这样可以完全消除最不利工况下顶板缝宽增加的 13mm,并且施工难度比较小。

最不利工况下底板缝宽将增加为 35mm,单独使用一种调整措施既不经济也不可能实现。例如:由于墩顶空间有限,临时支座最多只能下降 100mm,缝宽调整量只有 5mm;若仅采用底板对拉的调整方式,则需在接缝处施加 1 000t 对拉力,这需要设置很多临时反力架,并且要对钢箱梁局部进行加强,很不经济;若仅采用临时压重来调整,则需在前一跨施加 600t 临时压重,将增加施工难度,延长施工工期。综上所述,下面将综合三种调整措施来调整缝宽,见表 12-7。

表 12-7　综合各调整措施的底板缝宽调整量

调整措施	降低 3 号墩临时支座 10cm	底板接缝处施加 500t 对拉力	前一跨跨中加 200t 临时压重
转角变化量(rad)	-0.000 84	-0.003 1	-0.001 92
底板接缝宽度变化量(mm)	-5	-18.5	-11.4
合计(mm)			-35

由表 12-7 可见,综合考虑三种调整措施,可以完全消除最不利工况下底板缝宽增加的 35mm,并且对施工难度和工期的影响都不大。

(三)接缝连接工艺研究

1. 接缝连接工艺选择

在以往的施工范例中,栓焊结合结构中的先栓后焊和先焊后栓都有成功的先例,两者各有利弊:

(1)先栓后焊工艺,能够避免焊接收缩不均对栓孔连接质量的不利影响,保证栓孔重合率,但焊缝的焊接收缩可能对栓接面产生影响,严重者可能造成局部应力集中或拼接面滑移。

(2)先焊后栓工艺,焊缝提前收缩,焊接收缩量不会对栓接面质量造成影响,也不会产生应力集中,但如果提前预留的焊接收缩量不够准确,可能造成局部孔距超差,影响轻微的可能出现扩孔,严重的可能造成拼接板报废。

崇启大桥现场环缝孔多数为投孔工艺,而且场内整跨梁段线形是按实际成桥状态控制的,接口匹配精度较高,钉孔重合率为 100%,现场匹配不会出现太大偏差,采用先焊后栓工艺是有质量保证的,所以,通过综合考虑,确定采取先焊后栓工艺。

2. 高强度螺栓施拧工艺

(1)桥位工地拼接口高强度螺栓连接时,首先采用冲钉和普通螺栓定位,然后穿入高强度螺栓。

(2)环口定位和螺栓穿入完成后,进行螺栓初拧、复拧(终拧力矩的 30%~50%)及终拧。高强度螺栓施拧严格按《崇启大桥高强度螺栓施拧工艺》执行,施拧顺序为先中间后两边,先底板后腹板,最后施拧顶板 U 形肋的高强度螺栓。

六、架设阶段控制系统研究

(一)主要内容

架设阶段桥梁结构的几何线形是施工阶段结构受力状况的最直观的外在表现,是衡量施工质量和控制技术水平最为关键的结构状况指标之一。在架设过程中对结构的线形控制可以起到以下作用:

(1)判断桥梁施工质量是否达到要求。通过线形监测可以得出结构的变形,包括横向偏位、竖向挠度、纵向移动和各个节点的高程状况。如果偏差太大则须采取相应纠正措施,保证施工质量和成桥线形达到设计要求。

(2)为主桥钢箱梁匹配提供必要的手段。大节段钢箱梁匹配时,需对主结构进行严密的线形监测,确定接缝口的竖向高差、横向偏移,以及纵向距离误差,根据线形测试结果分别采取相应的调整措施,减少或限制接缝口误差,使得安装时调位得以顺利完成。

(3)判断结构是否安全。结构变形是结构受力的外在表现,通过对结构的线形监测,可以及时发现结构构件的具体部位变形是否异常,结合应力测试结果,共同保证施工的安全进行。

(二)线形测量方法研究

主梁线形测量分为放样测量与事后测量,放样测量对测量时间及精度均有较高的要求。放样测量因为存在反复调整的问题,而且新梁段的放样位置受其相邻梁段的位置及转角的影响,因此,放样测量的关键在于保证相对精度和测量速度。事后测量的结果主要用于误差分析和参数识别,因此,事后测量的关键在于保证可靠的测量精度。

考虑到崇启大桥地处长江入海口,在风速较大的情况下,会使得在较多的测量时间内主梁存在较大的风致振动,因此,需要制订特殊的、完备的测量方案。在风速较小或悬臂较短的阶段且主梁振动较小的情况下采用自动安平水准仪,本方案拟采用天宝 Dini 12 数字水准仪(每公里往返精度 0.4mm),该水准仪采用 3m 长的条码尺,测量速度较常规的水准仪提高很多。在风速较大或悬臂较长的阶段且主梁存在明显振动的情况下,拟采用两台 Leica TCA2003 测量机器人(0.5″)同步测量两点获得高差的方式来抵销主梁晃动的影响。

1. 放样测量

放样测量过程中,待安装箱梁的几何控制内容主要包括中轴线控制和高程控制两个方面。

(1)待安装箱梁的中轴线控制

①事先在每一块箱梁的顶面刻划好其中轴线的标志线,如图 12-61 所示。

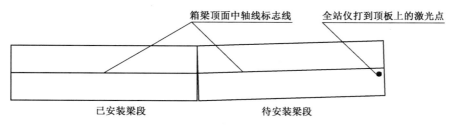

图 12-61 钢箱梁安装平面位置测量控制示意图

②在大桥的两边跨顶面建立高精度的轴线(桥轴线)控制网,作为悬臂箱梁悬拼安装时中轴线控制的基准控制网。轴线控制网由大桥的首级平面控制网用 GPS 静态测量的方法加密获得,加密测量时的精度等级为 GPS B 级网,平差后各轴线控制点的点位中误差不大于 ±3mm。

③待安装箱梁的中轴线,用中线法控制其安装的平面位置,即在轴线控制点上安置 TCA2003 全站仪,后视另一轴线控制点后,指向待安装的箱梁。安装定位时,先使待安装箱梁的后端中线与已安装好的箱梁(上一节段箱梁)中线重合;之后调整箱梁的位置,使其前端中线恰好位于全站仪已打到梁面的激光点上,这样此块待安装箱梁的平面位置就调整到位了。

④事实上这种平面测量控制的方式在整个拼装的过程中较少采用,由于 U 形肋的拼接板在钢箱梁工厂预拼阶段就进行了号孔制造,因此,在悬臂拼装阶段钢箱梁平面位置基本上已经由工厂预拼情况确

定了。这种调整仅在钢箱梁轴线位置已经发生较大偏移且存在逐渐放大的可能时使用。

⑤调节手段：

钢箱梁轴线调节：通过顶推牛腿及墩顶横桥向顶推箱梁来完成。

钢箱梁里程调节：通过纵向顶推临时支座，并利用匹配梁段之间的 $\phi 48$ 精扎螺纹钢，用 120t 穿心千斤顶张拉，纵向拉动钢箱梁完成里程调节。

(2) 待安装箱梁的高程控制

①事先在每块箱梁顶面布设高程控制点，其中墩顶处截面测点和梁段接缝附近前 5 排测点在放样测量时使用，事后测量时对所有测点进行测量。梁段接缝处测点加密是为了测出梁段转角，从而得出临时支座升降量。

②首先将岸上首级高程控制点的高程传递到 1 号主墩墩顶处，待Ⅰ号钢箱梁安装完毕后，再将高程控制点引到Ⅰ号钢箱梁墩顶顶面处测点，建立高精度的高程控制点，作为后续箱梁安装时高程控制的高程基准控制点。

③对于待安装的钢箱梁，由于其线形是已计算好且固定不变的，故只需控制其梁端转角及支点处高程即可。

④在待安装钢箱梁拼装时，测量已成梁段和待安装梁段接缝处前 5 排测点，求出已成梁段和待安装梁段梁端转角，理想状态下，两者应吻合，考虑到实际情况与理论状态可能存在差别，接缝处可能存在折角，这样就需要利用待安装梁段临时支座处的千斤顶的顶升或下降来调整已成梁段和待安装梁段相对转角，待两者的相对转角符合监控计算的要求时，完成接缝的焊接与栓接，再利用待安装梁段临时支座处的千斤顶将支点调整回设计高程，这样待安装梁段就调整到位了，大节段梁段安装精匹配调整过程如图 12-62 所示。另外也可以通过接缝间顶、底板上设置的千斤顶对拉调整或梁上施加荷载调整。

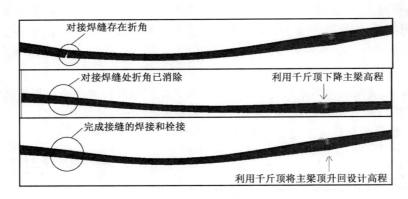

图 12-62 大节段梁段精匹配示意

2. 事后测量

(1) 挠度变形观测点的布设

主梁挠度变形观测点设在各截面每块钢箱梁上、下游两个边腹板对应的钢箱梁横隔板的顶板上，测点采用工厂预制阶段焊接的钢螺帽。在钢箱梁加工阶段焊接，并且工厂预拼装阶段、放样阶段及事后测量阶段采用相同的测点。

(2) 测试方案

在风平浪静和短悬臂的正常情况下，可以采用现代的电子精密水准仪+因瓦条码尺的精密水准测量方法，通过在Ⅰ号钢箱梁边跨支点处的高程基准点，对新安装梁段和已成梁段上的高程监测点进行观测。在小风和悬臂端晃动不明显的情况下，可采用传统的光学精密水准仪+因瓦水准尺的精密水准测量方法，进行上述各种工况下的挠度变形监测。在风力较大和悬臂端晃动显著的情况下，可以采用现代的电子全站仪自动照准三角高程测量的方法，进行上述各种工况下的挠度变形监测。此时全站仪安置在墩顶截面稳定的位置，这样可以在风力较大和长悬臂晃动显著的情况下快速完成挠度变形监测（但此时测量精度只能保证在10~20mm的水平）。因此,对于事后测量,监控组可能会根据环境情况对预定测量时机进行调整。

（三）误差控制原则研究

根据钢箱梁的制造数据和安装梁段的竣工资料,更新计算模型后确定后续钢箱梁无应力线形。监测已安装梁体线形并与目标线形比较,两者之间的差异可能是由于以下因素所致：

(1) 梁段夹角的制造和安装误差;

(2) 顶板焊缝的收缩;

(3) 结构的实际刚度和重量与理论值的差异;

(4) 环境因素。

除此之外,也存在着测量精度误差和分析模型的计算误差,需要根据实际误差进行误差评估,在此基础上进行误差调整。

1. 误差评估

在每个节段安装后,根据已得到新安装梁段的竣工测量数据,进行如下评估：

(1) 对于测量,检查环境条件及对公共点或重复测量点的数据校核；

(2) 评估实际施工荷载情况；

(3) 检查计算分析模型,比较计算结果和实测结果；

(4) 计算已安装节段的夹角并更新其无应力线形,将实际无应力线形与理论无应力线形比较,评估线形误差情况；

(5) 用最新资料,包括竣工线形和修正后的物理特性和荷载更新分析模型；

(6) 进行正装分析,预测成桥线形和偏差是否在容许范围内。

结构计算分析将给出成桥线形及设定后续节段安装的新目标值。但是,作为最终梁体线形的指标,分析误差的来源和发展趋势是非常重要的。

确定误差的原因及类型的基本步骤如下：

(1) 找出误差。

(2) 确定是系统误差还是累积型误差,累积型误差会造成误差放大。

(3) 确定误差的来源。

(4) 进行正装分析。

(5) 确定误差是否满足成桥目标线形。

(6) 若满足,继续下一阶段施工；若不满足,调整待安装梁段无应力线形。

需特别注意的是,如果误差为非系统性或大峰值独立类型,需在后续安装过程中进行详细监测。只有在确定误差出现的来源和特性的条件下,才能做出修正。

(7) 如需修正,在下一梁段安装时修正并发出指令。

2. 误差修正程序

主梁节段的安装控制遵循几何控制和误差处理程序。比较目标线形和测量线形,评估安装误差,其误差处理程序如图12-63所示。

造成施工误差的原因有：

(1) 安装误差（包括匹配定位误差、焊接引起的不均匀收缩误差）；

(2) 实际刚度和理论刚度差异；

(3) 实际荷载分布和理论计算差异；

(4) 几何尺寸差异（主梁的制作尺寸及线形、梁段的焊接位置及焊缝收缩）。

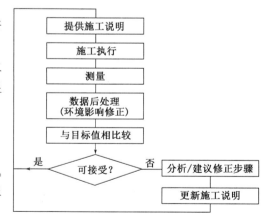

图12-63 误差处理流程

误差修正包括箱梁节段安装误差修正、总体几何线形检查与修正两部分。现分别阐述如下：

(1) 总体几何线形检查与修正

总体几何线形误差主要参数检查为累积总体几何线形和递增总体几何线形。递增总体几何线形是步骤 $N-1$ 和步骤 N 间的累积几何线形的差值。

根据比较递增总体几何线形变化与期望理想几何线形变化，获得误差时程情况，此误差显示了结构的刚度、无应力长度或荷载的离散性，如果误差超出了容许范围，则采取以下措施：

① 施工过程检查。

② 评估环境影响。为了从可能的误差中识别出环境因素产生的影响，需进行风和温度的影响评估，根据传感器所采集的监测数据，在计算机分析模型中对可能产生变化的数据进行敏感度分析。

③ 利用参数识别系统确定结构的参数。通过敏感性分析、参数识别系统、误差平差系统识别可能导致误差的参数。

(2) 环境因素处理方法

崇启大桥主要进行温度和风环境两种环境因素的监测：

① 温度监测：梁温度；

② 风环境监测。

关键的施工工况，在晚上零点之后，桥面风速小于 10m/s 条件下，进行几何监测和物理监测。

总体上主要通过如下途径评估环境因素的影响：

① 测试数据准确性、可靠性校验；

② 评估记录数据，以便计算合理温度分布。

(3) 体系温度的处理

① 在埋设温度传感器前，对温度传感器进行标定，在重要位置处预备温度传感器；

② 数据采集与线形测量在同一时间段内进行；

③ 根据实测温度，统计出钢箱梁的平均温度和上下缘温差；

④ 将以上所获得的温度数据输入模型进行安装分析。

大节段钢箱梁架设过程中的主梁线形及应力控制可以起到以下作用：

① 为钢箱梁匹配提供必要的手段、判断结构是否安全、判断桥梁施工质量是否达到要求；

② 架设阶段控制成功与否，是衡量施工质量和控制技术水平的关键最后一步。

崇启大桥架设过程中的控制通过对线形测量方法、误差控制原则、接缝调整措施等一系列的研究，以及对大节段焊缝、重量、线形的现场监测，成功保证了成桥后钢箱梁线形的精度。

工程实例2：港珠澳大桥大节段钢箱梁安装施工技术

一、工程概况

港珠澳大桥桥梁工程 CB04 标非通航孔桥上部采用 110m 跨连续钢箱梁，以通航孔桥为界，东侧非通航孔桥里程桩号为 K22+083~K27+253，跨径组合 $7×(6×110)m+(5×110)m=5170m$，西侧非通航孔桥里程桩号：K28+247~K29+237，跨径组合：$5×110m+4×110m=990m$。江海直达船航道桥设计为中央单索面钢索塔钢箱梁三塔斜拉桥，跨径布置为 110m+129m+258m+258m+129m+110m，边跨整体段长143.355m。

等宽钢箱连续梁桥：89~131 号墩，采用 $7×(6×110m)$ 跨径组合；147~151 号墩，采用 $4×110m$ 跨径组合，共计46跨。变宽段：131~136 号墩与 142~147 号墩，跨径组合均为 $5×110m$，共计10跨。通航孔桥边跨整体段长143.355m，宽38.8m，高4.5m。钢箱梁标准梁宽33.1m，高4.5m，钢箱梁标准横断面见图 12-64。

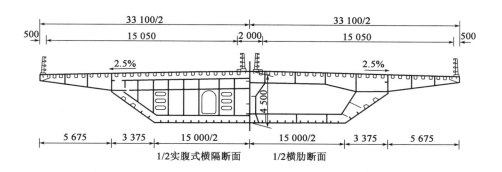

图 12-64 钢箱梁标准横断面(尺寸单位:mm)

二、吊具设计

分为一级吊具和二级吊具。一级吊具分为"正力2200"用一级吊具和"长大海升"用一级吊具;二级吊具分为非通航孔桥用二级吊具和通航孔桥用二级吊具。

"正力2200"用一级吊具为顺桥向6.7m,横桥向13.7m,重126t,如图12-65所示。

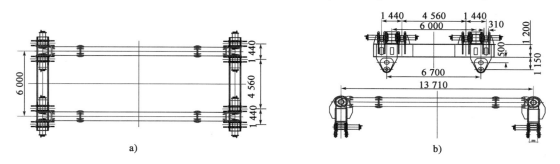

图 12-65 "正力2200"用一级吊具(尺寸单位:mm)

"长大海升"用一级吊具为顺桥向24m,横桥向5.4m,重175t,如图12-66所示。

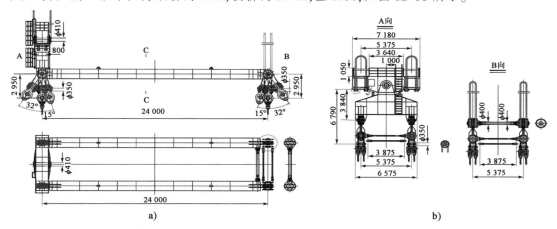

图 12-66 "长大海升"用一级吊具(尺寸单位:mm)

非通航孔钢箱梁吊装用二级吊具的主结构采用桁架梁,由2组27 930mm×3 350mm×6 700mm(长×宽×高)、2组30 000mm×3 350mm×6 700mm(长×宽×高)的主结构和2组47 070mm×3 000mm×4 100mm(长×宽×高)的水平支撑,以及用于水平连接支撑的独立杆件构成。

浮吊与二级吊具通过一级吊具进行连接,"长大海升"3 200t浮吊用两条直径168mm、长20m无接头绳圈及两条直径168mm、长14m无接头绳圈与一级吊具连接,一级吊具通过4条直径108mm、长351m的浇筑索具钢丝绳绕8道与二级吊具连接,连接示意见图12-67。

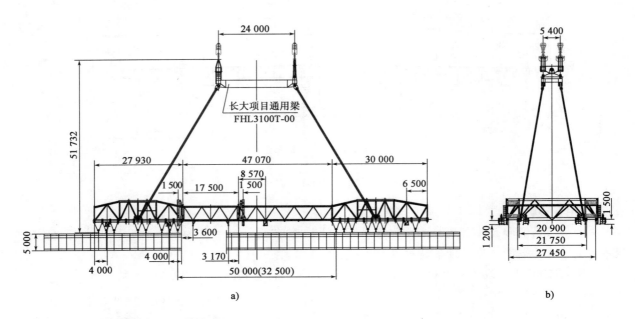

图 12-67 "长大海升"与二级吊具连接示意(尺寸单位:mm)

三、大节段钢箱梁吊装

(一)施工方案简述

钢箱梁运输到桥位后,根据重量采用一台 3 200t 浮吊加一台 2 200t 浮吊对其进行抬吊,或用 3 200t "长大海升"单独起吊。浮吊对钢箱梁进行初步定位以后利用墩顶设置的三维调节千斤顶进行精确调整定位安装及梁间环焊缝施工,然后进行垫石后浇层浇筑及体系转换,再拆除墩顶临时支垫及调位设施。

(二)施工流程

大节段钢箱梁安装施工流程见图 12-68。

(三)主要施工设备选型

"长大海升"船长 110m,宽 48m,起重能力 3 200t,主钩起升高度水面线以上约 100m,见图 12-69;"正力2200"船长 94m,宽 40m,起重能力 2 200t,主钩起升高度水面线以上约 85m,见图 12-70。

(四)钢箱梁起吊

1. 作业条件

钢箱梁吊装施工位于海上,浮吊受风、浪、涌等环境因素影响大,为保证吊装安全,明确吊装作业环境条件要求为:风力不超过 5 级,流速小于 1.5m/s,波高小于 0.8m。

2. 浮吊就位

(1)需抬吊时的浮吊就位

钢箱梁运输到桥位前,将"长大海升"3 200t 双臂架变幅式浮吊及"正力2200"2 200t 浮吊安装好一级吊具及二级吊具。两船之间通过带缆调节固定两船的相对距离,除吊装 147、148 号的钢箱梁采用两船净间距 35m 以外,其余钢箱梁抬吊时两船之间的净间距设为 17.5m,然后将浮吊移至安装桥位以南空出 120m(远离桥位)的空间供"幸运海"(钢箱梁运输驳)进位,两船就位完毕以后的示意分别见图 12-71、图 12-72。

(2)单吊时的浮吊就位

钢箱梁运输到桥位前,将"长大海升"3 200t 双臂架变幅式浮吊安装好一级吊具及二级吊具,然后将浮吊移至安装桥位以南空出 120m 的空间供"幸运海"(钢箱梁运输驳)进位。

12 安装

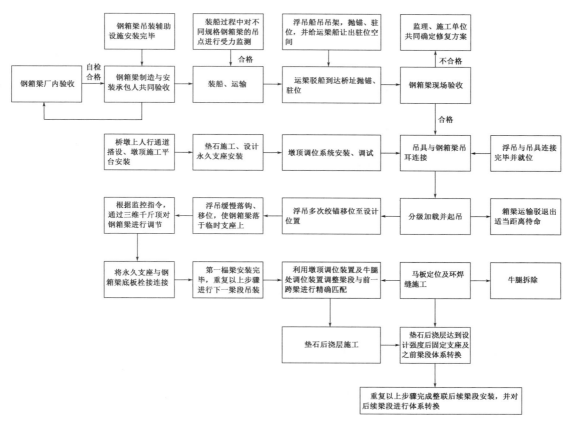

图 12-68　钢箱梁安装施工流程

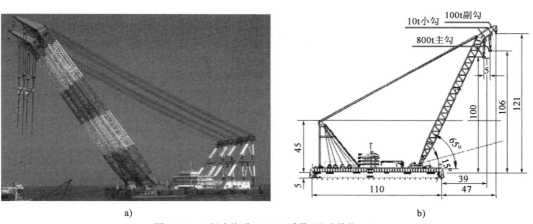

图 12-69　"长大海升" 3 200t 浮吊（尺寸单位：m）

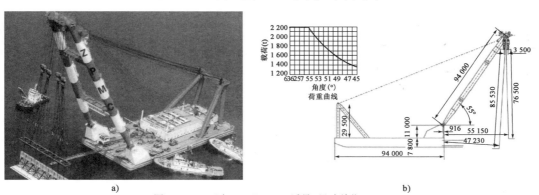

图 12-70　"正力 2200" 2 200T 浮吊（尺寸单位：mm）

图 12-71　每联首跨钢箱梁抬吊浮吊就位示意

图 12-72　边跨整体段钢箱梁抬吊浮吊就位示意

3. 运梁平驳运输钢箱梁就位

(1) 需抬吊跨的运梁平驳将钢箱梁运输到位

吊具安装完毕以后，在拖轮的配合下先下一工作锚；进位后在锚艇配合下依次将艏艉工作锚抛掷就位，同时"长大海升""正力2200"缓慢向前移船，分别将各自两条稳索绞车带到驳船上；运梁驳船、"长大海升""正力2200"全部就位后，调整"长大海升""正力2200"之间的缆绳松紧度，缓慢移船准备与钢箱梁进行吊点连接。

(2) 可单吊跨的运梁平驳将钢箱梁运输到位

与抬吊进位方式类似，吊具安装完毕以后，运梁驳船进位，在拖轮的配合下先下一工作锚；进位后在锚艇配合下依次将艏艉工作锚抛掷就位，同时"长大海升"缓慢向前移船，将稳索绞车带到驳船上；缓慢移船准备与钢箱梁进行吊点连接。

4. 连接吊具并起吊

(1) 需抬吊跨连接吊具并起吊

钢箱梁运输至吊装位置后，两台浮吊同步前移，吊臂伸至钢箱梁上端，连接吊具，准备起吊钢箱梁。

双船同步吊起吊具，将吊具吊索与钢箱梁上的吊耳连接好，并对吊具及连接进行再次检查，无异常方可进行起吊。

吊索与吊耳的连接安排固定人员进行，起吊前的各项检查由专人负责，并留有签名记录。

在进行起吊前，各项检查无异常后，开始进行钢箱梁的起吊。

起吊时，先吊起0.2m，然后静置5min，检查吊具系统、吊索与钢箱梁的连接、浮吊的机械状况、钢箱梁的线形、接缝等均无异常后，方可继续吊起，起升过程中控制两台浮吊的起升速度，务必做到同步起升。

起吊至一定高度后，运输驳船移出；浮吊绞锚前移至安装位置上方，见图12-73、图12-74。

图 12-73　需抬吊跨的浮吊绞锚前移至安装位置上方

图 12-74　边跨整体段浮吊绞锚前移至安装位置

浮吊前移过程需缓慢、同步,需要专人通过对讲机指挥其同步前移及水平起升,保证起重机械的同步动作。两台浮吊联合作业的总指挥,指定由"长大海升"号起重总监负责。两台浮吊在起升过程中,对作用在起重机械上的力,要使其方向和大小变化保持到最小,同时采取措施使各种不均衡降至最小,以保持动作协调、平稳。实施抬吊作业时,监控设备用于监控载荷的角度,以及每根起重绳稳定地通过起升操作的垂直度和作用力,监控设备的使用有助于将起重机上的载荷控制在规定值之内。对起升操作的监督,规定被授权人参加并全面管理两台浮吊的联合起升操作,只有该人才能发出作业指令。如果从一个位置无法观察到全部所需的观测点,则安排在其他地点的观察人员将有关情况及时向指派人员报告。作业前需进行详细交底,定人定岗定责,各作业点指派专人全程监督安全作业。保证两台浮吊同时缓慢移船向前;仔细观察,移船过程中要注意相对位置,及时调整偏差;到达安装位置后,初步调整钢箱梁的位置,逐渐下放至墩顶支座 0.5m 时,进行精确调整后下放就位。

(2)可单吊跨连接吊具并起吊

可单吊跨的钢箱梁采用"长大海升"单独进行起吊就位(图 12-75),钢箱梁运输至吊装位置后,将吊具吊索与钢箱梁上的吊耳连接好,并对吊具及连接进行再次检查,无异常方能进行起吊。

吊索与吊耳的连接安排固定人员进行,起吊前的各项检查由专人负责,并留有签名记录。

在进行起吊前,各项检查无异常后,开始进行钢箱梁的起吊。

起吊时,先吊起 0.2m,然后静置 5min,检查吊具系统、吊索与钢箱梁的连接、浮吊的机械状况、钢箱梁的线形、接缝等均无异常后,方可继续吊起,起升过程中控制两台浮吊的起升速度,务必做到各钩同步起升。

起吊至一定高度后,运输驳船移出;浮吊绞锚前移至安装位置上方。

图 12-75　可单吊跨钢箱梁吊装

浮吊前移过程需缓慢,需要专人通过对讲机指挥其前移及水平起升,起重作业的总指挥,指定由"长大海升"号起重总监负责。作业前需进行详细交底,定人定岗定责,各作业点指派专人全程监督安全作业,以保证钢箱梁精确吊装到位。

(五)钢箱梁吊装就位

1. 安装前准备工作

检查待装钢箱梁对应墩顶的支座、临时支垫、三维千斤顶的安装位置是否正确,连接是否可靠,垫板等是否准备齐全。临时支座顶面高程比永久支座高 20～30mm,为了方便拆除,临时支座及千斤顶顶部设置 50～100mm 厚钢板。

首跨钢箱梁安装跨越两个桥墩,首墩为过渡墩,另一个墩为中间墩,墩顶千斤顶及临时支座布置如图 12-76、图 12-77 所示。

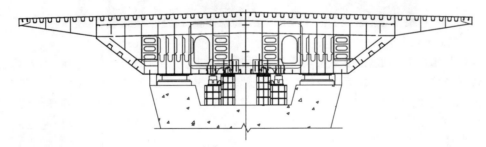

图 12-76　墩顶千斤顶和临时支座立面布置

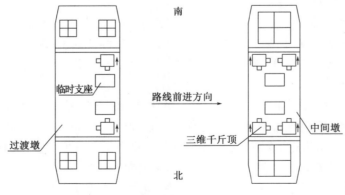

图 12-77　墩顶千斤顶和临时支座平面布置

过渡墩上布置 2 台 1 000t 三维千斤顶,分布于 2 个调位装置外侧;中间墩布置 4 台 1 000t 三维千斤顶,分布于调节座外侧。钢箱梁发运前,将三维千斤顶及临时支座提前安装到位。

临时支座附加垫板上垫50mm厚橡胶块,以缓冲落梁,同时保证压缩后需具备一定的高度,保证落梁时钢箱梁底与固定支座间有一定的富余高度。

中间跨钢箱梁一段通过牛腿架设在上一榀钢箱梁上,另一段架设在中间墩墩顶位置,中间墩墩顶千斤顶布置与首跨中间墩千斤顶布置一样,每个牛腿处设置一台650t三维千斤顶,除134~136号、142~144号墩钢箱梁采用4套牛腿外,其余箱梁采用3套牛腿。钢箱梁顶面安装牛腿调位系统,一套完整的牛腿调位系统装置主要由以下几部分组成:牛腿头部临时支座、头部滑移支座、牛腿本体、牛腿连接耳板、牛腿尾部支座等。牛腿示意见图12-78、图12-79。

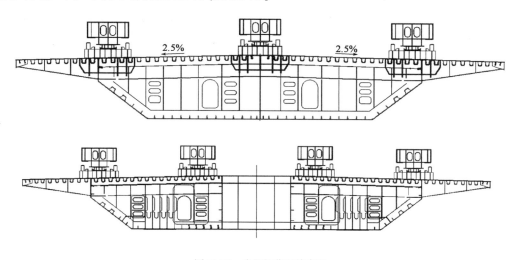

图12-78　牛腿调位系统布置

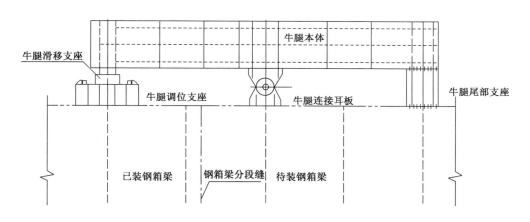

图12-79　牛腿调位系统结构

尾跨钢箱梁一段通过牛腿架设在上一榀钢箱梁上,另一段架设在过渡墩墩顶位置,过渡墩墩顶千斤顶布置与首跨过渡墩千斤顶布置一样,每个牛腿处设置一台650t三维千斤顶,牛腿处千斤顶布置与中间墩牛腿千斤顶布置一样。

2.钢箱梁初定位

浮吊吊装钢箱梁,待滑移支座与临时支座在横桥向距离约为0.3m、纵桥向约1m、高度方向约1m时,调整锚绳,微调定位、对位。在多次横向/纵向移船和高度方向落钩的操作下,将钢箱梁下放到临时支座上,下落钢箱梁时保证钢箱梁和理论位置偏差控制在纵桥向150mm、横桥向150mm以内。

对于每联首跨以后的钢箱梁,钢箱梁下落时为了避免梁段碰撞,可以在前榀梁端加垫五分板以缓冲撞击,下落钢箱梁时保证钢箱梁和理论位置偏差控制在纵桥向150mm、横桥向150mm以内。

为方便钢箱梁初定位,箱梁顶面标出中轴线位置,底面标出中轴线、支座中心线位置,见图12-80。

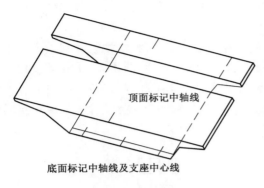

图 12-80 钢箱梁标记

3. 钢箱梁精确调位

竖向千斤顶顶升,将荷载从临时支座转移到三维千斤顶上面。利用竖向千斤顶调整钢箱梁的高程,使其底部高出永久支座约 20mm。

调节时,过渡墩上 2 台三维千斤顶需保持联动,中间墩上 4 台三维千斤顶需保持联动(联动高差精度要求 1mm),在竖向顶推作业时需同时进入工作状态。

高程调整完成后,锁定竖向千斤顶,进行水平方向的调位。然后进行水平方向精确调位:先进行横桥向调位,再进行纵桥向调位,也可根据现场情况改变水平调位顺序,水平位置调整过程是反复渐进的。

在多次竖向及水平方向调位后,选择在设计基准温度 22.7 时,根据监控指令将钢箱梁调节到设计位置。锁定千斤顶进行临时固定。

过渡墩南侧需锁定纵、横向千斤顶,北侧仅锁定纵向千斤顶。

中间墩南侧仅锁定横向千斤顶,北侧两个方向均不锁定。

调位详细步骤如下:

(1)启动控制系统、液压泵站,开启控制程序,先进行称重测试。称重时依据计算确定各千斤顶的顶升荷载,采用逐级加载的方式进行,同时用位移传感器测量钢箱梁位移变化,当钢箱梁整体离开支承座 2~5mm 时,记录此时各千斤顶的负荷,即为各千斤顶顶升时的荷载。

(2)试顶升。为了观察和考核整个顶升施工系统的工作状态,并对称重结果进行校核,在正式顶升之前,需进行试顶升,试顶升高度 10mm,持荷时间约 30min。通过监测仪器对钢箱梁整体进行监测,提供整体姿态、结构位移等情况,如有问题则调整各千斤顶负荷,直至达到要求为止,为正式顶升提供依据。

(3)正式顶升。试顶升后,开始进行正式顶升,千斤顶最大行程为 300mm,分级进行顶升,每一次顶升标准行程为 10mm,最大顶升速度 15mm/min。顶升同时用监测仪器对钢箱梁姿态进行监测,一旦钢箱梁位移和压力变化超出设定值,立即暂停,关闭液控单向阀,检查分析原因。

(4)顶升到位后,关闭液压锁,以保证钢箱梁锁定在一定的高度上,同时系统进行监测,一旦钢箱梁位移和压力变化超出设定值范围,顶升系统再次启动,调整回设定值。如需要长期锁定时,千斤顶带自锁螺母,旋转自锁螺母锁紧活塞位置,锁定后泵站卸载压力,观察钢箱梁支承无问题后,液压泵站和控制系统可以完全关闭。

(5)钢箱梁位置调整好后,进行同步下降操作,系统监控位移和压力变化,实时进行调整。如千斤顶已经锁紧活塞,则需要启动同步顶升程序,顶升高度约 2mm,让锁紧螺母离开油缸承压面,关闭液压锁,然后将锁紧螺母旋转回高点,这时才能进行同步下降操作。

(6)整个顶升、下降过程需保持位置同步(精度为 ±1mm),一旦位置误差大于 ±1mm 或任何一缸的压力误差大于设定值,控制系统立即关闭液控单向阀,以保证梁体安全。每一轮顶升、下降完成后,对计算机显示的各油缸的位移和千斤顶的压力情况,随时整理分析,如有异常,及时处理。

(7)钢箱梁下落到垫好的临时支座后,竖向千斤顶活塞回程到原位,程序切换到水平调节程序,进行水平位移调节。

(8)启动水平位移调节程序,进行钢箱梁水平位移调节。水平位移调节好后,安装好临时限位块将临时支座固定好。钢箱梁连接及永久支座安装。

4. 支座安装、现场预偏及体系转换

每跨钢箱梁调节到位后,用手拉葫芦移动永久支座,使支座上座板与钢箱梁底板的双头螺柱孔对正,连接双头螺柱,顶升支座使支座上座板与钢箱梁梁底垫板密贴,旋紧双头螺柱的螺母,见图 12-81。

由于钢箱梁通过牛腿搭接至上一节段以后,上一节段的钢箱梁梁长会缩短,为了保证钢箱梁安装以后支座偏位处于允许范围内,需待下一片钢箱梁架设完毕后,方能进行该梁的上一梁段的垫石后浇层浇筑施工。

仔细检查支座的中心及高程后,用支座砂浆灌注锚栓预留孔及支座底面垫层。采用重力灌浆方式,灌注支座下部及锚栓孔间隙处,灌浆过程须从支座中心部位向四周注浆,直至从模板与支座底板周边间隙观察到灌浆材料全部灌满为止。灌浆前,需初步计算所需的浆体体积,灌注使用浆体不能与计算值产生过大误差,要防止中间缺浆。

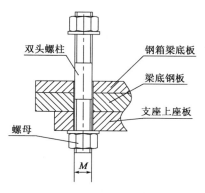

图 12-81 双头螺柱 + 螺母图

钢箱梁架设至固定支座,待固定支座之前的垫石后浇层灌注材料强度达到设计要求以后,按照监控要求可以进行支座预偏量的二次微调。先将支座上的螺母放松 5~10mm,拆除上、下支座板的临时连接螺栓,用三维千斤顶在各个墩顶将钢箱梁顶高 5~10mm,然后按照监控指令将钢箱梁整体前后移动。

固定支座处的垫石后浇层强度达到设计要求以后,可以进行体系转换。仔细检查各个支座上、下支座板的临时连接螺栓是否拆除,以免约束梁体正常运动。最后卸除三维千斤顶及临时支垫。

四、大节段钢箱梁安装的工效分析及质量控制

(一) 工效分析

首联钢箱梁安装由于工作面没有展开,施工时间不连续,造成施工时间周期较长。首联钢箱梁的吊具安装及浮吊就位,由于首跨需要抬吊,需要 4d 时间,其余跨均只需要 2d 时间;钢箱梁就位时间实际为 0.5d;钢箱梁精调准备工作及首联精调均需要 2d 时间。

后期工作面全面铺开以后,通过增加临时设施及钢箱梁运输船舶,全桥分为 3 联同时施工。通过合理组织策划施工,增加单日作业时间,钢箱梁吊装浮吊就位及钢箱梁安装调位仅需要 1d 时间,钢箱梁环焊缝焊接施工及检测最短可以缩短至 5d,牛腿拆除及梁面调位设施周转布置需要 1d 时间;由于每联首跨钢箱梁不需焊缝施工,仅需调位完毕及梁面设施布置完毕后即能安装次跨钢箱梁,单联其余两相邻钢箱梁梁片之间施工周期为 7d,相当于一个星期之内可以吊装 3 片钢箱梁以上,极大地提高了大型浮吊的利用率。

(二) 质量控制

大节段钢箱梁的吊装设备需具备精确定位操作系统和与工程所在海域相适应的抗风浪能力。浮吊的高度、起吊幅度、吊重等技术性能要满足安装要求,浮吊要经过检查、验收、试吊验证。

安装前须对桥墩里程、支座垫石高程、支座中心、临时支撑体系等相关参数和系统进行复核检查。

安装前要对临时支架、支承等临时结构,以及钢箱梁结构本身在不同受力状态下的强度、刚度及稳定性进行验算。

安装前要按照构件明细表核对进场的构件、零件,核验产品出厂合格证及质量证明书。

大节段钢箱梁的安装施工须满足设计要求。

吊装施工计划须在实施两个月前提交,得到批准后方能实施。

大节段钢箱梁架设安装的质量标准见表 12-8。

表 12-8 大节段钢箱梁架设安装质量标准

项 目		规定值或允许偏差(mm)	检查方法和频率	权 值
轴线偏位	钢箱梁中线	10	经纬仪或全站仪检查	2
	两孔相邻横梁中线相对偏差	5	尺量	1
梁底高程	墩台处梁底	±10	水准仪检查	2
	两孔相邻横梁相对高差	5		2

续上表

项　　目		规定值或允许偏差(mm)	检查方法和频率	权　值
支座偏位	支座纵、横线扭转	1	尺量	2
	固定支座顺桥向偏差　连续梁	20		2
	活动支座按设计气温定位前偏差	3		2
	支座底板四角相对高差	2	水准仪检查	2
线形高程		+10，-5	水准仪检查，每孔3个断面	2

12.8 转体施工

12.8.1 本节适用于钢拱肋和钢塔的转体施工。

转体施工通常有平转、竖转和平竖结合等几种方式，平竖结合又可以分为先平转后竖转和先竖转后平转两种方式。钢拱肋的转体可以采用平转方式，也可以采用竖转方式，或采用平竖结合的组合方式；钢塔的转体则多采用竖转的方式进行施工。对某些特殊的地形条件，当其他的施工方法受到一定限制时，转体施工具有较好的适用性。

12.8.2 转体施工除应符合现行《公路桥涵施工技术规范》(JTG/T 3650)的规定外，尚应符合下列规定：

1 编制专项施工方案时，转体施工的方法应根据桥梁结构的特点、地形条件、工期要求和设备等情况综合确定。

2 应对结构转体的各个施工工况进行分析验算；应对转盘结构、锚固、转动和位控系统等进行专项设计。

3 利用提升架或塔架竖转时，提升架或塔架应进行专项设计，并应符合本规范第12.4节、第12.5节的相关规定。

4 转体前的水平向、斜向构件应在支架上组装，其支架及组装应符合本规范第12.3节的规定。转体前的竖向构件组装应符合本规范第12.5.5条的规定。

本条规定是在《公路桥涵施工技术规范》(JTG/T 3650—2020)规定的基础上，针对钢拱肋和钢塔转体施工的具体特点进一步提出相应的要求。

12.8.3 转体施工所用的设备应满足施工要求，并应符合下列规定：

1 千斤顶、卷扬机等设备的最大工作负荷不宜超过设备额定工作能力的80%，且在使用前应对油表、张力测力仪和起重力限制器等计量器具进行标定。

2 千斤顶、卷扬机等设备应有过载保护装置。

3 用于测量拉力和位移的设备应满足施工要求的量程和精度。

4 利用提升架或塔架竖转时，液压提升系统、卷扬机、滑轮组等应符合本规范第12.5.3条的规定。

规定千斤顶、卷扬机等设备的最大工作负荷不宜超过设备额定工作能力的80%，主要是出于对安全的考虑。过载保护装置的作用是：当现场发生不可预见的突发状况而导致设备过载时，该装置能够起到一定的缓冲保护作用，即能维持设备的现有状况，不致因其无法正常工作而导致失控；另一方面也可以保证设备的安全，排除异常后能继续正常使用。

12.8.4 转盘结构、锚固系统、转动系统和位控系统等应符合下列规定：

1 平转转盘、竖转铰结构宜由专业制造单位加工制作，并应满足设计要求。

2 锚固系统应安全可靠,锚碇的抗拔、抗滑安全系数应不小于2。

3 平面转动系统应在转动支承之外设置防倾保护;牵引系统宜选用同步、连续液压千斤顶,且千斤顶的牵引力宜为阻力的1.5~2.0倍。竖向转动铰的强度安全系数应不小于2。

4 位控系统除应设置必要的转体限位、微调装置外,尚应设置测力装置、测量变形装置和测量转体平衡装置。钢塔竖转时,应设置八字形反向拉索,防止转动时的横向偏位和竖直时的过位失控。

5 采用塔架或提升架竖转施工时,拉索和扣索应选用钢丝绳或钢绞线,钢丝绳的安全系数不得小于6,钢绞线的安全系数不得小于2。塔架应有临时锁定拉索的装置;提升架应有临时固定构件的装置。

转盘结构、锚固系统、转动系统和位控系统等是转体施工中的核心装置,因此本条对从加工到使用等环节的控制要点作出了相应的规定。

2 锚固系统为牵引设备在转体施工时提供反力支撑,需要保证其是安全可靠的,考虑到锚固系统的重要性、现场地质情况的不均匀性,以及现场施工质量控制的波动性等因素,要求锚碇的抗拔、抗滑安全系数应不小于2,与《公路桥涵施工技术规范》(JTG/T 3650—2020)的规定保持一致。

3 牵引装置作为转体的动力系统,一般采用多台连续液压千斤顶同步工作,因同步连续液压千斤顶具有工作平稳、能连续提供动力的特点,配备精密传感器及数据传输装置则可以很方便地实现施工过程控制的数字化管理,且控制精度较高,正常情况下对构件位移的控制精度可达到毫米级。此处的阻力可以理解为在各工况下维持转动系统平衡所需要的最小力值,一般通过静力平衡计算得到。

4 钢塔在竖转时,反向拉索的作用非常重要,需要予以充分重视。设置反向拉索能提供限位的功能,防止钢塔转动到竖直状态时产生过位失控,更重要的是可以控制转体过程中钢塔的横向偏位,防止横向偏位过大给转体结构带来应力集中、局部失稳等不利影响。

12.8.5 构件的拼装和连接应按设计要求的顺序进行;设计未要求时,宜从转盘结构处向另一端依次顺序安装。

12.8.6 转体施工作业应符合下列规定:

1 平转所用的活动铰支座进场时,应对支座弧形板的粗糙度、椭圆度、平整度以及构件的相对位置进行测量验收;应结合制造误差确定安装的确切位置,使其达到设计精度要求。

2 转体施工作业转动前应进行试转。平转时的角速度宜不大于0.02rad/min,或桥体悬臂端的线速度宜不大于2.0 m/min;竖转的速度宜控制在0.005~0.01rad/min范围内。

3 利用提升架或塔架竖转时,施工作业应符合本规范第12.5.4条的相关规定。

4 转体作业时应统一指挥、统一信号、统一行动;各部位的操作人员在未得到指令或指令不明的情况下严禁操作;转体作业应采用计算机自动控制系统。

5 平转过程中应对转动体系、锚固点和动力系统等实时检查;竖转时应对扣索、锚索、转盘、钢塔的应力和位移等进行跟踪监测。监测数据超过方案设计允许值时应暂停施工,采取措施消除异常后方可继续施工。

6 转体施工时,转动影响区域10m范围内应无其他障碍物。

7 大风、大雨、浓雾、寒冷等恶劣天气条件下不宜进行转体施工。

1 由于支座弧形板的粗糙度、椭圆度、平整度,以及构件的相对位置会影响转体工艺参数的选择,尤其会影响转体的中心位置,因此需要进行测量验收,同时还要结合测量的数据对中心位置进行分析,以确定安装的确切位置。

2 转体作业涉及的设备及控制系统较多,试转的目的是检验各设备及系统间联动工作是否正常。如果单纯从安全角度出发,转速慢则更安全,也更有利于施工控制;转速越快,作业安全风险越大,施工控制难度越高。实际施工时,在时间允许的情况下最理想的转体作业是缓慢、匀速、连续、一气呵成,根据以往的工程经验,条文规定了转体施工的最大转速,该转速可以将转体施工控制在相对合理的范围内,能够满足一般工程的施工需要。

4 自动控制系统一般具备多项互相关联的控制指标,发生误判的概率较低,因此采用计算机自动控制系统可以尽量规避作业人员误判、误操作等作业风险;同时还具备紧急停止功能,发生特殊情况时可以人工干预紧急停止作业,以保证施工安全。

6 如果转动影响区域存在高压线、设备等特殊设施,还要满足其相应的安全距离要求。

7 转体施工连续作业的时间一般不太长,而在恶劣天气条件下施工将会增加作业的风险,因此规定不宜在恶劣天气条件下施工,通常可以通过合理组织安排,选择适宜的时间段完成转体施工作业。

13 工地连接

13.1 一般规定

13.1.1 本章适用于构件在桥位现场的焊接连接、摩擦型高强度螺栓连接和摩擦型高强度环槽铆钉连接的施工。

13.1.2 构件在工地连接的顺序应符合设计规定，且工地连接应在构件就位、固定并经检查合格后进行。

13.1.3 构件采用焊接与高强度螺栓混合连接时，宜先初拧高强度螺栓再焊接，待焊缝经检验合格后再进行高强度螺栓的终拧。

构件采用焊接与高强度螺栓混合连接时，按照先进行焊接、焊缝经检验合格后再进行高强度螺栓连接的顺序施工是最理想的，但先焊后栓时，因焊接产生的收缩变形可能会造成定位冲钉和临时连接螺栓被卡住取不下来，且高强螺栓穿不进去的现象，所以对栓焊混用连接，宜先初拧高强度螺栓，然后焊接、再终拧。此处的程度用词为"宜"，也正是考虑了焊接收缩变形的影响。

13.1.4 构件采用焊接与高强度环槽铆钉混合连接时，宜先进行高强度环槽铆钉的连接，再进行焊接。

与本规范第13.1.3条一样，本条也是考虑焊接收缩变形会造成高强度环槽铆钉连接困难，所以规定宜先进行高强度环槽铆钉连接再进行焊接。

13.1.5 工地连接施工宜在施工操作平台上进行，操作平台应满足安全作业要求。高处作业时应遵守相关的安全操作规程。

13.2 焊接连接

13.2.1 工地焊接连接时的环境要求应符合下列规定：

1 工地焊接时应设防风、防雨和防冰雪设施，遮挡全部焊接处，形成受保护的焊接作业区。焊件表面潮湿或暴露于雨、冰雪中时严禁焊接。

2 气体保护焊作业区的最大风速应不大于2m/s；焊条电弧焊和自保护药芯焊丝电弧焊作业区的最大风速应不大于8m/s。

3 焊接作业区的相对湿度应小于80%。

4 焊接时作业区温度宜不低于5℃；当作业区温度低于5℃但不低于-10℃时，应采取加热或防风保温措施，同时应预热焊缝100mm范围内的母材不低于20℃或工艺规定的其他预热温度，并在焊接后缓慢降温。

5 在环境温度低于-10℃下实施焊接作业时，必须进行相应环境条件下的焊接工艺评定试验，确认焊接条件和工艺后再进行焊接；不符合上述规定时，严禁施焊。

6 在箱梁等狭小空间内焊接时应采取有害气体检测及通风换气的安全措施。

1 工地大气环境的风、温度、湿度等变化大、变化快，是影响焊接质量稳定的主要因素，所以通常可以采取防风、防雨和防冰雪设施构成作业区,形成符合焊接作业要求的小环境,以保证焊接质量稳定。

2 试验证明,当焊接作业区的风速过大时,焊渣或气体对熔化的焊缝金属的保护环境将遭受破坏,致使焊缝中存在大量的密集气孔,所以施工时要避免风速超过条文的规定;超过时,则需采取设置防风屏障等措施以形成受保护的焊接作业区。

3 焊接作业区的相对湿度过大时,工件将会受潮并产生大量水分,水分是氢的来源,而氢是导致焊缝延迟裂纹产生的重要因素之一。

4、5 由于低温会使钢材脆化,也会使焊接过程中母材热影响区的冷却速度加快,容易产生淬硬组织,从而存在冷裂纹的可能性,因此条文规定了焊接时作业区域需要保证的最低温度。受工地条件所限,某些部位的焊接作业区即使采取了必要的防护措施,也难以达到焊接所需的规定最低温度,如果在这种情况下仍然要进行焊接作业,就需要采取其他措施来保证。通过大量焊接试验证明,当作业区的环境温度低于条文规定的温度时,对焊接接头采取焊前预热、保温和焊后缓冷等措施,同样也能保证焊接接头的性能和质量,因此条文对此种情况作出了相应的规定。但需注意的是,焊接前须根据母材的材质、板厚、接头的特点和环境温度,进行焊接工艺评定试验来确定预热温度、焊接条件及相应的焊接工艺,焊接作业时还要严格执行焊接工艺要求。焊前预热包括定位焊、返修焊及所有焊缝。

13.2.2 焊接工艺及质量检验应符合本规范第 7 章的相关规定。焊接作业尚应符合下列规定:

1 焊接的作业条件应符合现行《焊接与切割安全》(GB 9448)的有关规定。焊工应持证上岗。

2 构件精确调整就位、固定并经检查合格后方可施焊;施焊应严格按焊接工艺的要求进行。

3 焊缝区域的表面和两侧应均匀、光洁,不应有毛刺、裂纹和其他对焊缝质量有不利影响的缺陷,且不应有影响正常焊接和焊缝质量的氧化皮、铁锈、油污、水分等污染物和杂质。焊接应在除锈后的 12h 内进行。

4 焊接坡口尺寸应满足工艺文件的要求。焊接前应对接头坡口、焊缝间隙和焊接板面高低差等进行检查。

5 工地定位焊焊接时预热温度宜高于正式施焊预热温度 20~50℃。

6 在进入封闭空间前,应通风并进行可燃气体、有害气体和氧气含量等测试,确认空气满足要求后方可进入作业。在箱梁内等狭小空间焊接时,应保持通风,防止可燃、有害气体超标。

3 为了保证焊接质量,焊接前需要彻底清除待焊区域内的所有有害物。如果焊接区域不洁净,焊接时将带入各种杂质及碳、氢等,会造成焊缝热裂纹和冷裂纹的产生;如果焊接区域存在疏松的氧化皮或铁锈中含有较多的结晶水分子,还可能会在焊缝中产生气孔。

4 焊接接头的坡口精度和装配精度是保证焊接质量的重要条件,超出要求的坡口角度、钝边大小、间隙等均会影响焊接施工的操作,进而影响焊缝内部的焊接质量和接头质量。

13.3 栓接连接

13.3.1 高强度螺栓连接副的安装施拧应符合本规范附录 H 的规定。

13.3.2 高强度螺栓连接副应按批配套进场,存放、保管、领取和使用应制定相应的管理办法。

13.3.3 高强度螺栓连接副的存放和保管应符合下列规定:

1 应按种类、牌号、规格和批号分类保管,不得混淆;应建立库存明细表或台账,且应由专人负责管理。

2 工地存储时,应在干燥、通风、防雨、防潮、防污染的仓库内架空放置,不得直接置于地面上存放。

3 在工地存储的时间宜不超过 6 个月;超过 6 个月时,应重新做扭矩系数试验,合格后方可使用。

13 工地连接

  4 在安装使用前严禁随意开箱。
  1 本款规定了高强度螺栓连接副在保管过程中需要注意的事项，其目的是保证高强度螺栓连接副能同批使用。
  2 本款的规定是为了使高强度螺栓连接副尽可能保持出厂状态，以保证其扭矩系数不发生变化。
  3 本款的要求与现行《钢结构用高强度大六角头螺栓、大六角头螺母、垫圈技术条件》（GB/T 1231）中规定高强度螺栓连接副的保质期为 6 个月是一致的，在不破坏出厂状态的情况下，对超过 6 个月使用的高强度螺栓连接副，需要重新进行扭矩系数复验，合格后方能使用。
  4 使用前禁止随意开箱是为了防止高强度螺栓连接副受损，以保证扭矩系数不发生变化。

13.3.4 高强度螺栓连接副的领用应符合下列规定：
  1 应按当天施工需要使用的规格和数量，由专人负责进行领取，并应履行领用手续。
  2 宜整箱领用，零数部分宜采用布袋装取，且在使用前不得拆除其塑料包装。
  3 领用时不得以短代长或以长代短。
  4 领用和搬运过程中，应轻拿轻放，不得损伤螺纹。
  3 使用过长的螺栓，一方面会浪费材料，增加不必要的费用，另一方面也会为高强度螺栓连接副的施拧增加难度，并有可能出现拧到头后超出螺纹范围的情况；螺栓太短，则会影响其受力性能。
  4 螺纹损伤后将会改变高强度螺栓连接副的扭矩系数，因此在搬运过程中要轻拿轻放，防止损伤螺纹。

13.3.5 高强度螺栓连接副的使用应符合下列规定：
  1 开箱后，应核对螺栓的直径和长度。
  2 使用前应对其进行外观检查，螺纹无损伤、表面油膜正常且无污物沾染的方可使用。
  3 在使用过程中，不得在施工现场随意堆放，且不得使其遭受雨淋、接触泥土和油污等。
  4 当天未用完的高强度螺栓连接副，应及时装回干燥、洁净的包装箱内并封闭，妥善保管，不得散落、随意堆放。
  对检查和使用过程中的规定都是为了保证高强度螺栓连接副在使用时能保持出厂状态，并保证扭矩系数不发生变化。

13.3.6 栓接连接的施工环境应符合下列规定：
  1 当环境温度低于 −10℃，或摩擦面潮湿，或暴露于雨雪中时，不得进行高强度螺栓连接副的安装和施拧施工作业。
  2 高强度螺栓连接副受火焰作用时，应采取隔热或降温措施予以保护。
  对高强度螺栓连接施工环境的规定是为了保证高强度螺栓预拉力能达到要求。
  高温环境可能会引起高强度螺栓预拉力的松弛，因此终拧后的高强度螺栓连接副在受到周围高温作业影响时，需要采取隔热或降温措施进行保护。

13.3.7 工地栓接连接时，构件摩擦面的抗滑移系数应符合下列规定：
  1 由制造厂处理的构件摩擦面，在安装前应复验所附试件的抗滑移系数，合格后方可安装，并应满足设计要求。
  2 复验试验前应检查试件表面，清理试件板面的油污以及孔边、板边的毛刺等；当摩擦面有损伤时，应做好记录并经批准后方可进行试验。
  3 工地摩擦面抗滑移系数的复验值应不小于 0.45。
  4 摩擦面抗滑移系数试验方法应符合本规范附录 G 的规定。

1 由于抗滑移系数不能在实体构件上检验,而只能通过试件进行模拟测定,为了能够反映实际情况,试件在工厂制作并将摩擦面处理好后,要与构件同条件保存并随构件一起运输至现场。此外,构件在安装前,需要复验试件的抗滑移系数,复验合格后才能安装构件,这是保证栓接连接质量的关键。

3 为保证高强度螺栓连接的可靠性,规定了工地摩擦面抗滑移系数检验的最小值须大于0.45,否则就判定构件的摩擦面不符合要求,需要对摩擦面作重新处理,重新检验,直到合格为止。

13.3.8 工地栓接连接后的防腐涂装应符合下列规定:

1 高强度螺栓连接副施拧完毕并经检查验收合格后,对连接处的板缝和高强度螺栓连接副的外露部分,应及时进行封闭和涂装处理。

2 栓接面和连接板在涂装前应去除毛刺、飞边,保证栓接面平整。

3 对栓接板的搭接缝隙部位,应按设计要求或现行《公路桥梁钢结构防腐涂装技术条件》(JT/T 722)的规定,采用密封材料进行密封处理。

4 对栓接板和高强度螺栓连接副的外露部分,应按设计要求或现行《公路桥梁钢结构防腐涂装技术条件》(JT/T 722)的规定,在清洁处理后,对螺栓的头部进行打磨,然后刷涂1~2道环氧富锌底漆或环氧类磷酸锌底漆50~60μm,再按相邻部位的配套体系涂装中间漆和面漆。

2 栓接面如果不平整,有毛刺或飞边等现象,会影响栓接面之间的密贴,造成施拧后各高强度螺栓受力不均匀。

4 高强度螺栓连接副在工厂制造时,虽经表面防锈处理,有一定的防锈能力,但远不能满足长期使用的防腐要求,因此在高强度螺栓连接处,不仅要对栓接板进行涂装,对高强度螺栓连接副外露部分也需要按照设计要求的涂装体系进行防腐涂装。

13.4 铆接连接

13.4.1 高强度环槽铆钉连接副的安装铆接工艺应符合本规范附录J的规定。

13.4.2 高强度环槽铆钉连接副应由一个环槽铆钉和一个套环配套组合使用,且配套使用的连接副应由同一生产厂制造,进场时应按本规范附录A的规定复验。

13.4.3 高强度环槽铆钉连接副的进场、存放、保管、领取和使用等环节的要求应符合本规范第13.3节的相关规定。套环存储的环境温度宜不超过50℃。

13.4.4 铆接的连接施工环境应符合下列规定:

1 当环境温度低于-10℃,或摩擦面潮湿,或暴露于雨雪中时,不得进行高强度环槽铆钉连接副的安装和铆接施工作业。

2 高强度环槽铆钉连接副受火焰作用时,应采取隔热或降温措施予以保护。

摩擦面潮湿或暴露在雨雪中均会影响摩擦面抗滑移系数,从而降低环槽铆钉连接副的连接性能。

13.4.5 工地铆接连接时,构件摩擦面的抗滑移系数应符合本规范第13.3.7条的规定;铆接连接后的防腐涂装应符合本规范第13.3.8条的规定。

13.4.6 对高强度环槽铆钉进行拆除时,应使用专用拆除工具,且不得损伤构件钢板。

附录 A 原材料复验规程

A.1 检验频次

A.1.1 钢材应按同一厂家、同一牌号、同一板厚、同一出厂状态,每10个炉(批)号抽验一组试件;探伤钢板应按每种板厚数量的10%(至少1块)进行抽验。特殊情况下,材料的复验可前移至钢厂。

A.1.2 制造厂首次使用的焊接材料应按首次采购数量作为一批进行复验;连续使用同一厂家、同一型号的焊接材料的检验频次应符合下列规定:
   1 药芯焊丝和手工焊条应每年进行一次复验。
   2 实芯焊丝、埋弧焊焊丝、埋弧焊焊剂应按每次进厂数量组成检验批。

A.1.3 圆柱头焊钉应按相同型号规格、相同生产批号组成检验批,同批最大数量为:直径小于或等于12mm时,应不大于10 000套;直径大于12mm时,应不大于5 000套。进场数量少于上述规定时也应视为一批。

A.1.4 高强度螺栓连接副的复验应按批进行,组批应符合下列规定:
   1 同批高强度螺栓连接副应由同批高强度螺栓、螺母、垫圈组成。
   2 同批高强度螺栓应由同一性能等级、材料、炉号、螺纹规格、长度(当螺栓长度小于或等于100mm、长度相差小于或等于15mm时,或当螺栓长度大于100mm、长度相差小于或等于20mm时,均可视为同一长度)、机械加工、热处理工艺、表面处理工艺的螺栓组成。
   3 同批高强度螺母应由同一性能等级、材料、炉号、螺纹规格、机械加工、热处理工艺、表面处理工艺的螺母组成。
   4 同批高强度垫圈应由同一性能等级、材料、炉号、规格、机械加工、热处理工艺、表面处理工艺的垫圈组成。
   5 同批高强度螺栓连接副的最大数量应为3 000套,进场数量少于3 000套时也应视为一批。

A.1.5 高强度环槽铆钉连接副的复验应按批进行,组批应符合下列规定:
   1 同批高强度环槽铆钉连接副应由同批高强度环槽铆钉和同批套环组成。
   2 高强度环槽铆钉检验批应由同一形式、同一性能等级、同一钢材牌号和炉号、同一公称直径和长度(当铆钉长度小于或等于100mm、长度相差小于或等于15mm时,或当铆钉长度大于100mm、长度相差小于或等于20mm时,均可作为同一长度)、相同的热处理工艺、相同表面处理工艺的环槽铆钉组成。
   3 高强度套环检验批应由同一形式、同一性能等级、同一钢材牌号和炉号、同一公称直径、相同的热处理工艺、相同表面处理工艺的套环组成。
   4 公称直径小于或等于12mm的高强度环槽铆钉连接副,检验批的数量应不大于10 000套;公称直径大于12mm的高强度环槽铆钉连接副,检验批的数量应不大于5 000套。进场数量少于上述规定时也应视为一批。

A.1.6 涂装材料应按相同品种、相同生产批号、同批进厂(场)的组成检验批,每批抽取样品一个。检验结果中若有某项指标存在争议时,可允许在该批涂装材料中再随机抽取一个样品,重新进行检验。

A.2 检验项目与方法

A.2.1 钢材的复验项目与方法应符合下列规定：

1 应检验化学成分 C、Si、Mn、P、S、Nb、V、Ti、Al 等主要元素的含量；对碳素钢，检验化学成分 C、Si、Mn、P、S 等主要元素的含量。

2 应检验屈服强度 R_{eL} 或 R_{eH}、抗拉强度 R_m、伸长率 A、弯曲(180°)、冲击功 KV_2 等力学性能。

3 对耐候钢，除应检验本条第 1、2 款所列项目外，尚应检验化学成分 Cr、Ni、Cu、Mo、N 等元素的含量。

4 有探伤要求的钢板应进行超声波检测。

5 对 Z 向性能钢，除应检验本条第 1、2、4 款所列项目外，尚应检验断面收缩率和 Z 向拉伸。

6 检验方法应按本规范第 4.2 节中相关标准的规定执行。

4 有探伤要求的钢板通常指厚度方向受拉控制设计的钢板、Z 向性能钢板及其他有特殊探伤要求的钢板。超声波主要是检测钢板的裂纹和层状缺陷。

A.2.2 焊接材料的复验项目与方法应符合下列规定：

1 药芯焊丝应检验熔敷金属的化学成分（C、Si、Mn、P、S、Ni 元素含量）和力学性能（屈服强度 R_{eL} 或 R_{eH}、抗拉强度 R_m、伸长率 A、冲击功 KV_2）。

2 实心焊丝应检验熔敷金属的化学成分（C、Si、Mn、P、S、Ni 元素含量）和力学性能（屈服强度 R_{eL} 或 R_{eH}、抗拉强度 R_m、伸长率 A、冲击功 KV_2）。

3 手工焊条应检验熔敷金属的化学成分（C、Si、Mn、P、S、Ni 元素含量）和力学性能（屈服强度 R_{eL} 或 R_{eH}、抗拉强度 R_m、伸长率 A、冲击功 KV_2）。

4 埋弧焊焊丝应检验焊丝化学成分（C、Si、Mn、P、S、Ni 元素含量）和熔敷金属的力学性能（屈服强度 R_{eL} 或 R_{eH}、抗拉强度 R_m、伸长率 A、冲击功 KV_2）。

5 埋弧焊焊剂应检验化学成分（复验 P、S 元素含量）。

6 对耐候钢用的焊丝和焊条，除应符合上述各款的规定外，尚应检验化学成分 Cr、Cu、Mo、N 等元素的含量。

7 检验方法应按本规范第 4.3 节中相关标准的规定执行。

A.2.3 圆柱头焊钉的复验应核查质量证明书和质量检验试验资料，并应按批抽检 5 套，检验表面缺陷、尺寸、机械性能和焊接性能等，检验方法应符合现行《电弧螺柱焊用圆柱头焊钉》（GB/T 10433）的规定。

A.2.4 高强度螺栓连接副的复验项目与方法应符合下列规定：

1 生产厂提供的质量证明书和质量检验试验资料应齐全、完整。

2 连接副扭拒系数的检验应按批抽检 8 套，平均值和标准偏差应符合现行《钢结构用高强度大六角头螺栓、大六角螺母、垫圈技术条件》（GB/T 1231）的规定。

3 楔负载试验、螺母的保证载荷、螺母硬度、垫圈硬度等应按批抽检，样本数 $n=8$，合格判定数为 Ac = 0。

4 对螺栓、螺母、垫片等的尺寸、外观及表面缺陷的复验应符合现行《紧固件 检查验收》（GB/T 90.1）的规定。

5 复验有异议时，在正常运输和保管条件下，应在产品出厂之日起 5 个月内向供货方提出。

A.2.5 高强度环槽铆钉连接副的复验项目与方法应符合下列规定：

1 生产厂提供的质量证明书和质量检验试验资料应齐全、完整。
2 对环槽铆钉和套环的尺寸、外观及表面缺陷的复验应符合现行《紧固件 检查验收》(GB/T 90.1)的规定。
3 环槽铆钉和套环的硬度、环槽铆钉连接副的拉脱力和夹紧力应按批抽取5套,合格判定数为Ac=0,合格质量水平AQL=1.0;硬度、拉脱力和夹紧力应符合现行《环槽铆钉连接副 技术条件》(GB/T 36993)的规定。

A.2.6 涂装材料的复验方法应符合相关标准的规定,复验内容除应审核生产厂提供的质量证明书和质量检验试验资料外,尚应包括下列项目:
1 无机硅酸锌车间底漆:干燥时间、附着力;
2 环氧富锌防锈底漆:不挥发物含量、不挥发物中的金属锌含量、附着力;
3 环氧云铁中间漆(厚浆型):不挥发物含量、弯曲性、附着力;
4 环氧磷酸锌封闭底漆:不挥发物含量、干燥时间、附着力;
5 环氧沥青涂料:不挥发物含量、耐冲击性、附着力;
6 氟碳面漆:氟含量(主剂)、不挥发物含量、细度、耐冲击性、附着力;
7 无机富锌防锈防滑涂料:不挥发物中的金属锌含量、干燥时间、附着力;
8 铝丝:化学成分;
9 油漆生产厂提供的近期环氧富锌底漆耐盐雾试验检验报告,氟碳面漆耐人工加速老化性能的检验报告。

防锈底漆耐盐雾性能和储存期、中间漆配套性能和储存稳定性、面漆耐人工老化性能和储存期,以及防锈防滑涂料耐盐雾性能、6个月时的抗滑移系数和储存期等型式检验项目均为产品生产厂的保证项目,通常不作为用户的必检项目。

A.3 评定规则

A.3.1 对各项复验试验结果的评定应按相应的国家现行标准进行;当订货合同对技术条件有特殊规定时,应按其规定执行。

A.3.2 钢材检验批的评定应以抽样试件试验结果为准。对钢材检验批的质量评定应按下列原则进行:
1 当试件试验结果合格时,应评定整个检验批为合格。
2 当试件试验结果不合格时,应在该检验批其余炉(批)号内再随机抽取两个炉(批)号的两组试件进行试验。
3 若两组试件试验结果均合格,则该检验批其余炉(批)号均应判定为合格。
4 若两个试验炉(批)号试件均不合格,则应对该检验批剩余的7个炉(批)号逐炉(批)取样进行试验,逐炉(批)评定。
5 若两个试验炉(批)号试件有一个合格、另一个不合格时,应在该检验批剩余的7个炉(批)号中再抽取两个炉(批)号试件进行试验;若两个试验炉(批)号试件均合格则应判定该7个炉(批)号合格,否则应对该检验批剩余的炉(批)号逐炉取样试验,逐炉(批)评定。

A.3.3 焊接材料、圆柱头焊钉、高强度螺栓连接副、高强度环槽铆钉连接副和涂装材料的评定应以每一批的抽样试验结果为准;当抽样试验结果合格时,应评定检验批为合格;抽样检验结果不合格时,应在该批材料中再加倍抽检样品,重新进行检验,检验结果全合格则应判定该批材料合格,检验结果不是全合格则应判定该批材料不合格。

附录 B 钢板、加工及焊缝外观缺陷的修补

B.0.1 钢板、加工及焊缝外观缺陷的修补方法应符合表 B.0.1 的规定。

表 B.0.1 钢板、加工及焊缝外观缺陷修补方法

序号	缺陷种类		修补方法
1	钢板麻点等伤痕	≤1mm	修磨匀顺(高强度螺栓连接面不处理)
		>1mm	补焊后修磨匀顺
2	钢材边缘局部层状裂纹(深度不超过5mm时)		补焊后修磨匀顺
3	焰切边缘的缺口或崩坑	≤2mm	修磨匀顺
		>2mm	磨出坡口补焊后修磨匀顺
4	弯曲加工产生的边缘裂纹		清除裂纹,补焊后修磨匀顺
5	焊缝的咬边	≤1mm	修磨匀顺
		>1mm	补焊后修磨匀顺
6	焊缝电弧擦伤	≤0.5mm	修磨匀顺
		>0.5mm	补焊后修磨匀顺
7	焊缝表面裂纹		补焊后修磨匀顺
8	焊缝凹坑		补焊后修磨匀顺
9	焊瘤		清除后修磨匀顺
10	拆除吊具等临时连接残留痕迹	≤1mm	修磨匀顺
		>1mm	补焊后修磨匀顺
11	角焊缝焊趾不足		补焊后修磨匀顺
12	对接焊未填满		补焊后修磨匀顺

表中序号 3,焰切边缘产生缺口的主要原因:切割过程中断,重新切割时衔接不良;钢板表面有厚氧化皮、铁锈等;预热火焰能率不足;氧气中含有水分;切割大车行走不平稳。

表中序号 4,弯曲加工产生边缘裂纹时,需要先查明原因,然后清除裂纹,补焊后再修磨匀顺。

表中序号 5,产生焊缝咬边的主要原因:焊条角度和摆动不正确;焊条端部药皮的电弧偏吹;焊接零件的位置安放不当。

表中序号 7,焊缝表面裂纹产生的主要原因:焊接操作不当;焊缝内应力大;被焊材料裂纹敏感性强;填充材料的质量不符合要求;其他缺陷引起。

表中序号 8,焊缝凹坑的产生原因:焊接操作不当;设备无电流衰减系统。

表中序号 9,焊瘤产生原因:焊条质量欠佳;焊接操作不当。

常见的缺陷修补步骤,如图 B-1 ~ 图 B-5 所示。

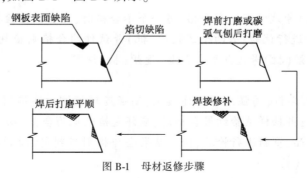

图 B-1 母材返修步骤

附录B 钢板、加工及焊缝外观缺陷的修补

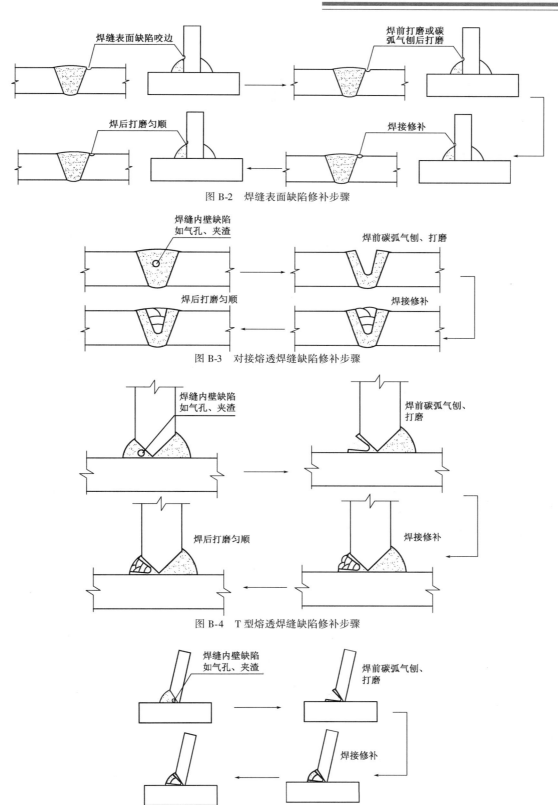

图 B-2 焊缝表面缺陷修补步骤

图 B-3 对接熔透焊缝缺陷修补步骤

图 B-4 T型熔透焊缝缺陷修补步骤

图 B-5 U形肋熔透焊缝缺陷修补步骤

B.0.2 焊接修补前应将修补部位打磨干净,并应按要求进行预热。

补焊时,预热温度较正常要求的预热温度通常需要提高 30~50℃。

附录 C 钢材焊接工艺评定

C.1 一般要求

C.1.1 钢材焊接工艺评定(以下简称"评定")应为编制焊接工艺的依据。

C.1.2 评定条件应与产品焊接条件相对应,且应采用与产品相同牌号和质量等级的钢材及焊接材料。

C.1.3 制造厂应根据钢材牌号、接头形式、焊接方法和焊接位置等制订评定方案,拟订评定指导书,并应按本规范的相关要求进行评定。

C.1.4 制造厂首次采用的钢材和焊接材料应进行评定。在同一制造厂已评定并批准的工艺,若连续生产且各项生产条件没有变化,质量可控,5 年内可不再评定。遇有下列情况之一者,应重新进行评定：
  1 钢材牌号改变；
  2 焊接材料改变；
  3 焊接方法或焊接位置改变；
  4 衬垫材质改变；
  5 焊接电流、焊接电压和焊接速度改变超过 ±10%；
  6 坡口形状和尺寸改变(坡口角度减小 10°以上,熔透焊缝钝边增大 2mm 以上,无衬垫的根部间隙变化 2mm 以上,有衬垫的根部间隙变化超过 -2mm 或 +6mm)；
  7 预热温度低于规定的下限温度 20℃时；
  8 增加或取消焊后热处理时；
  9 电流种类和极性改变；
  10 加入或取消填充金属；
  11 母材焊接部位涂车间防锈底漆而焊接时又不进行打磨的。

C.1.5 评定应包括对接接头试验、熔透角接试验和 T 形接头试验。

C.2 试板

C.2.1 对接接头、全熔透或部分熔透 T 形接头试板代表的焊接板厚范围应符合表 C.2.1 的规定。

表 C.2.1 对接接头、全熔透或部分熔透 T 形接头试板代表板厚范围(mm)

序 号	试板厚度	板 厚	备 注
1	$t \leqslant 16$	$0.5t \leqslant \delta \leqslant 1.5t$	δ-产品板厚； t-试板板厚
2	$16 < t \leqslant 25$	$0.75t \leqslant \delta \leqslant 1.5t$	
3	$25 < t \leqslant 80$	$0.75t \leqslant \delta \leqslant 1.3t$	

注：当需要保证熔透角焊缝冲击试样的取样长度时,翼缘板厚度应大于或等于 28mm。

C.2.2 除全熔透或部分熔透外的T形接头,应根据焊角尺寸选择腹板和翼缘板组合作为试板,试板板厚应符合表C.2.2的规定。

表C.2.2 T形接头试板厚度(mm)

序 号	焊角尺寸	试板厚度	
		腹板	翼缘板
1	6.5×6.5	8~12	8~16
2	8×8	10~16	10~24
3	10×10	14~24	14~40
4	12×12	>20	>20

通常情况下,对不开坡口的手工焊角焊缝,试板厚度可以按照表C.2.2评定试板的厚度进行选取。对已评定合格的不开坡口手工焊角焊缝,当有效厚度(焊喉)小于10mm时,认可的产品焊缝有效厚度(焊喉)范围一般为0.75~1.5倍;对已评定合格的有效厚度(焊喉)大于或等于10mm的,认可产品焊缝有效厚度(焊喉)范围一般为10mm以上的所有焊缝。

C.2.3 试板长度应根据样坯尺寸、数量(含附加试样数量)等因素予以综合考虑,自动焊不宜小于600mm,焊条电弧焊、CO_2气体(或混合气体)保护焊不得小于400mm。宽度应根据板厚、试样尺寸和无损检测要求确定。

C.2.4 试板的制作应与产品的制造要求一致。

C.3 检验及试验

C.3.1 焊缝的外观质量应符合本规范第7.3.1条的规定。

C.3.2 焊缝应全长进行超声波检测,对接焊缝、全熔透T形角焊缝的检测等级应符合现行《焊缝无损检测 超声检测 技术、检测等级和评定》(GB/T 11345)中B级的规定,验收等级应符合现行《焊缝无损检测 超声检测 验收等级》(GB/T 29712)中2级的规定。部分熔透T形角焊缝的检测等级应符合现行《焊缝无损检测 超声检测 技术、检测等级和评定》(GB/T 11345)中B级的规定,验收等级符应合现行《焊缝无损检测 超声检测 验收等级》(GB/T 29712)中3级的规定。

C.3.3 样坯的截取位置应根据焊缝外形及无损检测结果,在试板的有效利用长度内作适当分布。试样加工前可对样坯进行冷矫正。

C.3.4 力学性能的试验项目、试样数量及试验方法应符合表C.3.4的规定。

表C.3.4 力学性能试验项目、试样数量和试验方法

序号	试件形式	试验项目	试样数量(个)	试验方法
1	对接接头试件	接头拉伸(拉板)试验	1	
		焊缝金属拉伸试验	1	
		接头侧弯试验	1	
		低温冲击试验	6	
		接头拉伸(拉板)试验	1	

续上表

序号	试件形式	试验项目	试样数量（个）	试验方法
2	熔透角接试件	焊缝金属拉伸试验	1	《焊接接头冲击试验方法》（GB/T 2650）； 《焊接接头拉伸试验方法》（GB/T 2651）； 《焊缝及熔敷金属拉伸试验方法》（GB/T 2652）； 《焊接接头弯曲试验方法》（GB/T 2653）； 《焊接接头硬度试验方法》（GB/T 2654）
2	熔透角接试件	低温冲击试验	6	
2	熔透角接试件	接头硬度试验	1	
3	T形接头试件	焊缝金属拉伸试验	1	
3	T形接头试件	接头硬度试验	1	

注：1. 对接接头侧弯试验：弯曲角度 $\alpha = 180°$。当试板板厚为10mm及以下时，可用正、反弯各一个代替侧弯。
2. 对接接头及熔透角接低温冲击试验缺口开在焊缝中心及熔合线外1mm处各3个；如果接头为异种材质组合，应在熔合线外1mm分别取样。
3. 板厚小于12mm的对接焊缝、焊缝有效厚度小于或等于8mm的角焊缝可不进行焊缝金属拉伸试验。

力学性能试验项目、试样数量与国内外有关标准的对照见表C-1。

表 C-1　力学性能试验项目、试样数量（个）对照

序号	标准（规范）	接头形式	接头拉伸	焊缝拉伸	焊缝金属冲击 常温	焊缝金属冲击 低温	热影响区或熔合线冲击 常温	热影响区或熔合线冲击 低温	弯曲 面	弯曲 背	弯曲 侧	硬度（酸蚀）
1	本规范	对接	1	1	—	3	—	3	—	—	1	1
1	本规范	T接	—	1								1
2	英国桥梁规范 BS5400	对接	1	—		3		3	2①	2①		1
2	英国桥梁规范 BS5400	角焊缝										1
3	《日本工业标准》JIS Z 3040 "焊接工艺评定试验方法"	对接							2	2		
3	《日本工业标准》JIS Z 3040 "焊接工艺评定试验方法"	t<19	2		3		3		2	2		
3	《日本工业标准》JIS Z 3040 "焊接工艺评定试验方法"	t≥19	2		3		3		双面焊	单面焊		
4	美国钢结构焊接规范 AWS	坡口焊缝	2		5②		5②				4	
4	美国钢结构焊接规范 AWS	T形										3

注：① 当板厚大于10mm时，用一个全截面侧弯代替面背弯。
② 合同或技术文件要求时做此项。

C.3.5　力学性能试验评定应符合下列规定：

1　当拉伸试验结果（屈服强度、抗拉强度及伸长率）均不低于母材标准值时，判为合格；当试验结果低于母材标准值，允许从同一试件上再取一个试样重新试验，若重新试验的结果不低于母材标准值，则仍可判为合格，否则判为不合格。异种母材接头拉伸试验以低强度母材为标准。

2　接头侧弯试验结束后，若试样受拉面上的裂纹总长度不大于试样宽度的15%，且单个裂纹长度不大于3mm时，判为合格；当试验结果未满足上述要求时，允许从同一试件上再取一个试样重新试验，若重新试验的结果满足上述要求，则仍可判为合格，否则判为不合格。

3　焊接接头冲击试验的每一组（3个）试样试验结果的平均值不低于规定值，且任一试验结果不低于0.7倍的规定值，判为合格；当试验结果未满足上述要求时，允许从同一试件上再取一组（3个）附加试样重新试验，若总计6个试验结果的平均值不低于规定值，且低于规定的试验结果不多于3个（其中，不得有2个以上的试验结果低于0.7倍的规定值，也不得有任一试验结果低于0.5倍的规定值），则仍可判为合格，否则判为不合格。焊接接头的冲击功规定值见表C.3.5。

4　焊接接头的硬度值不大于380HV10时，判为合格，否则判为不合格。

5　力学性能试验结束后，当发现试样断口上有超标的缺陷时，查明产生该缺陷的原因并决定试验结果是否有效。

表 C.3.5 焊接接头的冲击功规定值

钢材牌号	Q345	Q345q	Q370	Q370q	Q420	Q420q	Q500	Q500q
质量等级	C D E		C D E		C D E		C D E	
试验温度(℃)	0 −20 −40		0 −20 −40		0 −20 −40		0 −20 −40	
对接焊缝和熔透角焊缝	34J		41J		47J		54J	

注：1. 试验温度可按设计规定。
　　2. 板厚小于或等于20mm的薄钢板接头冲击功规定值为27J。

3 近年来由于钢材强度级别不断提高，《桥梁用结构钢》(GB T 714—2015)中钢材的冲击功已经达到了120J，结合国内现状和工程经验，作出了本款规定。

C.3.6 每一评定应做一次宏观断面酸蚀试验，试验方法应符合现行《钢的低倍组织及缺陷酸蚀检验法》(GB/T 226)的规定；单道焊缝的成型系数应为1.3～2.0。

C.3.7 不同钢材牌号焊接接头的拉伸、冲击、弯曲等力学性能应按性能要求较低的钢材牌号进行评定。

C.4 焊接工艺评定报告

C.4.1 焊接工艺评定报告应包括下列内容：
1 母材和焊接材料的牌(型)号、规格、化学成分和力学性能等；
2 试板图；
3 试件的焊接条件及施焊工艺参数；
4 焊缝外观及无损检测检验结果；
5 力学性能试验及宏观断面酸蚀试验结果；
6 评定结论。

附录 H 高强度螺栓安装施拧工艺规程

H.1 一般要求

H.1.1 高强度螺栓连接副的紧固宜采用扭矩法施工;检查和验收可采用"松扣回扣法",当试验数据足够且准确时,也可采用"紧扣法"。

高强度螺栓连接副的紧固一般采用扭矩法和转角法施工。扭矩法施工时,影响预拉力的因素为扭矩系数和施拧机具的精度,随着高强度螺栓连接副生产水平不断提高,生产厂供货能够保证扭矩系数,扭矩扳手的精度也能得到保证,因此施工时基本都采用扭矩法施拧;转角法施工在现场要进行大量的试验工作,在管理上难度也比较大,所以本规范优先推荐采用扭矩法进行高强度螺栓连接副的施拧。

规定检查和验收可采用"松扣回扣法",是因为这种检查方法与施拧时的实际情况最为接近。当有足够、准确的实测试验数据时,也允许采用"紧扣法"进行检查,但紧扣的检查扭矩须在现场确定。

H.1.2 每套高强度螺栓连接副应为一根螺栓、一个螺母和两个垫圈,并应配套使用。高强度螺栓连接副不得重复使用。

本条规定了钢结构桥梁所使用的每套高强度螺栓连接副的组成应为一根螺栓、一个螺母和两个垫圈,且强调应配套使用。这是由于高强度螺栓连接副在制造厂是按批保证扭矩系数的,施工在复验高强度螺栓连接副的扭矩系数时,也是按制造厂提供的批号配套测试,因此,为了更符合实际情况,在安装高强度螺栓连接副时,螺栓、螺母、垫圈须按制造厂提供的批号配套使用,不能混用。

H.1.3 高强度螺栓的预拉力应符合表 H.1.3 的规定。

表 H.1.3 高强度螺栓预拉力(kN)

性能等级		螺栓规格						
		M12	M16	M20	M22	M24	M27	M30
8.8S	设计预拉力 P	45	80	125	150	175	230	280
	施工预拉力 P_c	50	90	140	165	195	255	310
10.9S	设计预拉力 P	55	100	155	190	225	290	355
	施工预拉力 P_c	60	110	170	210	250	320	390

高强度螺栓连接副的设计预拉力按现行《公路钢结构桥梁设计规范》(JTG D64)的规定执行,考虑到高强度螺栓连接副在拧紧后会产生预拉力损失,为保证连接副在工作阶段达到设计预拉力,施拧时的施工预拉力值比设计预拉力值增加了10%。

H.1.4 当环境温度低于 -10℃、摩擦面潮湿或暴露于雨雪中时,不得进行螺栓的安装和施拧作业;雨雪后施工时,应采取措施保证栓接板面干燥。

温度过低、摩擦面暴露于雨雪中都可能会降低摩擦面的抗滑移系数,影响栓接质量。

H.1.5 高强度螺栓连接副在安装和施拧作业时,应遵守相关的安全规定。

H.2 施工准备

H.2.1 高强度螺栓连接副进场后,应按本规范附录A的规定进行扭矩系数试验;试验后超过6个月再使用时,应重新进行扭矩系数试验,检验合格方可使用。

H.2.2 对损伤严重的栓接板面,施工前应按相应的涂装工艺重新处理。

H.2.3 对高强度螺栓连接副进行施拧前,应检查确认板缝中无任何杂物。

在摩擦型高强度螺栓连接中,栓接面抗滑移系数是影响高强度螺栓连接强度的主要因素之一。栓接板面损伤严重、板缝中有杂物都会降低栓接面的抗滑移系数值,影响栓接质量,所以施拧前对损伤严重的栓接板面须按工艺要求进行重新涂装处理并保证板面的洁净,以保证栓接面的抗滑移系数值能满足设计要求。

H.2.4 作业者应是经培训考核合格、能熟练进行安装施拧操作的专业人员。

H.2.5 应配备足够的高强度螺栓连接副施工的工具,施拧和检查用的扳手应在施工前进行标定和校正,并应符合下列规定:

1 施拧用电动扳手和定扭矩讯响扳手应编号使用,每台电动扳手和控制器及稳压电源,应固定配套编号,不得混杂。

2 对标定好的电动扳手应指定专人使用,在使用过程中严禁随意调节控制器的旋钮。

3 高强度螺栓连接副施拧所用扭矩扳手的扭矩误差不得超过使用扭矩值的±5%,检查所用扭矩扳手的误差不得超过使用扭矩值的±3%。

电动扳手和控制箱通常是由制造厂配套供货的,所以电动扳手在校正和使用时须与控制箱固定配套编号,不能混用,以保证扭矩值的准确性。电动扳手的输出扭矩会受到电压波动的影响,因此在使用中需要独立供电,并要配置稳压电源。为保证施拧扭矩的准确,施工用的电动扳手在每班操作前后均需校正,且其误差不能超过使用扭矩值的±5%,而检查用扭矩扳手的精度需要比施拧用电动扳手的精度高,因此规定其误差不得超过±3%。

H.3 安装

H.3.1 高强度螺栓连接副的安装应在构件的位置精确调整定位后进行,且螺栓、螺母和垫圈应按制造厂提供的批号配套使用。

H.3.2 安装高强度螺栓连接副时,构件连接部位的摩擦面应保持清洁、干燥。

H.3.3 安装高强度螺栓连接副时,螺栓头一侧和螺母一侧应各置一个垫圈,垫圈有内倒角的一侧应分别朝向螺栓头或螺母支承面。螺栓的长度应符合安装图的规定,穿入方向应全桥一致。

对于大六角头高强度螺栓连接副,垫圈设置内倒角是为了与螺栓头下的过渡圆弧相配合,因此在安装时垫圈有倒角的一侧须朝向螺栓头,否则螺栓头就不能很好地与垫圈密贴,将会影响螺栓的受力性能。对于螺母一侧的垫圈,因倒角侧的表面平整、光滑,拧紧时扭矩系数较小,离散率也较小,而且高强螺栓连接副测定扭矩系数时,也规定了垫圈有内倒角一侧须朝向螺母支撑面,所以在安装时,为了保持一致,垫圈有倒角一侧需朝向螺母,不能装反。高强度螺栓连接副的施拧是采用扭矩扳手对螺母施加扭矩,所以螺栓穿入方向通常优先考虑高强度螺栓连接副施拧的方便性,而要求方向一致则是同时兼顾美观性。

H.3.4 安装施工时,不得使用螺纹损伤及沾染污物的高强度螺栓连接副;不得将高强度螺栓兼作临时螺栓使用;不得采用塞焊对栓孔进行焊接。

螺纹被损伤及沾染污物的高强度螺栓连接副其扭矩系数会发生较大变化,在同样的终拧扭矩下达不到螺栓的设计预拉力,从而会影响构件连接的安全性。高强度螺栓兼作临时螺栓使用时,该螺栓从安装到终拧完成的间隔时间较长,受环境等各种因素的影响,其扭矩系数将会发生变化,同时螺纹的损伤概率也将增加,会严重影响高强度螺栓终拧预拉力的准确性,所以规定不得将高强度螺栓兼作临时螺栓使用。

H.3.5 安装高强度螺栓时,螺栓应能自由穿入栓孔内,不得强行将螺栓敲入。当需要对栓孔进行扩孔时,应经批准后方可实施;扩孔应采用绞刀完成,最大直径应小于1.2倍螺栓直径;扩孔前应将该栓孔四周的螺栓全部拧紧;对扩孔的节段及孔眼位置均应进行记录。

螺栓不能自由穿入栓孔时,如果强行将螺栓打入,必然会损伤螺纹或使螺栓产生变形,影响螺栓的受力。对不能自由穿入栓孔的情况,通常采取调整连接板位置等方式予以解决,如果仍不奏效,则需要对栓孔进行扩孔。规定"扩孔应采用铰刀完成",是为了避免随意扩孔造成栓孔表面粗糙,影响栓接质量;扩孔过大,减少了摩擦面面积,会影响高强度螺栓的受力性能,因此要求扩孔的最大直径应小于1.2倍螺栓直径。要求"扩孔前应将该栓孔四周的螺栓全部拧紧",是为了防止钢屑落入板缝中。

H.3.6 高强度螺栓连接安装时,每个节点穿入的冲钉数量,宜由安装时其可能承受的载荷经计算确定。采用支架法安装构件时,每个节点穿入的冲钉数量宜不少于节点螺栓总数的25%;采用悬臂拼装法安装构件时,每个节点穿入的冲钉数量宜不少于节点螺栓总数的50%。临时螺栓的数量应能保证连接板板面与构件板面之间的密贴,且不应少于2个。冲钉和临时螺栓应均匀地安装。

构件安装时,冲钉所起的作用主要是保证构件安装时的安全,以及构件的定位并保证其安装精度;构件的安装一般有支架法和悬臂拼装法,不同的安装方式下冲钉所承受的荷载大小不一样,因此冲钉的数量需要根据构件的不同安装方式所承受的荷载大小通过计算确定,条文中规定使用冲钉的最少数量也是为了能保证施工的安全。采用临时螺栓的目的主要是使节点处的连接板板面与构件板面之间能密贴,临时螺栓的数量通常以板面之间的缝隙能夹紧并密贴为依据,一般情况下不能少于2个,节点板较大时需适量增加。

H.3.7 对箱形构件的四面连接部位、工形构件的翼缘板连接部位,高强度螺栓连接副的安装均应使螺母朝外。

对箱形构件的四面连接和工形构件的翼缘板连接等部位,要求高强度螺栓连接副安装时螺母均朝外,一方面是为了便于螺栓的施拧,另一方面方向一致也较美观。

H.3.8 安装高强度螺栓连接副时,施拧部位的连接板与构件摩擦面之间不应有间隙;当出现间隙时,应测量间隙并按表 H.3.8 的规定进行处理。

表 H.3.8 摩擦面间隙处理

序号	简 图	处 理 方 法
1		$\delta<1$mm 时不予处理

续上表

序号	简图	处理方法
2	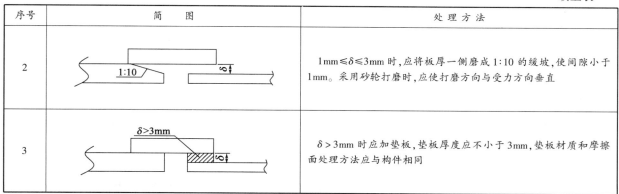	$1mm \leq \delta \leq 3mm$ 时,应将板厚一侧磨成1:10的缓坡,使间隙小于1mm。采用砂轮打磨时,应使打磨方向与受力方向垂直
3		$\delta > 3mm$ 时应加垫板,垫板厚度应不小于3mm,垫板材质和摩擦面处理方法应与构件相同

拼装时,摩擦面之间出现间隙会影响高强度螺栓的连接受力性能,所以根据间隙大小的不同规定了相应的处理方法。间隙大于3mm时,要求垫板材质和摩擦面处理方法应与构件相同,是为了保证处理后的摩擦面抗滑移系数不发生变化。

H.4 施拧

H.4.1 高强度螺栓连接副的紧固宜分为初拧、复拧、终拧3个步骤,初拧扭矩应为终拧扭矩的50%,复拧扭矩应等于初拧扭矩;对螺栓数量较少且板层不超过3层的节点可按初拧、终拧2个步骤进行。初拧、复拧、终拧应在同一工作日内完成。

复拧的主要目的是:对螺栓初拧后的预拉力可能产生的不均匀性进行调整,使所有螺栓受力均匀,以提高预拉力的精度。正常情况下,高强度螺栓连接副的紧固需要分为初拧、复拧、终拧三个步骤,尤其对大型节点或节点处板层较厚的情况。大型节点一般指单排(列)螺栓个数超过15个的节点,需要进行复拧。但对螺栓数量较少、板层相对较薄的节点,在保证初拧质量的前提下,则可以省略复拧这一步骤,以提高施工效率。

H.4.2 高强度螺栓连接副的施拧宜由螺栓群的中心开始向四周顺序进行,且应从接头刚度大的部位向约束小的方向依次拧紧。

对高强度螺栓连接副的施拧,通常的做法是从螺栓群的中心开始,向四周顺序进行,也即自中间向两边、自中排向边排、上下层对称施拧,这样做的目的是在施拧过程中能逐步将板束压密、压平,使连接板与构件之间更好地密贴,以避免出现中间空鼓现象。以下为几种典型接头的通用施拧顺序。

(1) 一般接头,按从接头中心向两端扩散的顺序进行,见图H-1。

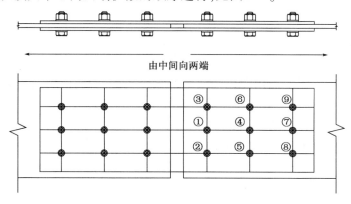

图 H-1 一般接头高强螺栓施拧顺序示意

(2)箱形接头，按图 H-2 所示 A、C、B、D 的顺序进行。

(3)工形接头，按图 H-3 所示的 1~6 顺序进行。

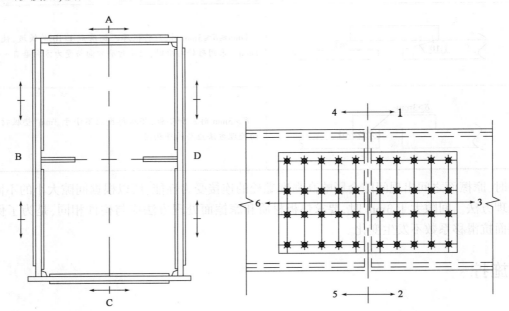

图 H-2　箱形接头高强螺栓施拧顺序示意　　　　图 H-3　工形接头高强螺栓施拧顺序示意

(4)两个或多个螺栓群的拧紧顺序需按先主要构件接头、后次要构件接头的顺序进行。

H.4.3　施拧时，应通过螺母施加扭矩，不得采用冲击拧紧和间断拧紧的方式作业。施力应连续、平稳，螺杆和垫圈不得随螺母一起转动；当有转动时，应更换螺栓重新施拧。

高强度螺栓连接副在测定扭矩系数时，是在螺母上施加扭矩测得的，所以在施拧时也需在螺母上施加扭矩。对极个别高强度螺栓，当其所处位置无法在螺母上施拧时，才能在螺栓头上施拧。终拧时，为保证施加的终拧扭矩准确，施拧时需要连续、平稳，不能使用冲击力。当垫圈与螺母一起转动时，表明连接副的扭矩系数与施拧前测定的扭矩系数情况不符，因此，出现这种情况时，须在更换高强度螺栓连接副后再重新进行施拧。

H.4.4　以高强度螺栓替换冲钉和临时普通螺栓时，应在已安装的高强度螺栓连接副经初拧后进行，且替换的顺序应为：先将临时普通螺栓替换为高强度螺栓并初拧，再将冲钉替换成高强度螺栓并初拧。

冲钉是起定位作用的，规定先将临时普通螺栓替换为高强度螺栓，再将冲钉替换成高强度螺栓，主要是为了保证安装精度；而要求替换后先分别进行初拧，再按规定的顺序进行终拧，则是为了使节点各高强度螺栓的终拧扭矩均衡，从而保证各高强度螺栓受力均匀。

H.4.5　高强度螺栓初拧或复拧后，应从螺栓头部沿螺母棱角、垫片、栓接面画出转角标识线，终拧应经初拧或复拧检查合格后方可进行。

初拧或复拧完成后，通常需要采用白色油漆笔对该接头处的高强度螺栓作出相应的标识；在终拧前，则需要划出标识线，该标识线一般划在螺母的棱角处，经过拼接板→垫圈→螺母→螺栓外露螺纹等处，一笔划成一连续直线。终拧前划标识线的作用是：

(1)检查终拧前是否已经进行了初拧或复拧。

(2)终拧后通过检查螺母上划线位置的转动情况，判定是否进行过终拧。

(3)终拧后通过检查螺母与垫圈上划线的相对位置，判定垫圈是否与螺母一起转动。

H.4.6 高强度螺栓终拧后,应根据初拧标记线的变化情况进行自检。螺栓头一侧的初拧标记线不应发生相对变动,如有变动,应更换连接副;另一侧的螺母应按拧紧转向相对于螺栓及垫圈发生转动,但垫圈和连接板不应发生相对变动(如变动需更换);若螺母的初拧标记线未发生转动或相对于其他螺栓初拧标记线的变化情况有较大的转动,则该螺栓在终拧时漏拧或出现异常,应补拧或更换。终拧自检合格后,应做出终拧标记;专检合格后应采用不同的颜色做出标记。当有复拧及补拧时,则应按复拧、终拧、专检及补拧的顺序进行标记。高强度螺栓的施拧标记方法如图 H.4.6-1、图 H.4.6-2 所示,图中蓝色圆点为专检合格后的标记。

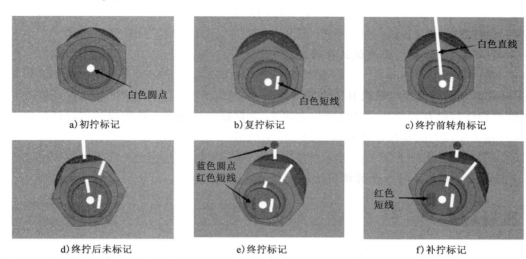

图 H.4.6-1 初拧、复拧、终拧三个步骤螺栓紧固施拧标记方法示意

注:图中蓝色圆点为专检合格后标记。

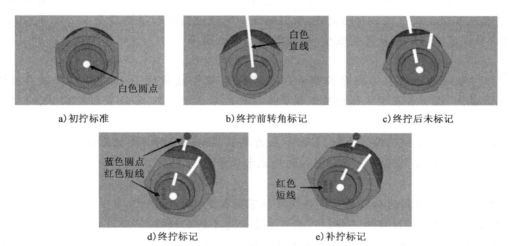

图 H.4.6-2 初拧、终拧两个步骤螺栓紧固施拧标记方法示意

注:图中蓝色圆点为专检合格后标记。

施拧标记的作用及判定步骤主要有以下方面:

(1)通过检查螺杆端头的白色圆点初拧标记、白色短线复拧标记、红色短线终拧标记,可以比较直观地判定节点各高强度螺栓连接副初拧、复拧和终拧的完成情况。

(2)终拧前划出白色标记线,该直线经过螺杆头、螺母、垫圈及栓接面板。终拧后,可以通过检查螺母上的标记线,如果该线相对于螺栓及垫圈发生了转动,即可判定完成了终拧;如果螺母上的标记线未发生转动,则判定该高强度螺栓在终拧时漏拧,需进行补拧。

(3)检查垫圈和连接板上标记线的相对位置,标记线不应发生相对变动,如有相对变动,则需更换该高强度螺栓连接副。

(4)蓝色圆点是终拧后专检人员按比例进行检查后的标记。

(5)专检人员检查到欠拧的高强度螺栓连接副时,需进行补拧,补拧后可以采用红色短线做出标记。

H.4.7 每批高强度螺栓的终拧扭矩应按式(H.4.7)计算确定。当扭矩系数值有变化时,应以现场扳手标定测出的扭矩系数为准。

$$T_c = K \cdot D \cdot P_c \tag{H.4.7}$$

式中:T_c——终拧扭矩(N·m);

K——扭矩系数平均值,由测试试验确定;

D——螺栓公称直径(mm);

P_c——施工预拉力(kN),见表 H.1.3。

高强度螺栓连接副在拧紧后会产生预拉力损失,为保证连接副在工作阶段达到设计预拉力,在计算施工扭矩时,施工预拉力通常按设计预拉力的 1.1 倍取值。

H.4.8 终拧时应对每把施拧扳手的使用情况进行记录。

H.5 质量检查

H.5.1 对高强度螺栓施拧质量的检查应按自检、专检、监理工程师检查的程序进行。专检应由专职质量检查人员进行。

由于高强度螺栓在施拧完成并经过一段时间后扭矩系数会发生变化,且相应的质量检查通常要在节点高强度螺栓连接副终拧后 24h 内完成,所以高强度螺栓施拧的质量检查需由专职质量检查人员及时进行,这也是保证高强度螺栓连接安全、可靠的重要保证措施。

H.5.2 对初拧扭矩的检查应为每个栓群和节点高强度螺栓数量的 100%;终拧扭矩应抽检总数的 5%,且对主桁节点、板梁和箱梁主体以及纵横梁连接处应不少于 2 套,其余节点应不少于 1 套。

H.5.3 高强度螺栓连接副的编号原则,宜以节点为单位,按接头位置、栓接面和栓孔位置分类,具体孔位宜从 1 开始以自然数字的顺序由节点中心向外流水编号。

H.5.4 高强度螺栓连接副的初拧质量检查应符合下列规定:

1 初拧后的全部高强度螺栓连接副应采用敲击法逐个进行检查。

2 采用质量约 0.3kg 的小铁锤,敲击螺母对边的一侧,用手指紧按住螺母对边的另一侧进行检查,颤动较大者即认为不合格,应予复拧。对复拧质量的检查应与初拧质量检查的要求一致。

初拧或复拧后对全部高强度螺栓连接副采用小锤进行敲击检查,颤动较大者,说明该高强度螺栓连接副初拧时漏拧或初拧扭矩不足,对这种情况就需要进行复拧,复拧的扭矩值与初拧的扭矩值相同。

H.5.5 高强度螺栓连接副的终拧质量检查应符合下列规定:

1 对终拧后的全部高强度螺栓连接副,应逐个检查初拧或复拧时所做的油漆标记是否发生错动,以此判断终拧时有无漏拧。

2 高强度螺栓连接副终拧到位后,外露的丝扣数不得少于 2 个。

3 终拧扭矩检查应在螺栓终拧 1h 之后、24h 以内完成。

4　对每栓群或节点进行检查的螺栓,其不合格率不得超过抽检总数的20%;超过时,应继续抽检,直至累计合格率达到80%为止。

5　对欠拧或漏拧的螺栓应进行补拧,补拧时不得使用电动扳手二次施拧,应使用检查扳手直接将其施拧到终拧值;对超拧或垫圈转动的螺栓应进行更换,更换后应使用检查扳手直接将其施拧到终拧值,并应在螺栓处做出标记。

6　检查终拧扭矩时宜采用"松扣回扣法"。检查时应先在被检的螺栓与螺母上画出标记线,然后将螺母拧松退回30°,再采用检查扳手将螺母重新拧至原来位置,使所画标记线重合,测定并记录此时的扭矩值,该扭矩值在$(0.9 \sim 1.1)T_{ch}$范围内时应判定为合格。T_{ch}为检验扭矩,应按式(H.5.5)计算确定。

$$T_{ch} = K \cdot D \cdot P \tag{H.5.5}$$

式中:T_{ch}——检验扭矩(N·m);
　　　K——测定的扭矩系数;
　　　D——螺栓公称直径(mm);
　　　P——设计预拉力(kN),见表H.1.3。

7　采用"紧扣法"检查终拧扭矩时,应在检查前通过试验确定紧扣检查扭矩;在测定紧扣检查扭矩时,应确认高强度螺栓预拉力的误差在设计预拉力的2%范围内。检查时,当测得螺母与螺栓发生微小相对转角时的扭矩值在0.9~1.1倍紧扣检查扭矩范围内时,应判定为合格。

8　高强度螺栓连接副终拧扭矩检查合格后,应在栓群边的适当位置标识检查人员和日期信息,并应及时进行高强度螺栓处的腻缝封闭和涂装。

2　高强度螺栓连接副终拧到位后,外露的丝扣太短会使螺母受力不均匀,影响受力性能。

3　规定终拧扭矩检查应在螺栓终拧4h之后进行,是因为高强度螺栓连接副终拧后经过4h,其预拉力损失基本完成,高强度螺栓预拉力已接近设计预拉力;限定24h内完成终拧扭矩检查则是因为如果时间过长,高强度螺栓连接副扭矩系数将会发生较大变化,影响检查的准确性。

6　规定检查终拧扭矩时宜采用"松扣回扣法",是因为这种检查方法与施拧时的实际情况最为接近。由于检查时高强度螺栓的预拉力损失已基本完成,所以计算检验扭矩时,采用设计预拉力进行计算。

7　当有足够、准确的实测试验数据时,也允许采用"紧扣法"进行检查,但此时的紧扣检查扭矩须在现场确定。

8　高强度螺栓终拧检查合格后,腻缝的目的是防止雨水进入板层中腐蚀高强度螺栓连接副和钢板;要求涂装则是因为高强螺栓连接副在工厂制造时,表面经过打砂除锈和防滑涂料涂装,有一定的防锈能力,但远不能满足长期使用的防腐要求,因此在高强度螺栓连接处,对高强度螺栓连接副的外露部分也需要按照设计要求的涂装体系要求进行防腐涂装。

附录 J 高强度环槽铆钉安装铆接工艺规程

J.1 一般要求

J.1.1 每套高强度环槽铆钉连接副应为一根铆钉和一个套环,并应配套使用。

由于高强度环槽铆钉在钢结构桥梁中的应用还不是很多,尚需在今后的工程实践中进一步积累经验,当前已有的国家标准为《环槽铆钉连接副 技术条件》(GB/T 36993—2018),需要时也可以参考《环槽铆钉连接副》(Q/CRRC J24—2018)、《10.9级短尾拉铆钉技术条件》(Q/MS 32102—2019)等标准的规定。

J.1.2 当环境温度低于 $-10℃$、摩擦面潮湿或暴露于雨雪中时,不得进行铆钉的安装和铆接作业;雨雪后施工时,应保证铆接板面干燥。

摩擦面潮湿或暴露在雨雪中均会影响摩擦面抗滑移系数,试验表明,环槽铆钉连接时,摩擦面潮湿时较干燥时的极限抗剪承载力会下降3%~5%。

J.1.3 高强度环槽铆钉连接副在安装和铆接作业时,应遵守相关的安全作业规定。

J.1.4 高强度环槽铆钉的预拉力值应符合表 H.1.3 的规定。

高强度螺栓连接副是通过扭矩的变化而产生预拉力,高强度环槽铆钉连接副则是利用胡克定律,在轴向拉伸铆钉的同时,径向挤压套环,如图 J-1 所示,其预拉力由高强度环槽铆钉连接副的结构和材料的强度决定。高强度环槽铆钉连接副安装后,预拉力为固定值,无法调整,因此高强度环槽铆钉出厂时的预拉力须满足要求。

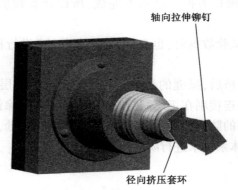

图 J-1 高强度环槽铆钉铆接示意

J.2 施工准备

J.2.1 对损伤严重的连接板面,施工前应按相应的涂装工艺重新处理。

J.2.2 对高强度环槽铆钉进行铆接前,应检查确认板缝中无任何杂物。

高强度环槽铆钉与高强度螺栓均为摩擦型连接,在其连接处,节点各杆件应力的传递与高强度螺栓连接一样,也是通过摩擦力来传递,因此高强度环槽铆钉连接副在铆接前同样需保证连接板面的状态能符合板缝中无任何杂物的要求。

J.2.3 作业人员应经培训考核合格,并应熟练掌握高强度环槽铆钉施工的要点、程序及注意事项。

高强度环槽铆钉连接副是一次直接安装到位的,这与高强度螺栓连接副初拧、复拧、终拧的安装工艺有明显不同,而且最终的质量检测方式也不一样。因此有必要在施工前对作业人员进行培训和考核,使之能熟练掌握工艺要点、作业程序及注意事项,以保证高强度环槽铆钉连接的可靠。

J.2.4 高强度环槽铆钉施工应配备足够的专用工具,并应符合下列规定:
1 铆枪卡爪瓣型上应无异物,铁砧内表面应无污物、裂纹和划痕等缺陷。
2 铆枪与液压油泵应连接完好,系统开机自检时应无报警。

高强度环槽铆钉连接副的铆接一般采用专用工具及相应的液压设备,主要由铆枪、液压泵站及液压油管等构成。

铆枪主要由卡爪、铁砧、转换接头、枪体、铆枪按钮、手柄、控制电源线、进油和回油管等组成,其中卡爪、铁砧为易损件,如图 J-2 所示。

液压泵站主要由液压泵、电控装置、工控机、液压阀组、移动装置和快换接头等组成,可以精确控制铆枪的工作压力,如图 J-3 所示。

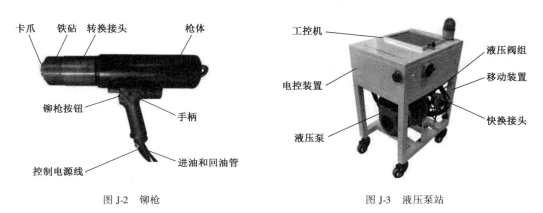

图 J-2 铆枪　　　　　　　　　图 J-3 液压泵站

卡爪瓣型表面存在异物时将会影响卡爪与铆钉尾牙的配合;铁砧内表面有污物、裂纹和划痕等缺陷时,则会影响铆接过程中的铆接力及最终套环的变形等状态,因此每次施工前均需要确认其状态良好。

J.2.5 铆接用的铆枪及液压设备应在施工前进行配套标定和校正,标定应在轴力计上进行,轴力计的测定误差应不大于测定值的2%,最小示值应小于1kN。

J.3 安装

J.3.1 高强度环槽铆钉连接副的安装应在构件的位置调整准确后进行,且铆钉和套环应按生产厂提供的批号配套使用。

规定高强度环槽铆钉和套环应按生产厂提供的批号配套使用,是因为生产厂在产品出厂前按铆钉和套环配套的批次进行了预拉力检测,从而保证了每一配套批次的预拉力均符合要求。

J.3.2 安装高强度环槽铆钉连接副时,构件连接部位的摩擦面应保持清洁、干燥,构件连接处的钢板表面应平整、无焊接飞溅、无毛刺。

规定连接部位摩擦面应保持清洁、干燥、平整、无焊接飞溅、无毛刺等,均是为了保证施工时连接部位摩擦面的抗滑系数尽量保持与出厂时一致。

J.3.3 高强度环槽铆钉连接副安装时,铆钉的穿入方向宜以方便铆接为准,且方向一致。

高强度环槽铆钉连接副安装时穿入方向一致,便于铆接作业,且较美观。

J.3.4 环槽铆钉在安装时应能自由穿入钉孔内,不得强行敲入;对不能自由穿入铆钉的钉孔,应在经批准后采用铰刀进行扩孔,严禁采用气割方法扩孔。扩孔前应将该孔的四周采用临时螺栓紧固,使板层密贴,并应防止钢屑或其他杂物掉入板层缝隙中。扩孔并修整后,孔的最大直径应不大于1.2倍铆钉直径,且扩孔的数量应不超过该节点连接孔数量的25%。对扩孔的构件节段及孔眼位置均应进行记录。

强行穿入环槽铆钉,必然会损坏铆钉的槽环,从而影响预拉力值;气割扩孔时,切割面粗糙,且随意性大,会影响连接的质量。

J.3.5 安装施工时,每个节点应穿入足够数量的冲钉和临时螺栓,并不得采用塞焊对连接孔进行焊接。

J.3.6 高强度环槽铆钉不得作为定位使用。

高强度环槽铆钉不能作为定位使用的原因:
(1)防止屡次穿入板束又拔出来损伤槽环。
(2)环槽铆钉的杆部比量具孔小2~3mm,无法准确定位连接板的位置。

J.3.7 高强度环槽铆钉连接副安装时,每个节点上穿入的临时螺栓和冲钉的数量,宜由节点处可能承担的荷载经计算确定,并不得少于节点高强度环槽铆钉总数的1/3;临时螺栓数不得少于2个,冲钉数量不宜多于临时螺栓数量的30%。

J.3.8 采用悬臂法架设安装构件时,冲钉的用量宜按受力计算确定,并不得少于钉孔总数的50%,其余钉孔宜使用高强度环槽铆钉连接副;采用顶推法施工时,应先对连接节点采用高强度环槽铆钉连接副进行铆接,并经检验合格后方可进行顶推作业。

J.3.9 安装高强度环槽铆钉连接副时,宜先将临时螺栓作一般拧紧至板层密贴;对板厚公差、制造偏差或安装偏差等产生的摩擦面间隙,应按表H.3.8的规定进行处理。

由于环槽铆钉并没有高强度螺栓连接时的初拧、终拧工艺,若被连接板之间的间隙过大,安装时是无法消除的,而通过采用临时螺栓将板层拧紧至密贴,消除板间间隙,就可以保证高强度环槽铆钉连接副预拉力的一致性。试验表明,如果采用临时螺栓作一般拧紧至板层密贴,则同一节点环槽铆钉预紧力的偏差约为±3%。

J.4 铆接

J.4.1 高强度环槽铆钉连接副在铆接施工时,应按一定顺序,从板束刚度小、缝隙小之处开始,对大面积节点板应从中间部分向四周的边缘进行铆接。

按条文规定的顺序铆接,可以防止板束产生凸起或拱起等现象,降低铆接顺序对预紧力的不利影响,保证铆接质量。

J.4.2 短尾型高强度环槽铆钉的铆接工艺(图J.4.2)应按下列步骤进行:

1 先将短尾型高强度环槽铆钉穿过连接板层,再将套环从铆钉的尾部旋入拧紧。

2 将短尾型高强度环槽铆钉的尾牙插入铆枪的卡爪内,准备铆接。

3 按下铆枪的启动按钮,使铆枪的卡爪带动铆钉向上运动,对铆钉施加拉紧力;同时在铆枪铁砧的作用下,使套环产生塑性变形。

4 铆枪的卡爪继续带动铆钉向上运动,直至液压泵站达到设定压力值时,将卡爪退回并完成铆接。

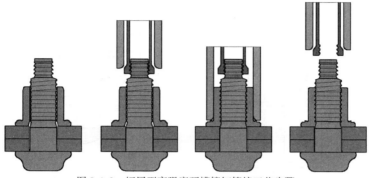

图 J.4.2 短尾型高强度环槽铆钉铆接工艺步骤

J.4.3 拉断型高强度环槽铆钉的铆接工艺(图 J.4.3)应按下列步骤进行:

1 先将拉断型高强度环槽铆钉穿过连接板层,再将套环从铆钉的尾部旋入拧紧。

2 将拉断型高强度环槽铆钉的尾牙插入铆枪的卡爪内,准备铆接。

3 按下铆枪的启动按钮,使铆枪的卡爪带动铆钉向上运动,对铆钉施加拉紧力;同时在铆枪铁砧的作用下,使套环产生塑性变形。

4 铆枪的卡爪继续带动铆钉向上运动,直至液压泵站达到设定压力值,铆钉在拉断槽处断裂,将卡爪退回并完成铆接。

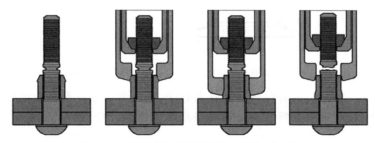

图 J.4.3 拉断型高强度环槽铆钉铆接工艺步骤

J.4.4 对铆接施工时设置的临时螺栓和冲钉,应在已安装的高强度环槽铆钉连接副铆接完成后再进行替换,且应先替换临时螺栓,再替换冲钉。

本条的规定是为了防止环槽铆钉在安装中受剪。

J.5 质量检查

J.5.1 高强度环槽铆钉连接副铆接施工质量的检查应按自检、专检、监理工程师检查的程序进行。专检应由专职质量检查人员进行。

铆接质量对高强度环槽铆钉的最终预拉力影响较大,因此需要按照自检、专检和监理工程师三检制的程序进行检查,以保证铆接的施工质量。另外,也沿袭了高强度螺栓施工质量检测的三检制规定。

J.5.2 高强度环槽铆钉连接副铆接施工质量的检查应符合下列规定:

1 对铆接施工完成后的高强度环槽铆钉连接副,应进行100%的套环外观检查,确认其是否已产生塑性变形。套环未产生塑性变形时,应重新铆接,或更换新的连接副重新进行铆接。

2 对高强度环槽铆钉连接副铆接后的成形尺寸,每个节点应随机抽取10%的铆钉连接副进行检查,且对主桁节点、板梁主梁及纵横梁连接处应不少于2套,其余节点应不少于1套进行检查。

3 高强度环槽铆钉连接副铆接后的结构形式如图J.5.2-1和图J.5.2-2所示,成形尺寸a、b、c和d应符合现行《环槽铆钉连接副 技术条件》(GB/T 36993)的规定。

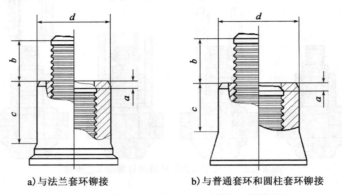

a) 与法兰套环铆接　　　　b) 与普通套环和圆柱套环铆接

图 J.5.2-1　高强度环槽铆钉连接副铆接后结构形式

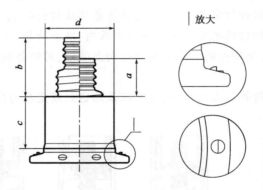

图 J.5.2-2　高强度短尾型环槽铆钉连接副铆接后结构形式

4 成形尺寸不符合规定的,应将该铆钉连接副拆除,更换新的连接副重新进行铆接,并应进行加倍检查;若仍有不合格者,应对该节点所有剩余的高强度环槽铆钉进行检查。

高强度环槽铆钉连接副铆接完成后,由于套环产生了明显的塑性变形,因此其成形尺寸也随之改变,这是判定环槽铆钉连接副是否满足质量要求的重要指标之一。规定铆接完成后对套环外观应进行100%的目视检查,是为了防止出现漏铆或铆接不到位的情况。要求随机抽查铆接后的成形尺寸,则是为了防止出现由于铆钉规格使用错误,或由于铆接工具磨损等原因造成成型尺寸出现超差。现在的高强度环槽铆钉连接副安装设备已经具备了自动判断铆接质量的功能,该技术成熟后就有可能将后续的抽查要求取消。

J.5.3 高强度环槽铆钉连接副的安装铆接施工应具有下列施工及检查记录:
1 高强度环槽铆钉连接副的进场复验报告;
2 连接面抗滑移系数试验报告;
3 铆接质量检查记录。

J.5.4 高强度环槽铆钉连接副的铆接质量检查合格后,应在铆钉群边的适当位置标识检查人员和日期信息,并应及时进行高强度环槽铆钉连接副处的腻缝封闭和涂装。

高强度环槽铆钉连接副安装后的处理与高强度螺栓连接副是一致的。